Angelika von Hatzfeld
Und plötzlich bist du allein

EUROPA
VERLAG

ANGELIKA VON HATZFELD

Und plötzlich bist du allein

GESTÄNDNISSE EINER WITWE

Europa Verlag
Hamburg · Wien

Erstausgabe
© Europa Verlag GmbH, Hamburg, Juli 2003
Umschlaggestaltung: Kathrin Steigerwald, Hamburg
Foto: Richard Boll, Photonica
Satz: Pinkuin Satz und Datentechnik, Berlin
Druck und Bindung: GGP Media, Pößneck
ISBN 3-203-78033-X

Informationen über unser Programm erhalten Sie beim
Europa Verlag, Neuer Wall 10, 20354 Hamburg
oder unter www.europaverlag.de

Inhalt

Abschied 7
Freunde 35
Soll und Haben 65
Der Kasten 93
Die Spezialisten 105
Familienbesuch 141
Feine Schuldner 163
Akte der Nächstenliebe 209
Die Verschmelzung 241

Abschied

Todesfälle, Katastrophen und Schicksalsschläge – schrecklich und beklemmend, wie sie sind, hatten sie für mich doch eines gemeinsam: Sie stießen nur anderen zu. Ich selbst lebte zufrieden und geborgen in einem krisenfesten Kokon von Ewigkeit und Unsterblichkeit – bis vor fünf Jahren.

An einem heißen Augustabend des Jahres 2000 verließ mein Mann mich für immer.

Rituale, Regeln, Konventionen – wenn ein Mensch stirbt, wird seine nächste Umgebung auf der Stelle in Bewegung gesetzt und in Atem gehalten von unzähligen Aktivitäten, die keinen Aufschub dulden. Dass die Umschläge der zu verschickenden Todesanzeigen einem ungeschriebenen Gesetz folgend mit der Hand zu schreiben sind, ist nur eine der Tätigkeiten, die ablenken sollen von Schmerz und Trauer.

Zwölf Stunden nach Bernhards Tod saßen seine Schwester Alice, meine Freundin Carla und ich am runden Intarsientisch im Wohnzimmer und versuchten, aus Notizheften und Adressbüchern die Leute herauszuschreiben, die eine Todesanzeige bekommen sollten. Es war neun Uhr morgens.

»Was ist das?«, fragte ich Alice, die aus ihrer Handtasche ein ledergebundenes Büchlein gezogen hatte, in dem sie blätterte.

»Das sind meine Leute, sie sagen dir nichts, ich brauche dir die Namen nicht vorzulesen«, bemerkte sie kühl und machte sich daran, eine separate Liste anzufertigen.

Zum ersten Mal, seit ich sie kannte, bekam ich selbst diesen Ton zu hören, mit dem sie peinlich berührten Mitmenschen ihre gesellschaftliche und geistige Überlegenheit klar zu machen pflegte. Nun also auch mir. Es war ein neues Element in unserer bisher freundlichen Beziehung.

»Kennt Bernhard die Leute denn«, fragte ich benommen. Es war mir unmöglich, in der Vergangenheit von ihm zu sprechen.

»Zum Teil. Aber schließlich bin ich seine Schwester. Man wird auch mir kondolieren.«

Gewiss. Man würde ihr kondolieren. Ausgerechnet. Viele Jahre lang, Jahrzehnte, war das Verhältnis zwischen den Geschwistern zerrüttet gewesen. Bernhard hatte nie über die Gründe gesprochen. Die einzige Bemerkung, die ich ihm entlocken konnte, »die Menschen sind gestreift«, brachte nicht viel Licht ins Dunkel, aber ich beließ es dabei.

Irgendwann, vor etwa fünfzehn Jahren, hatte anlässlich einer Geburtstagsfeier meiner Schwägerin eine halbherzige Annäherung stattgefunden. Bernhard liebte seine stark »gestreifte« Schwester, doch er hielt, soweit die familiäre Höflichkeit es zuließ, weiterhin eisern auf Abstand.

In diesem Augenblick am Kartentisch, auf dem Notizbücher, Frühstückstassen und leere weiße Bogen für die Listen durcheinander lagen, dachte ich, du hättest es besser wissen sollen, sie in den letzten Wochen nicht über den sich rapide verschlechternden Zustand von Bernhard auf dem Laufenden halten dürfen und sie schließlich bitten zu kommen. Was tat sie hier? Saß an meinem Tisch und stellte Adressen von Leuten zusammen, denen ich nie begegnet war, deren Namen ich niemals gehört hatte und die auch nur ihr kondolieren würden.

Eine nie gekannte Einsamkeit kroch in mir hoch. Alice, ihr Mann Ernst und ihre vier Kinder waren die einzige Familie, die mir noch blieb, denn meine eigene war ausgestorben.

Wie hatte ich nur glauben können, sie wolle Abschied von Bernhard nehmen? In den ersten fünf Minuten nach ihrer Ankunft war mir klar gewesen, dass es für alle Beteiligten besser gewesen wäre, sie hätte sich erst für die Beerdigung in den Zug nach München gesetzt.

Denn Alice wollte das Krankenzimmer nicht betreten. Aber was wollte sie? Als ich in sie drang und an Bernhards Bett führte, wich sie bis zu der kleinen Polsterbank an der Wand zurück und ließ sich auf dem äußersten Rand nieder. Nur ein paar Sekunden lang blickte sie ihren Bruder an, der kein Zeichen des Erkennens gab, ehe sie wieder aufsprang und den Raum fast fluchtartig verließ. Kein Streicheln, kein Händedruck, keine zärtliche Geste für den Schwerkranken. Nichts.

Tagelang saß sie im Wohnzimmer auf dem gelben Leinensofa vor dem großen Fenster, quälte mich mit den unglücklichen Schicksalen mir unbekannter Freundinnen und las Kriminalromane. Meine unsinnige Hoffnung, es könne sich doch noch das Wunder einer innigen Verständigung vollziehen, schwand.

An jenem Abend, als Bernhard starb, hatte Alice die Wohnungstür schon geöffnet, um die vier Blocks zur Wohnung ihres Sohnes Albrecht zu gehen, bei dem sie übernachtete, als ich einer plötzlichen Eingebung folgend sagte: »Willst du Bernhard nicht auf Wiedersehen sagen?«

Widerstrebend ließ Alice die Türklinke los und kehrte mit dem Ausdruck eines Menschen um, der sich einer unangenehmen Pflicht entledigt. Ich folgte ihr. Im Türrahmen zum Krankenzimmer stockte sie, es schien ihr unmöglich, einen weiteren Schritt zu tun. Sie warf einen flüchtigen Blick auf das Bett und floh zurück zur Wohnungstür.

Wozu, dachte ich, als sie weg war, ist sie angereist? Um mir beizustehen, indem sie stundenlang grauenhafte Geschichten erzählt und mein Herz bluten lässt, weil sie den Anblick ihres sterbenden Bruders nicht ertragen kann? Oder war der Grund, sich wichtig zu machen, hinterher erzählen zu können, dass sie dabei gewesen war? Traurige, unerfreuliche Gedanken, die ich vergeblich wünschte, verscheuchen zu können.

Und nun saßen wir zwölf Stunden später zusammen am Tisch und schrieben Adressen. Alice merkte nicht, was mich bewegte. Sie saß gebeugt über ihrer persönlichen Liste, die schlohweißen Haare mit einer schwarzen Samtschleife im Nacken festgehalten, sodass die Rundung ihrer Stirn zur Geltung kam.

Alte Fotos zeigten ein schönes junges Mädchen mit seelenvollen Zügen. Die Jahre hatten in ihr Gesicht Falten gegraben, die von Verhärtung und nie überwundenen Enttäuschungen sprachen. Ihre Augen waren von dem gleichen leuchtenden Blau wie die von Bernhard.

In gewissen wenigen Momenten hatte ich früher noch einen schwachen Abglanz des besonderen Zaubers erkannt, den Bernhards Blick bis zum Schluss nicht verloren hatte: sein unendliches Vertrauen in das Leben.

In den Augen von Alice war kein Zauber mehr. »Ich denke«, sagte sie, und der bestimmende Ton in ihrer Stimme machte mich aggressiv, »wir lassen eine gemeinsame Dankeskarte drucken, die wir dann beide verschicken, wenn die Beileidsbriefe gekommen sind. Es dürften viele sein.«

»Ich werde jedem persönlich schreiben«, sagte ich und wusste, noch während ich sprach, dass es Unsinn war, ich es nie tun würde, »lass dir am besten separate Karten drucken.«

»Wie du meinst«, sagte Alice spitz und schrieb weiter.

Alice also. Und meine beste Freundin Carla, die mit dem ersten Flieger aus Köln gekommen war. Carla war eine unsentimentale, pragmatische Frau. Sie hatte sich sofort drei von Bernhards Adressbüchern gegriffen und versuchte nun, seine kraftvolle, aber teilweise unleserliche Schrift zu entziffern.

Es klingelte.

»Bleib sitzen, ich mache auf«, sagte sie und stand auf.

Dankbar lehnte ich mich zurück. Ich war übernächtigt und nicht wirklich anwesend. Das Durcheinander hier am Kartentisch ging mich im Grunde nichts an. Mein Bernhard war abgereist. Nur abgereist. Weiter konnte und wollte ich nicht denken.

Es gab jetzt zwei Frauen. Eine, die zusammen mit ihrem Mann weggegangen war, und eine andere, die zum ersten Mal in ihrem Leben alleine eine Beerdigung vorzubereiten hatte.

Man kann nicht lernen, Witwe zu werden. Es gibt keine Bücher »Die kluge Witwe« oder »Witwe werden leicht gemacht«. Ganze Bibliotheken beschäftigen sich mit der Bewältigung von Depressionen, Beziehungskrisen, Psychoproblemen aller Art. Für jede Seelenregung und jeden Faden, der nicht auf Anhieb durchs Nadelöhr geht, werden Bücher geschrieben, Seminare veranstaltet, Diskussionsrunden einberufen. Nicht für Witwen.

Und doch erwartet die Umwelt von der soeben verwitweten Ehefrau, dass sie die neue Lebenssituation aus dem Stand meistert, keine Schwäche, das heißt nur die gesellschaftlich und sozial gut verdauliche, die sozusagen ansprechend duftende Version zeigt, sofort die richtigen Entscheidungen fällt, der Umwelt gegenüber den richtigen Ton trifft und überhaupt alles richtig macht. Wehe der armen Frau, die das nicht im Fluge begriffen hat und von der Situation überrannt wird.

Trauer, Wehrlosigkeit und Stress äußern sich dann auf eine Weise, die für die Umwelt lästig ist, weil anstrengend und unterschwellig fordernd. Wie mühsam! Also wird die Witwe im Handumdrehen mutterseelenallein durch das Gestrüpp der Umstände marschieren müssen, eine Schleppe von verächtlichem Gerede hinter sich herziehend, »es hat keinen Sinn, ihr zu helfen, sie ist verbohrt«, »sie kapselt sich ab, soll sie alleine sehen, wie sie fertig wird«, »realitätsfern, wie sie ist, kann man nichts machen«.

Ach, die Mitmenschen sind in ihrer Mehrzahl ohne Geduld und ohne Erbarmen, gedankenlos und grausam. Diese Erfahrung macht fast jede Witwe. Hätte man ihr früher sagen sollen, dass es so kommen würde?

Zu keinem Zeitpunkt meines Lebens war ich so hilflos wie unmittelbar nach Bernhards Tod. Ich machte alles falsch. Machte ich nichts, war es falsch. Machte ich etwas, war es noch falscher.

Dass es so war, spürte ich an jenem Augustabend. Musste ich

nicht Schwägerin und Neffen sofort benachrichtigen, dass Bernhard aufgehört hatte zu atmen? Musste ich?

Zu spät. Während ich den Hörer auflegte, wusste ich, dass es falsch gewesen war anzurufen.

Eine Dreiviertelstunde später kamen sie, Alice, ihr Sohn Albrecht und seine Freundin Inge. Unser liebevoller Hausarzt Dr. Kahn war zehn Minuten früher eingetroffen. Sein Besuch war tröstlich und überdies notwendig, denn er musste den Totenschein ausstellen.

Ferngesteuert schleppte ich Gläser herbei, fragte artig, was jeder trinken wollte, bot Likör und Kognak an, denn anderer Alkohol war nicht im Haus. Alice thronte auf ihrem Stuhl, aufrecht die Hände im Schoß gefaltet, mit jenem streng verbindlichen Ausdruck der gesellschaftlich geschliffenen Dame, die als einzige die Kunst der Konversation beherrscht.

Wie lächerlich, dachte ich, und wie trostlos zugleich. Im Nebenzimmer lag ihr Bruder, der seit nicht einmal zwei Stunden tot war. Und Alice plauderte, als ginge es um ihr Leben. Unselige Alice.

Den armen Dr. Kahn, der mir hin und wieder einen prüfenden Blick zuwarf, traktierte sie mit einer endlosen Schilderung der Familiengeschichte. Ziel und Zweck schien zu sein, dem Hausarzt klar zu machen, wie geschmeichelt er sein konnte, es mit ihr, der letzten lebenden Vertreterin eines edlen Familienzweiges, zu tun zu haben.

Gewiss wollte ich nicht werten, irgendjemandem vorschreiben, wie er zu trauern hatte. Doch warum hatte Alice ausgerechnet jetzt das Bedürfnis, mit der Familiengeschichte zu prahlen? In Bernhards Gegenwart hätte sie dergleichen nie gewagt zu äußern, denn dieses Thema war für ihn, dessen Freunde aus allen Bevölkerungsschichten stammten, kein Gesprächsstoff.

Albrecht, der seinem Onkel Bernhard sehr nahe gestanden und während der letzten Wochen jeden Abend nach dem Büro stundenlang schweigend an seinem Bett gesessen hatte und sich danach geduldig meine Verzweiflungsausbrüche über den unaufhaltsamen Verfall Bernhards angehört hatte, Albrecht also, hin und her gerissen zwischen der Loyalität seiner Mutter gegenüber und dem sichtbaren Verlangen, von ihr abzurücken, starrte mit leeren Augen vor sich hin.

Es war furchtbar. Ich konnte Alice nicht stoppen. Ich wusste nicht, wie. Mein Kopf platzte fast, doch kein wirksames Ablenkungsmanöver fiel mir ein.

Der Pegel meines Entsetzens stieg hochwasserartig. Und plötzlich konnte ich mich von außen beobachten. Ich wirkte nicht hoffnungslos gelähmt und wehrlos. Ruhig und gefasst hörte ich höflich zu und schien durchaus in der Lage, mich zu artikulieren. Dass ich nur aus Schmerz bestand, den ich nicht äußern konnte, war nicht zu erkennen. Die gesamte Energie von Verstand und Körper hatte sich verschworen, meine Gefühle nicht sichtbar werden zu lassen.

»Trinken Sie ein Glas Wasser«, sagte Dr. Kahn leise, als ich zum dritten Mal nach der Kognakflasche griff. Es war kurz nach zwei Uhr nachts, und es sollte noch dauern, bis die Männer mit dem Sarg kamen.

Waren Sekunden oder viele Stunden seit dieser Szene vergangen? Vergangenheit und Gegenwart grenzten sich nicht mehr voneinander ab. Mühsam ordnete sich mein Verstand. Die Nacht, die Bernhards Tod gefolgt war, schien vorüber zu sein. Doch was tat ich am Tisch mit den aufgeschlagenen Adressbüchern und Alice neben mir?

Carla kehrte eben ins Zimmer zurück, gefolgt von einem untersetzten Mann im braunen Sommerjackett. Mit einem schnellen Blick auf den noch freien Stuhl verbeugte er sich knapp, sagte in einem Atemzug, »Huber, mein Beleid zu dem Verlust, Sie gestatten«, setzte sich und war schon beim Geschäftlichen.

Aus einem schwarzen Aktenkoffer zog er eine abgegriffene Mappe. Die einzelnen Seiten steckten in Klarsichthüllen, die vom vielen Umblättern speckig waren, wie die eingeschweißten Spei-

sekarten von Bahnhofsgaststätten. Wie viele Frauen hatten schon mit zitternden Fingern die Seiten umgeblättert, um einen Sarg auszusuchen, in dem ihr Mann, ihre Tochter, die Mutter, der Vater oder der Sohn den endgültig letzten Weg antreten sollte? Warum erneuerte man nicht hin und wieder die Klarsichthüllen, einfach so, aus Rücksicht?
»Sie sind vom …?«, fragte ich, nur um etwas zu sagen.
»Jawohl, vom Bestattungsinstitut, Sie hatten uns diese Nacht verständigt.«
Ich nickte. Verrat, hämmerte eine Stimme in meinem Innern, du hast Verrat an deinem sterbenden Mann begangen.
Zwei Wochen zuvor hatte mich unsere Freundin Iris angerufen und sich nach Bernhard erkundigt. Als sie erfuhr, dass es ihm täglich schlechter ging, fragte sie nüchtern:
»Hast du dich schon um die Beerdigung gekümmert?«
Ihre Worte schnitten mir ins Herz wie ein schartiges Messer. Hatte ich überhaupt noch eine Stimme, um auf diese Ungeheuerlichkeit zu antworten?
»Iris, nein!«, stammelte ich, »Bernhard lebt. Wie kannst du so etwas sagen?«
»Meine Liebe, sei nicht sentimental. Bernhard wird sterben, das wissen wir beide. Du musst Angebote einholen. Da gibt es enorme Unterschiede.«
Die Tränen fingen an, in Strömen über mein Gesicht zu laufen.
»Bist du noch da«, fragte Iris, »ich höre dich nicht.«
»Ja«, schluchzte ich, »das ist doch völlig egal. Wenn es dazu kommen sollte …«
»Es wird dazu kommen«, unterbrach mich Iris. »Es hat keinen Sinn zu weinen. Du musst klaren Kopf bewahren. Ich erzähle dir jetzt, wie es gehen kann: Eine Freundin von mir war wie du. Ein einziger Gefühlsbrei, tat nichts. Dann war es zu spät, und sie rief, als ihr Mann voriges Jahr starb, ein gewisses Beerdigungsinstitut an, weil die Anzeige im Branchenbuch ihr als erste ins Auge stach. Sie hat mir hinterher erzählt, dass die ihr ein Vermögen abgeknöpft haben. Vollkommen wahnsinnig. Weil sie nicht aufgepasst hat. Aber was konnte sie machen? Es war einfach zu spät.

Vor zwei Monaten ist dann der Mann einer anderen Freundin gestorben. Sie hatte sich vorher in aller Ruhe erkundigt, und als es so weit war, beauftragte sie eine Firma. Kein elegantes Institut, sie machen auch nicht viel Werbung. Aber: Die haben alles tipptopp durchgezogen. Tadellos. Sie hat weniger als ein Drittel bezahlt.«

»Iris, bitte! Bernhard liegt drüben, er lebt, er atmet. Ich kann doch nicht für meinen lebenden Mann die Beerdigung in die Wege leiten.«

Iris ließ nicht locker: »Unsinn! Ich meine es gut mit dir. Jetzt weinst du, aber warte, wie du weinen wirst, wenn zwei Monate nach Bernhards Tod die Rechnung für die Beerdigung kommt und du nicht weißt, wie du sie bezahlen sollst, weil sie so hoch ist. Das ist die Realität, meine Liebe. Bernhard hat nichts mehr davon, wenn du das Geld zum Fenster hinausschmeißt. Also schreib dir wenigstens die Telefonnummer von dem Institut auf.«

Nein, ich wollte es nicht, ich wollte die Nummer nicht aufschreiben, solange mein Mann lebte. Doch ich tat es. Ganz hinten in mein Notizbuch schrieb ich die Nummer, nicht den Namen, nur die Nummer, es war mir, als ätzte ich sie ins Papier. Und ich tat noch mehr. Ich rief an und fragte, wie alles vor sich gehen würde im Ernstfall.

Das Telefonat mit Iris und mein Anruf beim Institut lasteten auf mir wie eine schwere Schuld. Ich hatte hinter Bernhards Rücken über seine Beerdigung verhandelt, die Waffen gestreckt, unsere heimliche Hoffnung, dass die tödliche Krankheit doch noch zu besiegen oder wenigstens auf einem lebbaren Niveau zu halten sei, zugunsten einer preiswerten Beerdigung verraten.

Jetzt war er da, der Repräsentant der günstigen Firma, und wollte zügig sein Geschäft erledigen.

»Hier haben wir massive Eiche. Ein sehr schönes, haltbares Modell mit Messingbeschlägen. Für den gehobenen Anspruch. Alles Handarbeit. Das da? Das ist die Standardausführung, sehr einfach, aber wenn Sie nicht so viel anlegen wollen …« Herr Huber machte eine Kunstpause.

Sind alle Bestattungsunternehmer psychologisch gewiefte Verkaufsprofis? Wahrscheinlich. Das Teure unauffällig herauszustreichen und das Gefühl zu vermitteln, dass das weniger Teure eine Missachtung des Toten darstellt, schien Herrn Hubers Alltag zu sein. Dass trauernde Witwen in ihrer Substanz aufgeweichtem Wachs glichen, wusste er schließlich aus langjähriger Erfahrung.

Vom Sarg blätterte er zur Sargausstattung, zu Satinkissen mit Rüschen, bestickter Seide und Hohlsaumarbeit an feinstem Leinen. Weiter ging es in raschem Tempo zur Anzahl der Buchsbäume und Blumen, mit denen die Kirche geschmückt werden sollte.

Die andere Frau in mir äußerte maßvoll und einigermaßen überlegt ihre Wünsche. Und mir war alles egal. Ich befand mich im Nebel.

Carla schwieg diskret, nach Alice' geringschätziger Miene zu schließen, missbilligte sie die meisten meiner Entscheidungen.

Bernhard hatte Luxus gehasst. Er war immer für das Einfache, Zweckmäßige gewesen.

Gottlob hatte Iris meinen Groll und mein Unverständnis in Kauf genommen, um, gerade noch rechtzeitig, das Korn des Misstrauens gegen geschmeidige Bestatter in mein Inneres zu senken.

Dann suchte ich für die Todesanzeigen Büttenpapier aus, das doppelt gefaltet werden sollte. Alice gefiel diese Variante im Hinblick auf ihre separate Liste. Mittlerweile machte sie mich so nervös, dass ich um halb zehn Uhr morgens am liebsten schon wieder Kognak getrunken hätte.

Der schwarze Rahmen sollte unmittelbar an die Kante des bei Bütten ausgefransten Randes gesetzt werden. Herr Huber, der bis dahin nicht das beste Geschäft gemacht hatte, blühte sichtlich auf, sein über das Bestellformular gebeugter Oberkörper signalisierte zum ersten Mal Beflissenheit. Darüber vergaß er offenbar, dass bei Büttenpapier der schwarze Rand aus technischen Gründen nicht an die Kante gesetzt werden kann. Später in der Druckerei wurde der Rahmen deshalb ein gutes Stück nach innen gerückt, was entsetzlich aussah. Neue Bogen anderen Papiers mussten gedruckt werden, die erst am folgenden Mittag geliefert wurden. Was diese Panne für mich bedeuten sollte, erfuhr ich sechs Wochen später.

Dass ich drei große Todesanzeigen in überregionalen Zeitungen bestellte, ärgerte Alice sichtlich. Es gefiel ihr nicht, dass Bernhards Todesanzeige ein unauffälliges Mittelformat überschritt. Mit kratzendem Geräusch schob sie ihren Stuhl zurück und verschränkte die Arme vor der Brust:

»Das kostet zu viel. Kleinere Anzeigen in zwei Zeitungen tun es auch.«

Herr Huber sah mich fragend an.

»Es bleibt dabei«, sagte ich.

Mit ängstlichem Seitenblick auf die herrische Dame, die soeben versucht hatte, ein Veto einzulegen, bemerkte Herr Huber vorsorglich, »Selbstverständlich können Sie kleinere haben«, denn er wollte sich keinen Unannehmlichkeiten aussetzen, falls, vielleicht zu spät, noch ein Sinneswandel in dieser kleinen, aber offensichtlich schwierigen Familie stattfinden sollte.

»Ich denke, wir machen für heute Schluss«, sagte Carla, als Herr Huber sich wiederum knapp und geschäftsmäßig verabschiedet hatte, »du solltest dich etwas hinlegen; du hast kaum geschlafen.«

»Das ist eine gute Idee«, sagte Alice und schob ihre angefangene Liste beiseite, »was mich angeht, ich habe kein Auge zugetan heute Nacht. Ich komme morgen Vormittag, dann können wir die Umschläge schreiben.«

Zu müde und zu kraftlos, um zu widersprechen, schwieg ich. Sie würde also morgen wieder ins Haus stehen. Warum konnte sie ihre Liste nicht dort schreiben, wo sie übernachtete? Sie war keine Hilfe, nur eine Last. Ihr Gang drückte Erleichterung aus, als sie das Zimmer verließ. Es gab ja keinen Bernhard mehr, der sie verstören konnte durch seine bloße Anwesenheit.

Iris ist eine praktische Frau, die rechnen kann und ihr Geld eisern zusammenhält. Sie hat eine Professur an der Universität. Doch wer annimmt, Professoren häuften samt und sonders Reichtümer an, irrt. Bei weitem nicht alle zählen zu den Lieblingskunden der Banken und Anlageberater. Deshalb bezogen sich die Ratschläge meiner Freundin Iris bei unserem Telefonat auch ausschließlich auf Schritte, die, wenn unbedacht getan, unnötiges Geld kosten konnten.

»Du musst dir überlegen, wo die Einladung nach der Trauerfeier stattfinden soll, wie viele Leute du dazu bitten willst und was du ausgeben kannst. Wenn Bernhard tot ist, hast du weder Zeit noch Nerven, darüber nachzudenken. Und dann wird es teuer.«

Sie hatte Recht. Doch ich konnte und wollte ihren Rat nicht beherzigen.

Carla riss mich aus meinen Gedanken zurück in die Gegenwart. »Geh ein bisschen schlafen«, wiederholte sie, »ich schreibe inzwischen weiter an der Adressenliste.«

»Ich bin nicht müde«, sagte die andere in mir laut, »wir müssen überlegen, wohin mit den Leuten nach der Trauerfeier.«

Carla wusste es nicht und sah mich ratlos an.

Ich wusste es auch nicht. Alles, was mir einfiel, war Bernhards Abneigung gegen Kneipen.

»Wir laden die Leute hierher ein«, sagte ich schließlich.

»Um Gottes willen, tu dir das nicht an. Das wäre Wahnsinn. Du hast keine Zeit. Das macht viel zu viel Arbeit.«

»Nicht, wenn ich Biener engagiere. Die bringen alles mit, räumen um, bauen auf und hinterlassen die Wohnung, als wäre nichts gewesen. Bernhard hätte seinen Empfang zu Hause. So wie er es liebte.«

»Wie viele sollen denn kommen?«

»So an die vierzig vielleicht.«

»Die passen doch gar nicht in die Wohnung.«

»Ach, wir hatten schon fünfzig hier. Es gibt dann ein ziemliches Gedränge. Aber Bernhard sagte immer, bei einer Party müssen die Ärsche sich reiben, sonst wird sie nichts.«

»Wenn es so ist«, meinte Carla, »soll ich wohl bei Biener anrufen?«

Zwei Stunden später saß uns eine smarte junge Dame der Firma Biener gegenüber. Sie versicherte als Erstes, dass alles, was ich wünschte, machbar sei. Die Räumlichkeiten stellten kein Problem dar, man würde Küchenausrüstung und das nötige Zubehör mitbringen, ich solle mir nicht die geringsten Sorgen machen, nur freimütig äußern, welche Speisen gereicht werden sollten. Drei bis vier Vorspeisen und vier verschiedene warme Gerichte schlage sie vor. Alles in den üblichen kleinen Schälchen serviert, denn die Gäste würden ja stehen.

Sie gab Carla und mir je eine mehrseitige Speisekarte und fuhr fort, das Personal – für eine Sekunde erschrak ich, natürlich, es musste ja auch jemand da sein, der servierte –, das Personal also würde selbstverständlich Schwarz tragen, auch schwarze Schürzen, die Servietten sollten gewiss einfach weiß sein ohne die fröhlichen Bienen-Aufdrucke der Firma. Die Kaffeebecher auch ganz schlicht, ohne bunten Aufdruck, und es würden später doch kleine glasierte Kuchen gereicht, nicht wahr?

Sie war so einfühlsam und begriff im Fluge, was ich wollte.

Eine sonderbare Erregung hatte mich erfasst. Der Gedanke, den Imbiss zu Hause zu veranstalten, beflügelte mich, machte mich für kurze Zeit so glücklich, als bereitete ich heimlich ein Geburtstagsfest vor.

Undeutlich hatte ich die Vorstellung, dass auf Bernhards letzter Einladung jedermann sich angeregt unterhalten und gut essen sollte. So wie es früher auf unseren Festen gewesen war. Nur kein Leichenschmaus an gedeckter Tafel, wo man sich nicht bewegen konnte. Nur kein gleichgültiges Herumstehen im hässlichen Nebenraum eines Lokals, wo Gulaschsuppe oder aufgeweichte Sandwiches herumgereicht wurden und die Geladenen vom ersten Augenblick an nur einen Wunsch hatten: sich schnell wieder davonzumachen.

Am nächsten Tag, so sagte die smarte junge Dame, würde der Oberkellner kommen und seinerseits die Räumlichkeiten in Augenschein nehmen. Danach würde entschieden, wie viel Ausrüstung mitgebracht und wie viel Personal neben den Köchen benötigt würde. Ich könne ganz ruhig sein, alles werde wie am Schnürchen laufen. Man sei auf dergleichen spezialisiert.

Carla versteht mehr von Geld als ich. Sie spart, legt an und kauft am liebsten Sonderangebote. Ich hatte das nie getan. Dennoch wurde auch Carla vom Rausch des Bestellens ergriffen. Niemand war da, der die Bremse ziehen konnte. Die smarte junge Dame im hellgrauen Schneiderkostüm schrieb und schrieb und lächelte immer weiter vertrauensbildend. Was ich an ihrer Stelle auch getan hätte.

Als sie ihre Unterlagen einsammelte mit der Bemerkung, der Kostenvoranschlag, den sie uns am nächsten Morgen faxen werde, könne natürlich nur ein ungefährer sein, da man nicht wisse, wie viel tatsächlich verzehrt und getrunken werden würde, nickten wir beide ergeben.

Dass man die Anzahl der zu servierenden Schüsselchen und die Menge der Weinflaschen bereits jetzt hätte festlegen können, fiel Carla nicht ein und mir schon gar nicht. Auch der letzte Krümel Verstand war aufgelöst worden von dem Wunsch, diese Einladung um jeden Preis gelingen zu lassen.

Der Rausch verflog rasch. Ein immer stärker werdendes Unbehagen rumorte in meinem Inneren. Schmalzbrote, Kartoffelsuppe und Linseneintopf wären nach Bernhards Geschmack gewesen. Die kostspielige Bewirtung, die ich eben bestellt hatte, und wie kostspielig, sollte ich noch erfahren, hätte er niemals zugelassen. Er hätte getobt. Verzeih, Liebling, lass es mich nur dieses eine Mal so machen. Ich kann doch jetzt nicht anfangen, Suppe zu kochen. Ich schaffe es nicht.

Natürlich hatte ich wieder etwas falsch gemacht. Noch konnte die verrückte Bestellung rückgängig gemacht werden. Doch was dann? Die Zeit war knapp, die Anzeigen mit den eingelegten Einladungen mussten versandt, das Gespräch mit dem Pfarrer geführt, Sargschmuck ausgesucht und bestellt, Trauerkleidung besorgt werden, und ich war so weit weg. Doch die andere Frau in mir zerrte und zog mich voran. Sie wollte aktiv sein und die perfekte Trauerfeier organisieren.

Einen Hut. Ja, ich brauchte dringend einen Hut mit Schleier, damit man mich nicht weinen sah. Mein Bernhard und meine Tränen um ihn gingen niemanden etwas an. Ich brauchte einen Hut mit Schleier. Carla, wir müssen in die Stadt, einen Hut kaufen.

»Gut, fahren wir in die Stadt«, sagte Carla.

Wir kauften einen Hut. Wahrscheinlich den teuersten weit und breit. Aber er hatte einen dichten Schleier. Eine vollkommen unsinnige Ausgabe, wie sich zeigen sollte.

Die Tage bis zur Trauerfeier vergingen rasch. Schemenhaft nahm ich wahr, dass unangemeldete Besucher kamen und Blumen brachten, weitere Blumen wurden geschickt. Das Telefon klingelte ununterbrochen, und ich hörte mich ruhig und leise mit den Anrufern sprechen. Die Vorbereitungen schritten voran, mein innerlicher Roboter funktionierte fehlerfrei.

Lange bevor der erste Trauergast erschien, waren Carla und ich bereits am Friedhof. Am Abend vorher hatte ich Carla gequält, wir dürften morgens nicht zu spät aufbrechen, wir bekämen womöglich kein Taxi, würden auf eine unvermutete Umleitung stoßen, die Straße könnte verstopft sein oder irgendetwas uns daran hindern, rechtzeitig auf der Trauerfeier für meinen Mann zu erscheinen.

Carla hatte mich angelächelt.

»Freundin, wir werden pünktlich sein.«

Fünfzig Minuten vor der Zeit erreichten wir die Aussegnungshalle.

»Lass uns noch eine Zigarette rauchen«, sagte ich zu Carla. Mein Mund war ausgetrocknet, ich zitterte.

Der Durchgang zum Friedhof führt an der Leichenhalle vorbei, wo man hinter Glas aufgebahrte Tote betrachten kann. Jedes Mal wenn ich zum Grab meiner Mutter ging, beschleunigte ich meine Schritte und drehte den Kopf halb weg. Es mag ein Brauch sein, die Toten zur freien Besichtigung auszustellen, damit Verwandte und Freunde sie noch einmal sehen können und ein Gebet verrichten. Doch im Vorübereilen hatte ich immer das Gefühl, nur alte Rentnerinnen verharrten in der makabren Halle und genossen den Anblick der Verstorbenen, denn sie selbst waren ja noch am Leben, arthritisch, rheumatisch, herzkrank, aber lebendig. Der Durchgang war nicht lang, mir kam er jedes Mal endlos vor, und ich atmete befreit auf, wenn ich endlich den freien Vorplatz zum Friedhof erreicht hatte.

An diesem Vormittag im August war der Vorplatz in gleißendes Licht getaucht. Die Sonne strahlte von einem tiefblauen Himmel. Auf dem Rasen glitzerten noch vereinzelte Tautropfen. Ein paar Spatzen balgten sich auf dem Kies. Hinter einem der ersten Gräber steckte ich nervös eine Zigarette an.

»Sitzt der Hut?«, fragte ich Carla.

»Tadellos. Beruhige dich, du siehst sehr würdig aus.«

»Müssen wir nicht hinein?«

Carla sah auf ihr Uhr: »Wir haben jetzt noch vierzig Minuten Zeit.«

»Muss ich die Lippen noch einmal nachziehen?«

»Nein, alles in Ordnung.«

Die Zigarette war mir nicht bekommen, dennoch steckte ich gierig eine zweite an.

»Habe ich Haare auf dem Mantel?«

Ich wandte Carla meinen Rücken zu.

»Makellos. Nichts zu sehen.«

»Gut«, sagte ich und schwieg, weil mir nichts mehr einfiel, das ich hätte fragen können.

Carla wusste Bescheid, ohne dass wir darüber gesprochen hatten. Sie wusste, dass ich für Bernhard so schön aussehen wollte, wie es irgend ging, für diesen letzten gemeinsamen Auftritt.

In gewisser Weise ähneln sich Hochzeit und Beerdigung. Zu keiner anderen Gelegenheit dreht sich das Geschehen so ausschließlich um das Paar. Es kommen Gäste, die sich besonders gekleidet haben, feierliche Handlungen werden vollzogen, gute Wünsche ausgesprochen, und am Ende gibt es zu essen und zu trinken.

»Wie spät ist es jetzt? Lass uns hineingehen«, sagte ich und steckte die ausgetretene Kippe meiner halb gerauchten Zigarette in die Tasche des Mantelkleides. Fünf Minuten waren vergangen, seit ich Carla zum ersten Mal nach der Uhrzeit gefragt hatte.

Wir waren die Einzigen in der kühlen, etwas modrig riechenden Halle. Es störte mich nicht. Bernhard war ja da.

Ein paar Meter vor mir stand, flankiert von vier mannshohen Buchsbäumen auf einem nach vorne leicht abfallenden Podest, der mit einem großen Blumengesteck geschmückte Sarg. Zu seinen Füßen hatte man eine Anzahl von Kränzen drapiert. Im Hintergrund vor einem Samtvorhang brannten schon hohe Kerzen.

Aha, dachte ich befriedigt, sie hat es geschafft.

»Sie müssen Topfpflanzen nehmen«, hatte ich drei Tage zuvor der Floristin erklärt, die den Sargschmuck anfertigen sollte.

»Geht nicht«, hatte sie erwidert.

»Es muss gehen. Mein Mann hasste Schnittblumen.«

»Topfpflanzen!«, hatte sie geschnaubt, »unmöglich.«

»Bitte! Lassen Sie sich etwas einfallen. Wenn es um Ihren eigenen Mann ginge …«

»Wie stellen Sie sich das vor, die Töpfe fallen doch runter«, jammerte die Floristin schon etwas nachgiebiger.

Sie fielen nicht. Die Töpfe waren durch Moos und grüne Zweige so geschickt miteinander verbunden und verdeckt, dass sie ein zusätzliches Schmuckelement darstellten, das Arrangement sah prächtig aus.

Nun war also tatsächlich nichts mehr zu tun, nichts mehr zu kontrollieren, nichts, womit ich mich ablenken konnte. Von jetzt an würde ich alles, was an diesem Tag geschah, passiv erleben.

Ein Augenblick vollkommener Leere entstand, dann wurde mir plötzlich bewusst, dass Bernhard unter dem verschlossenen Sargdeckel lag, dass ich ihn nie mehr sehen würde. Die gesamte Vorbereitung für die Feier war etwas Abstraktes gewesen, das nicht wirklich und tatsächlich mit meinem Mann zu tun hatte. Die andere Frau in mir hatte alles geregelt, ich selbst war ja abgereist mit Bernhard. Jetzt begriff ich, dass hier und jetzt das endgültige Ende unseres gemeinsamen Weges stattfand.

Ich wollte so gerne eine gefasste Witwe sein. Doch die Tränen ließen sich nicht zurückdrängen. Ich zog den Schleier herunter und weinte.

Dann traten die ersten Trauergäste durch die vordere, seitliche Tür ein. Eigentlich hätten sie durch den hinteren Eingang kommen sollen, vor dem auch das Kondolenzbuch auslag, doch die offene vordere Tür war die der Straße nächstgelegene. Außerdem stand Herr Huber, diesmal auch er in Schwarz, wie ein Zeremonienmeister neben dem Türrahmen. Unschlüssig, ob sie mich begrüßen oder sich wortlos setzen sollten, blieben sie einen Augenblick stehen, dann schritten sie entschlossen auf mich zu.

Was blieb mir übrig? Ich stand auf, lüftete den Schleier, gab ihnen die Hand, murmelte etwas von »danke, dass Sie da sind«, setzte mich wieder, zog den Schleier herunter und weinte weiter. Wie oft sich diese Prozedur wiederholte, kann ich nicht sagen, die Tränen versiegten.

Irgendwann war die Halle voll, und die Feier begann. Links und rechts neben mir saßen Bernhards Lieblingsneffen Albrecht und Fabian. Hin und wieder drückte einer der beiden mitfühlend meinen Arm. Das Gefühl von Verlassenheit und Einsamkeit mit all den Leuten im Rücken ließ mich vage ahnen, was mich erwartete.

Neben Albrecht saßen, steif und würdevoll, Alice und Ernst. Weiter rechts Albrechts Bruder Magnus, der nur Augen für seine fünfjährige Tochter Melissa hatte, die in einem dunkelblauen Samtkleid zwischen Sarg und der ersten Reihe herumtollte und es ganz offensichtlich genoss, von vielen Augen beobachtet zu werden. Melissa erschien mir wie ein junges Vögelchen im Gras vor einem gefällten Baum.

Andere sahen es anders. Tage später hörte ich von verschiedenen Seiten empörte Kommentare, »dieses Kind da vorne war eine Zumutung«, »so etwas geht doch nicht in der Kirche«, »fast wäre ich aufgestanden und hätte das Kind gepackt«, »unerzogenes Balg, wem gehörte das denn?«

Mich hingegen tröstete Melissas Gehopse. Bernhard war abgereist, auch ich würde abreisen, wenn die Zeit gekommen war. Werden und Vergehen, ein Kreis hat sich vollendet, ein anderer beginnt. Das Leben bleibt nicht stehen.

Orgelmusik erklang von einem Band, das ein wenig leierte. Der Priester sprach Gebete, dann spielte Alice' Tochter Christiane auf dem Cello drei Stücke von Bach.

Fast schüchtern hatte Alice diese Musikeinlage vorgeschlagen, und in meiner Gereiztheit hätte ich sie um ein Haar abgelehnt. Jetzt war ich froh, denn Christiane spielte hervorragend.

Albrecht hielt auf seinen Onkel eine wunderbare Rede, die so voller Gefühl und Hochachtung war, dass man hätte meinen können, er verabschiede sich von einem geliebten Vater. Blass und mitgenommen stand er hinter dem Pult, sprach leise, fast tonlos. Ich kannte ihn gut genug, um zu wissen, dass er sich bis zum Äußersten beherrschte, um seine Rede ohne Schwanken in der Stimme zu Ende zu bringen. Unwillkürlich blickte ich zur Seite zu Alice. Ihr Gesicht zeigte keine Regung.

Bernhards Freund und Anwalt Traugott hielt eine rührende, hilflose Ansprache. Ein ehemaliger Klassenkamerad, in dessen Stimme seine militärische Vergangenheit mitschwang, beschwor den kameradschaftlichen Chorgeist der damaligen Gymnasiasten und appellierte ein wenig unmotiviert an allgemeinen Zusammenhalt. Bernhard würde grinsen, dachte ich, und sagen »er hat es gut gemeint«.

Als Letzter trat der Bürgermeister eines Ortes, für den sich Bernhard vor vielen Jahren sehr entschieden eingesetzt hatte, ans Rednerpult. Was er sagte, war kaum zu verstehen, denn seine Stimme brach fortwährend. Die Tränen liefen über seine dicken, geröteten Backen, er schluchzte. Überdies funktionierte das Mikrofon, das vom Bestattungsinstitut installiert worden war, so schlecht, dass schon Albrechts Rede ab der dritten Reihe kaum mehr zu verstehen gewesen war, wie Carla abends berichtete.

Des Bürgermeisters kummervolle Worte erreichten gerade noch die vordersten Stühle.

Der Terminplan unseres Friedhofes war eng.

»Wird Ihnen eine Zeiteinheit reichen? Oder brauchen Sie mehr?«, hatte Herr Huber vom Bestattungsinstitut gefragt.

»Was heißt das?« Ich verstand ihn nicht.

»Normalerweise sind für eine Trauerfeier dreißig Minuten vorgesehen. Sie können eine zweite Einheit dazu buchen, dann haben Sie eine Stunde Zeit. Das kostet eine Extragebühr. Aber ich weiß nicht, ob wir noch eine zusätzliche Einheit für Sie einschieben können, ich muss telefonieren, große Hoffnung kann ich Ihnen nicht machen.«

Nur dreißig Minuten, um meinen Bernhard zu verabschieden? Das Herz klopfte mir bis zum Hals. Ich konnte vor Erregung kaum sprechen. »Eine Stunde ist das Mindeste. Sonst müssen wir einen anderen Termin finden.«

Natürlich wurde mir die zweite Zeiteinheit zugestanden. Und jetzt neigte sich die Trauerfeier ihrem Ende zu. Wieder Musik, dann bedeutete mir der Priester, nach vorne zum Sarg zu treten, um mich zu verabschieden. Wie von Roboterkraft angetrieben, bewegte ich mich, begleitet von Albrecht und Florian, auf das Arrangement von Blumen, Kränzen, Kerzen und Buchsbäumen zu, in dessen Mitte der Sarg stand.

Wie unangenehm, dachte ich, wie überaus unangenehm. Hinter mir die vielen Menschen, die mich beobachteten, vor mir Bernhard in dem Sarg. Eine plötzliche Ahnung durchfuhr mich, dass er gar nicht da war, sich leise davongestohlen hatte, draußen in der Sonne spazieren ging, weil er offizielle Veranstaltungen nicht mochte.

Leer und abwesend stand ich vor dem Sarg, streichelte ihn und kehrte an meinen Platz zurück.

Zwei Minuten später war die Feier zu Ende. Die eigentliche Beerdigung sollte eine Woche später in Bernhards Heimatort stattfinden, wo das Grab seiner Mutter war. Auch ich würde dort eines Tages liegen, das Grab war für drei.

Die Trauergäste defilierten am Sarg vorbei. Herr Huber hatte mir von der Tür aus ein Zeichen gemacht, ich solle mich dort aufstellen, um die Leute zu verabschieden. Gehorsam folgte ich seinem Wink. Der Schleier musste wieder gelüftet, allen und jedem höflich mein verweintes Gesicht gezeigt werden.

Zu Hause war alles bereit. Die Firma Biener, die schon morgens um sieben mit einem Transporter vorgefahren war, hatte im ausgeräumten Schlafzimmer eine Küche aufgebaut, und als wir von der Aussegnungshalle zurückkehrten, standen die Serviermädchen schon im Flur und boten Aperitif an. Mit einem Glas Sherry schloss ich mich ins Badezimmer ein, um die heruntergelaufene Wimperntusche vom Gesicht zu wischen und die vom unseligen Hut verdrückten Haare, so gut es ging, in Ordnung zu bringen.

Welche Gefühle dürfen, sollen, müssen eine Witwe nach der Trauerfeier für ihren Mann bewegen? Ich fühlte gar nichts und erschrak darüber, dachte nur, Bernhard, du hast es geschafft, du hast es hinter dir, ich beglückwünsche dich, bin dabei ein bisschen neidisch. Ich muss noch weiter und weiß doch gar nicht, wie es gehen soll – ohne dich.

Während ich mich puderte, hörte ich die ersten Gäste eintreffen. Wie sagte Bernhard immer: In den ersten fünf Minuten entscheidet sich, ob die Einladung laufen wird. Den angeregten Stimmen nach, die ich durch die Badezimmertür hörte, würde es »eine fröhliche Leich'« werden.

Vorsichtig rieb ich mit dem stecknadelgroßen Magneten die winzige Akupunkturnadel, die Dr. Kahn mir vier Tage zuvor ins Ohr gesetzt hatte.

»Geben Sie mir bitte etwas, das nicht müde macht, aber beruhigt«, hatte ich ihn gebeten, damit ich die Tage bis nach der Trauerfeier ohne größere Zusammenbrüche würde überstehen können.

»Die Studenten, die vor dem Examen zu mir kommen, behandle ich im Allgemeinen ganz erfolgreich mit Akupunktur. Wollen Sie das nicht versuchen? Ein Beruhigungsmittel kann ich Ihnen immer noch verschreiben.«

Die Nadel wirkte verblüffend. Dass ich immer wieder weinen würde, war klar. Dass ich die ganze Zeit über nicht ganz bei mir war, spielte keine Rolle und hatte auch nichts mit der Akupunkturnadel zu tun. Die befürchteten Zusammenbrüche jedenfalls blieben aus.

Die Serviermädchen bewältigten kaum das Nachschenken, die Schälchen fanden reißenden Absatz, das Stimmengewirr wurde immer dichter, die ersten Gäste verzogen sich ins Treppenhaus und aßen auf den Stufen. Unser Freund Alexander kümmerte sich um diejenigen, die kaum jemanden kannten, ich selbst stellte vor, machte miteinander bekannt. Wieder diese schizophrene Empfindung, wo war eigentlich Bernhard? Doch sicher in irgendeiner Ecke in ein intensives Gespräch vertieft. Ganz alleine spielte ich mit mir das Spiel: »Wo ist Bernhard?«. Der Sherry im Badezimmer hatte mir gut getan. Ich trank einen zweiten, dann einen dritten und vierten. Im Allgemeinen vertrage ich Alkohol schlecht. Doch jetzt war mir, als wäre der Sherry die Krücke, an der allein ich in der Lage war, mich zu bewegen.

Der Empfang hatte um halb zwölf begonnen, gegen zwei lichtete sich das Gedränge, um vier hatte die Firma Biener bereits abgebaut, und die Wohnung war wie vorher. War sie es?

Nichts war wie vorher. Die Freunde und Verwandten, die aus ganz Deutschland angereist waren, schienen nach dem Empfang sofort wieder nach Hause gefahren zu sein, jedenfalls sah ich sie nicht mehr. Meine Freundin Carla blieb noch einen Tag, dann reiste auch sie ab. Sie hatte einen Umzug nach Düsseldorf vorzubereiten, wo sie einen neuen Job antreten sollte.

Die andere in mir brachte Carla zum Flughafen, umarmte sie und winkte, bis sie mit ihrem Koffer hinter der Glastür der Abflughalle verschwunden war. Fast ihren gesamten Resturlaub hatte Carla geopfert, um mir beizustehen. Wehmut wäre in diesem Augenblick ein angemessenes Gefühl gewesen, Wehmut, weil Carla nun nicht mehr da sein würde, um darauf zu achten, dass ich genug aß, nicht zu viel rauchte, genug schlief, mich nicht in meiner Trauer verlor.

Doch nichts in mir regte sich. Mein Herz und meine Gefühle waren am 2. August zusammen mit Bernhard abgereist, und die andere funktionierte – irgendwie. Das war alles.

Mit durchgedrücktem Gaspedal raste ich über die Autobahn zurück in die Stadt. Wo war meine These geblieben, dass Raser gestörte Menschen und potentielle Selbstmörder sind? Jetzt war ich eine von ihnen. Und ich blieb es lange.

Als ich die Wohnungstür aufschloss und in den Flur trat, schlug mir gellende Stille entgegen. Doch mehr noch als die Stille selbst verstörte mich das Gefühl, in dieser Wohnung fremd zu sein. Das war nicht mein Zuhause, wie ich es kannte. Alles Leben war aus den Räumen gewichen, die Möbel standen ausdruckslos auf ihren Plätzen. Das gelbe Leinensofa, auf das Bernhard sich zum Lesen zu legen pflegte, hatte einladend gelächelt, wann immer ich ins Zimmer kam. Von diesem Sofa aus hatte man die ganze Bibliothek im Blick, die voll gestopften Bücherregale, aus denen unsere Lieblingsbücher uns zublinzelten. Schräg gegenüber von meinem Sessel hing das große Gemälde, das Bernhard mir zur Hochzeit geschenkt hatte: ein dunkler See mit starken Pinselstrichen gemalt. Wenn ich über ein Problem nachdachte, half mir die Ruhe des stillen Sees, die Gedanken zu ordnen. Jede Kommode, jeder kleine Tisch führte ein liebenswürdiges Eigenleben, an dem sie uns teilhaben ließen. Nun schienen auch ihre Seelen abgereist zu sein. Ich stand in möblierten, toten Räumen, die nichts mit mir zu tun hatten. Solange Carla bei mir gewohnt hatte, war es mir nicht aufgefallen. Panik ergriff mich.

Du musst umräumen, dachte ich, du musst etwas verändern, sonst wirst du wahnsinnig in dieser Wohnung.

Hektisch lief ich wieder und wieder durch die Räume. In Bernhards Arbeitszimmer blieb ich schließlich stehen. Selten hatte ich es betreten, nur wenn Bernhard mich dazu einlud. Das Arbeitszimmer war die Insel, auf die er sich zurückzog, um allein zu sein, zu schreiben, ungestört Radio zu hören, geschäftliche Telefonate zu führen.

Nicht ein einziges Mal in dreiundzwanzig Jahren war es mir in den Sinn gekommen, so nah an den mit Korrespondenz und Papieren bedeckten Schreibtisch zu treten, dass ich hätte erkennen können, um was für Unterlagen und Briefe es sich handelte.

Jetzt tat ich es. Mehr noch: Wie unter Zwang setzte ich mich auf seinen Schreibtischstuhl und blickte über den Tisch hinweg durch das große Fenster auf die Dächer jenseits der Straße. Das Gefühl, Bernhards Privatsphäre zu verletzen, legte sich wie eine Schraubzwinge um meine Brust und nahm mir den Atem. Den Blick auf die Notizen, Briefe, Dokumente zu senken, wagte ich nicht.

Und doch – sehr bald würde ich mich überwinden und die letzte Barriere zu seinem privatesten Bereich einreißen müssen. Ich würde das Durcheinander auf dem Schreibtisch durchsehen, Unwichtiges von Wichtigem trennen und wegwerfen, was wegzuwerfen war.

Nein, schrie es in mir auf, nichts wegwerfen. Alles ist wichtig, was mit Bernhard zu tun hat. Und sei es nur ein Zettel, auf dem er während eines Telefonats herumgekritzelt hat. Das sind unwiederbringliche Kostbarkeiten, die ich hüten will.

Es war zu früh und zu schwer, diesen Raum zu verändern. Um in der Wohnung, in der wir so viele Jahre glücklich gewesen waren, weiterleben zu können, musste dennoch etwas geschehen. Nur was?

Selbst sterben wäre schön. Schöner und einfacher als umzuräumen. Sterben erschien mir in diesem Augenblick als die Lösung schlechthin. Bernhard hinterherreisen! Wie erleichtert wäre ich, könnte auch ich sterben.

Aber ich war nicht krank, ich rauchte nur zu viel. Selbstmord zu begehen kam nicht in Frage. Zu groß war meine Angst, wo und von wem auch immer, dafür bestraft zu werden. Man geht den Weg zu Ende, so war ich erzogen worden.

Jeder Mensch hat in seinem Leben wahrscheinlich schon ernsthaft mit dem Gedanken gespielt, sein Leben vor der Zeit abzubrechen. In gewissen Situationen ist allein die Vorstellung, dass man täglich, zu jeder Stunde, frei entscheiden kann, ob die Qual weitergehen soll oder nicht, bereits ein großer Trost. So auch für mich.

Wenn mein Elend noch schlimmer wurde, blieb mir diese letzte freie Entscheidung. Also umräumen. Nicht fragen, was das denn noch bringen sollte. Es einfach tun. Aber nicht heute.

Freunde

Dir ist hoffentlich klar, dass viele Leute dich in Zukunft nicht mehr einladen werden.«

»Wie bitte?«

»Ihr wart ein tolles Paar, Bernhard und du.«

»Ja, und?«

»Sei nicht naiv. Du bist jetzt allein. Und Witwe. Das mögen die Leute nicht.«

»Was mögen die Leute daran nicht?«

»Keine Ehefrau lädt eine attraktive, wohlhabende Witwe freiwillig ein. Du bist Konkurrenz, so einfach ist das.«

»Ich bin nicht wohlhabend.«

»Du siehst aber so aus, das genügt. Außerdem: Wenn du hässlich und arm wärest, würde man dich auch nicht einladen, wer will schon eine arme, unansehnliche Witwe herumsitzen haben!«

»Warum sagst du mir das alles?«

»Damit du beizeiten die Realität siehst, wie sie ist.«

Ich hatte nicht kommen wollen. Seit Bernhards Beerdigung waren gerade zwei Wochen vergangen. Das Bedürfnis, allein zu bleiben, mich nicht mit Menschen auseinander setzen zu müssen, bestimmte meine Tage. Und doch hatte ich Alexanders Drängen nachgegeben.

»Du darfst dich nicht so verschließen, das ist gefährlich. Das Leben geht weiter«, hatte er am Telefon mit einer deutlich ungeduldigen Note in seiner Stimme gesagt.

So schnell sollte es weitergehen, als wäre nichts geschehen? Durfte ich mir keine Zeit nehmen, zu mir zu kommen, mich zu fassen?

Wir saßen draußen. Es war ein lauer Sommerabend. Rosenduft umwehte mich. In einem stillen Villenviertel bewohnte mein Freund Alexander ein kleines, auf seine Bedürfnisse als Junggeselle zugeschnittenes Haus mit einem großen, verwunschenen Garten, den er vor Jahren nach englischem Vorbild in eine duftende Wildnis hatte verwandeln lassen. Im Sommer liebte Alexander es, auf der Terrasse kleine Essen zu geben und die Pracht seiner altenglischen Rosen vorzuführen, die bis tief in den Herbst hinein blühten.

Die Erinnerung an den letzten Abend, den Bernhard und ich gemeinsam auf Alexanders Terrasse verbracht hatten, ließ meine Augen brennen. Bernhard hatte sich elend gefühlt, seine Nase wurde während des Essens plötzlich grau. Wir wussten zu dieser Zeit noch nicht, dass er schon schwer krank war. Bernhard hatte sein Unwohlsein plaudernd überspielt, sodass unser Gastgeber nichts bemerkte.

Alexander ist ein erfolgreicher Unternehmer und ein Genussmensch, der schlechte Laune und Niedergeschlagenheit nicht zu kennen scheint. Seine eigenen Probleme, so er welche hat, was ich nicht weiß, denn er würde sie selbst mir gegenüber niemals ansprechen, blendet er wohl mit Theater, Konzerten, kleinen Reisen, erlesenem Wein und gutem Essen aus seinem Bewusstsein aus. Die gleiche Haltung erwartet er, vielleicht ohne es selbst zu wissen, auch von seiner Umwelt. Die Sorgen und Probleme anderer interessieren ihn nur, solange sie neu sind und Nachrichtenwert haben.

Es dauerte Jahre, bis ich begriff, dass seine Hilfsbereitschaft, und Alexander ist auf seine Weise ein ausgesprochen hilfsbereiter Mann, sich auf zwei Arten des Beistandes konzentrierte. Großzügig verlieh er Geld, zinslos selbstverständlich, oft wissend, dass er das Verliehene niemals zurückbekommen würde. Noch lieber jedoch lud er zum Essen ein, meist in ein teures italienisches Restaurant. Schwerwiegende Fälle bekochte er zu Hause nicht weniger opulent und teuer. Damit musste es dann aber auch gut sein.

Es war ungerecht von mir, Widerwillen zu empfinden gegen seine sichtliche Behaglichkeit. Er fühlte sich gut, er tat mir ja Gutes. Tischdecke und Servietten harmonierten delikat mit der Farbe der Rose, die er neben meinen Teller gelegt hatte, und die Windlichter brannten schon, obwohl die Sonne gerade erst orangerot hinter den Bäumen verschwand. Es hätte die Dekoration für ein Geburtstagsessen sein können.

Alexander hatte Champagner als Aperitif vorgesehen und dann einen schweren, dunklen Barolo zum Essen. Ja, er wollte mir Gutes tun, um jeden verdammten Preis. Aber ich konnte nicht dankbar sein für die Wohltat, musste mich zusammennehmen, um nicht zu schreien, hab doch Erbarmen mit mir, das alles ist kein Trost für mich, sondern eine Qual. Ich hatte keinen Hunger, weil der Schmerz auch im Magen saß. Die Vorstellung, mich mit Alkohol zu benebeln, schnürte mir die Kehle zu.

Doch die andere in mir funktionierte fehlerfrei. Sie tat, was von ihr erwartet wurde, und trank. Der Champagner perlte aus der Flasche, Alexander prostete mir zufrieden lächelnd zu, »siehst du, jetzt bist du doch froh, dass du gekommen bist. Ich wusste, dass dir das gut tut«.

Ich lächelte pflichtschuldig zurück, und plötzlich kam mir die Witwe in den Sinn, die keine große Beerdigung für ihren Mann gewollt hatte. Alexander hatte mir Monate zuvor von ihr erzählt, als Bernhard schon todkrank in der Klinik lag.

Der Mann war ein prominenter Maler gewesen mit einem großen, entsprechend prominenten Bekanntenkreis. Alexander war seit vielen Jahren mit dem Maler mehr oder weniger befreundet gewesen.

Dass die Witwe beschlossen hatte, auf den Aufmarsch der Berühmtheiten zu verzichten, und eine Trauerfeier im engsten Familienkreis anstrebte, war Alexander übel aufgestoßen: »Das kann sie nicht machen. Sie muss auch Rücksicht auf die Freunde nehmen, die sich von ihm verabschieden wollen.«

»Vielleicht hat er es mit ihr so besprochen«, hatte ich gesagt. Alexanders Zorn erschreckte mich auf eine Weise, die ich mir damals noch nicht erklären konnte.

»Ach was, man kann doch nicht den ganzen Bekanntenkreis um so eine große Feierlichkeit bringen. Es wäre einfach schön gewesen, alle diese Leute zu treffen. Aber nein, Madame denkt nur an sich.«

Auch ich dachte an mich. Vielleicht hatte ich ein Recht dazu. Aber darauf kam es nicht an. Entscheidend schien die soziale Verträglichkeit zu sein. Die Witwe, die keine große Beerdigung für ihren berühmten Mann arrangiert, ist zwar unerträglicher als die andere Witwe, der vielleicht anzusehen ist, dass sie erwiesene Wohltaten nicht gebührend schätzt. Doch ausdrücklich zu missbilligen sind beide.

Die ideale Witwe sollte sich selbst um alles kümmern, möglichst niemanden mit ihren neuen Sorgen behelligen. Doch einen eigenen Willen, der die Reibungslosigkeit des Umgangs mit ihr stören könnte, sollte sie tunlichst nicht entwickeln. Nicht auf sozialer Ebene. Bescheiden und anspruchslos, aber jederzeit zu möglichst angeregter Unterhaltung bereit; nett anzusehen, doch auf keinen Fall eine potentielle Rivalin für die Männer verheirateter Frauen.

Alexander, der den Ärger mit der ausgefallenen Trauerfeier vielleicht besser als andere hinuntergeschluckt hatte, wusste bald darauf Neues von der verstockten Witwe zu berichten. Er hatte sie zweimal eingeladen und jeweils eine Absage bekommen.

»Sie wird sich noch umsehen. Wenn sie so weitermacht und alle Menschen verscheucht, die ihr wohl wollen, wird sie bald niemanden mehr haben, der sich mit ihr abgibt.«

»Kann es sein, dass sie mit ihrer Trauer erst einmal alleine sein möchte?«, hatte ich gefragt und mich ihr auf seltsame Weise nahe gefühlt.

»Unsinn«, hatte Alexander entschieden, »in so einer Situation muss man unter die Menschen gehen und sich ablenken. Alles andere hat keinen Sinn.«

Diese Unterhaltungen lagen, wie gesagt, Monate zurück, doch sie hatten sich in mein Gedächtnis gegraben. Im Gegensatz zu der Frau des berühmten Malers hatte ich es nicht gewagt, Alexanders Einladung abzulehnen.

Die Falle, die ich mir selbst gestellt hatte, war zweifach zugeschnappt. Ich saß fest mit nicht zu unterdrückenden Schuldgefühlen: Ich würdigte Alexanders Freundlichkeit nicht gebührend. Und was mindestens so schwer wog: Ich hatte mich selbst verraten, mein Bedürfnis, alleine zu bleiben, vergewaltigt. Was um Himmels willen ging vor sich?

Grüble nicht über Nebensächlichkeiten, hätte Bernhard fröhlich gesagt, mit ein, zwei Sätzen die Dramatik aus der Sache genommen und meine Unsicherheit aufgelöst. Dann hätten wir gelacht. Und alles wäre gut gewesen.

Doch Bernhard hatte sich verabschiedet, ich musste allein zurechtkommen, allein meine Instinkte und Empfindungen auf ihre Haltbarkeit hin überprüfen. Zum ersten Mal in meinem Leben, auf Alexanders Terrasse im untergehenden Sonnenlicht, stellte ich mir eine Frage, die ausschlaggebend sein würde für alles, was ich in Zukunft tat: Wer war ich?

»Hörst du mir zu?«, fragte Alexander.

»Verzeih, ich war einen Moment in Gedanken.«

»Ich sagte gerade, dass ich Lydia und Franz getroffen habe. Sie sind sehr verärgert über dich.« Alexander wischte sich mit der Serviette die Mundwinkel und sah mich abwartend an.

Nichts hätte mir gleichgültiger sein können in diesem Augenblick. Doch ich wollte Alexander nicht enttäuschen. Deshalb fragte ich:

»Warum denn?«

»Du hast Lydia beim Empfang nach der Trauerfeier regelrecht ignoriert. Sie fühlt sich von dir schlecht behandelt.«

»Du scherzt.«

Alexander goss sich Wein nach und hielt die Flasche in meine Richtung: »Du trinkst ja gar nicht. Nein, das ist kein Scherz. Die beiden finden, dass du dich ihnen gegenüber unmöglich aufgeführt hast.«

Mein Herz klopfte plötzlich bis zum Hals. »Das war die Trauerfeier für meinen Mann, nicht ein beliebiger Cocktail, auf dem ich die Gäste hätte beplaudern müssen. Außerdem habe ich sie nicht ignoriert. Ich ging zu ihr und sprach sie an, sie meinte nur kalt, sie müsse jetzt gehen. Dunkel erinnere ich mich, dass ich mich über ihren Ton wunderte.«

»Lydia ist ernsthaft verletzt.« Irrte ich mich, oder klang in Alexanders Stimme so etwas wie Verständnis durch für die attraktive, reizbare Lydia?

»Was geht im Kopf dieser Frau vor sich? Gerade ist mein Mann gestorben. Ich bin außer mir vor Kummer, stehe vollkommen neben mir, und sie ist beleidigt, weil ich mich auf dem Empfang nach dem Friedhof zu wenig mit ihr befasst habe. Kannst du mir sagen, was ich davon halten soll?«

»Hilf mir abräumen«, sagte Alexander als Erwiderung und griff nach meinem Teller. »Du nimmst doch auch ein bisschen Käse.«

Er wartete meine Antwort nicht ab und ging mit den Tellern voraus in die Küche.

Während er die verschiedenen Käsestücke auspackte und sorgfältig neben kleine, dunkle Trauben auf eine Platte legte, sagte er bedächtig:

»Ich meine, du solltest das in Ordnung bringen. Ruf sie an, und sag, dass es dir Leid tut, wenn du sie gekränkt hast. Sie warten bestimmt darauf.«

Waren die verrückt, oder befand ich mich auf dem Weg in den Wahnsinn? Ich wusste es nicht, schlief schlecht und wachte gegen sechs Uhr schweißgebadet und weinend auf. Bernhard, wo bist du?

Lange wanderte ich durch die Wohnung, diese stille, fremde Wohnung.

Schließlich setzte ich mich in meinen Sessel und starrte auf das Bild mit dem See. Doch heute beruhigten mich die dunklen Wasser nicht. Später saugte Martha, meine Putzfrau, den Teppich im Flur. Das Geräusch erschien mir lauter als sonst, frech geradezu. Sogar der Staubsauger hatte mehr Selbstbewusstsein als ich. Ich hörte es deutlich durch die geschlossene Tür.

Was hatte ich eben gedacht? Hatte ich nicht einen Beschluss gefasst, wie mit der beleidigten Lydia zu verfahren sei? Alles weg. Leere im Kopf, Unruhe im Herzen, drückende Schuldgefühle. Weshalb? Auch das wusste ich nicht.

Dann griff ich zum Telefon. Ich hielt es nicht aus, dass sich womöglich Menschen von mir abwendeten, die ich immer als Freunde betrachtet hatte. Ob sie es wirklich waren, konnte ich mich nicht fragen. Nicht jetzt.

Lydia war sofort am Apparat. Ich nannte meinen Namen, und sie sagte huldvoll: »Ich bin froh, dass du angerufen hast. Ich hatte beschlossen, mich nie mehr bei dir zu melden.«

Warum? Weil sie eine Woche vor Bernhards Tod angerufen hatte und ich ihr gesagt hatte, sie solle bitte nicht mehr anrufen. Ich würde mich melden. Ihr Anruf war mitten in ein schwieriges Umbetten von Bernhard geplatzt, bei dem der Pfleger und ich Mühe hatten, Bernhard nicht wehzutun.

Ich fing an zu weinen und erklärte Lydia die Situation. Am anderen Ende der Leitung herrschte für einen Sekundenbruchteil Stille, dann fuhr Lydia fort mit ihrer Beschwerde, wie sehr sie diese Abfuhr mitgenommen habe.

Lydia hatte die Angewohnheit gehabt anzurufen, bohrend den genauen Stand von Bernhards Krankheit mit allen Einzelheiten aus mir herauszupressen und dann mit der Bemerkung, »ich muss jetzt Schluss machen«, den Hörer aufzulegen. Hin und wieder rief sie auch Bernhard direkt an. Er begann sich darüber zu ärgern, wie dreist sie ihn ausfragte, und bat mich, ihr zu sagen, sie solle sich nicht mehr bei ihm melden. Ich vergaß es.

Dann kam der Tag, Bernhard konnte gerade noch sprechen und mühsam telefonieren, an dem sie ihn in die Leitung bekam und wieder ihr Spiel trieb. Bernhard war viel zu krank, um sich ihrem Verhör zu widersetzen. Als er schließlich alles gesagt hatte, was sie interessieren konnte, und sie mit dem üblichen Satz, »ich muss Schluss machen«, auflegen wollte, sagte Bernhard wütend: »Lydia, du hast mich missbraucht.«

Und jetzt war sie beleidigt, weil ich ein Telefonat kurz gehalten hatte. Es gab weitere Gründe, beleidigt zu sein: »Du hast mich beim Trauergottesdienst sehr kalt begrüßt.« Ja, und dann hatte ich sie »ignoriert« auf dem Empfang danach.

Schluchzend und stotternd erklärte ich, rechtfertigte mich, bedauerte Fehlverhalten.

Irgendwann war das Gespräch zu Ende, Lydia tief befriedigt und ich zerstört. Wer hatte da telefoniert? Ich? Die andere in mir? Vielleicht gab es noch eine Dritte, die es darauf anlegte, sich selbst zu demütigen. Was in drei Teufelsnamen hatte ich getan? Kein Rückgrat gezeigt, meinen Standpunkt, meine Meinung nicht vertreten, gekuscht, in die Knie gegangen, Angst gehabt, beschimpft zu werden.

Meine Klagemauer war Carla. Ungefiltert ergoss sich über sie der Schwall von Ohnmacht, Verzweiflung, Kummer und Zorn. Das ganze verworrene dürre Gestrüpp in meinem Inneren schmiss ich ihr durch die Leitung hinüber.

Denn Carla war meine beste Freundin. Sie gehörte nicht zu den Menschen, die ich nicht sehen und sprechen wollte. Dass dieser Wunsch, alleine zu bleiben, von mir selbst immer wieder missachtet wurde, beunruhigte mich. Ich schlingerte wie ein herrenloses Schiff durch aufgewühlte Wasser.

Carla hörte zu, aufmerksam, liebevoll, mit der Geduld einer Heiligen. Sie vermittelte mir das Gefühl, mich zu verstehen. Ich war also doch nicht im Begriff, in den Wahnsinn abzutauchen, nur empfindlicher, vielleicht klarsichtiger als in den vergangenen guten Zeiten. Mehrmals täglich telefonierten wir, abends oft stundenlang.

Manchmal stiegen Befürchtungen auf: »Carla, mein Gewissen ist rabenschwarz. Ich überfordere dich mit meinen Tiraden. Das hält doch kein Mensch aus, diese ewige Jammerei. Sag mir, wenn du nicht mehr kannst.«

Dann antwortete sie: »Sind wir eng befreundet oder nicht? Heute du, morgen vielleicht ich. Also rede keinen Unsinn.«

Sie litt mit mir, sie wurde zornig mit mir, und sie zog mich mit rheinischer Nüchternheit aus den Abgründen meiner verzweifelten Trauer. Dieser vom Wind umhergetriebene, halb gebrochene Halm, der ich geworden war, wurde von ihr täglich aufs Neue behutsam, aber entschieden wieder zurückgesteckt ins Geflecht des Lebens.

Die Probleme ihrer eigenen, quälenden Beziehung zu einem Mann, der sie nicht liebte und ihr das mit sadistischem Vergnügen bei jeder ihrer häufigen Auseinandersetzungen unter die Nase rieb, hatte sie so radikal beiseite geschoben, dass man hätte meinen können, sie existierten nicht. Doch ich wusste, dass sie täglich schlimmer wurden. Der Mann, mit dem sie lebte und auch wieder nicht lebte, sägte an ihrem Herzen wie der Holzfäller am Stamm der Tanne.

Das alles zählte für Carla in jenen Wochen nach Bernhards Tod nicht. Die Fürsorge für mich und meinen Kummer standen im Zentrum ihrer Gedanken.

Bis sie eines Tages sagte: »Ich bekomme Angst, du stellst Bernhard auf ein Podest. Das solltest du nicht tun. Er war auch nur ein Mensch und hat Fehler gemacht.«

Ich schwieg, erwiderte nicht, dass ich Bernhards Fehler sehr gut kannte und sie nicht aus meinem Gedächtnis hinausgeträumt hatte. Ich sagte ihr auch nicht, dass dies die falsche Zeit war, über Bernhards Fehler zu räsonieren. Ich wurde nur vorsichtiger mit dem, was ich Carla erzählte. Ein Filter schob sich ein. Fortan vermied ich, von Bernhard zu sprechen.

War ich die einzige Witwe weit und breit, die immer unsicherer wurde – und empfindlicher? Es schien so. Aber ich kannte auch nur eine andere Witwe. Sie ging auf die achtzig zu. Der Witwenstand hatte für sie ganz offensichtlich weder materielle Probleme noch Verunsicherungen mit sich gebracht. Die fröhliche alte Dame plante Reisen, besuchte ihre Kinder in anderen Städten und engagierte sich in der Kirche. Bevor Bernhard starb, wunderte ich mich über das Fehlen von erkennbarer Trauer. Danach empfand ich Bewunderung und gleichzeitig Schuldgefühle, weil ich, Jahrzehnte jünger als sie, in so erbärmlichem Zustand war.

Weitere Vergleichswitwen hatte ich nicht. Wo waren sie eigentlich abgeblieben? Mein Bekanntenkreis war groß, hin und wieder starb jemand. Was wurde aus den Witwen? Man sah sie nicht, hörte nichts von ihnen, sie verschwanden von der Bildfläche, und niemand fragte nach ihnen. Sie waren wie die Amseln. Wo sterben Amseln? In meinem Viertel gab es Tausende von Amseln, die auch in der Stadt überwinterten. Im Frühjahr und während der ersten Sommermonate veranstalteten sie in den Höfen der Mietshäuser um fünf Uhr früh schon festliche Konzerte in großer Besetzung. Im Winter besuchten sie in Scharen die Vogelhäuschen auf den Balkons und die Futterplätze im Park. Doch nie sah ich eine tote Amsel. Wohin zogen sie sich zurück, wenn ihr Leben zu Ende ging? Sie hinterließen keine spürbare Lücke, waren ganz einfach weg – wie die Witwen.

War es mein Schicksal, eine unsichtbare Witwe zu werden? Hatte ich überhaupt die Wahl? Seit Bernhards Tod war mein gesamtes Leben bis hin zu lächerlichen Details so anders geworden, dass ich wie ein Analphabet alles neu lernen musste. Würde man mir die Zeit, die ich dazu brauchte, zugestehen, oder musste ich damit rechnen, rasch ausgemustert zu werden?

Wem konnte ich erklären, dass mein Herz sich zusammenkrampfte und ich, die selbstbewusste Exkarrierefrau, mich schämte, wenn ich an meinem Obststand an der Ecke zwei Bananen und eine Zitrone und sonst nichts kaufte? Der Obstmann, ein bienenfleißiger Italiener aus Apulien, hatte uns über Jahre versorgt, hin und wieder sogar nach Hause geliefert. Wir hatten immer viele Gäste gehabt, ich war eine gute Kundin gewesen. Nun also nur noch zwei Bananen und eine Zitrone und den abschätzigen Blick von Herrn Caresi als Dreingabe. Als Kundin war ich erledigt.

Oder die Reinigung, in die ich einmal wöchentlich mindestens drei bekleckerte Krawatten gebracht hatte. »Na, diese Woche keine Krawatten?«, fragte die dicke Angestellte, auf deren Stirn immer Schweißtröpfchen standen. »Nein, mein Mann ist gestorben.« »Ach Gott«, rief sie erschrocken aus, »wie ist denn das passiert?« Sie beugte sich vertraulich über den Tresen, »Unfall oder Krankheit?« Ich senkte den Blick vor ihrer gierigen Neugier und murmelte etwas von »krank«. Auf die Folgefrage, »ach, und was hatte er?«, antwortete ich nicht mehr. Von diesem Tag an brachte ich meine Sachen in eine andere Reinigung.

Die vielen Einladungen zu Vorträgen, die ich jetzt wegschmiss, weil ich es nicht ertragen konnte, alleine hinzugehen und mich zu erinnern an die unzähligen Abende, an denen wir später nach dem Vortrag zu Hause noch bis tief in die Nacht diskutiert hatten. Aus und vorbei. Würde ich je wieder zu einem Vortrag gehen können?

Selbstmitleid – litt ich etwa mit einem Mal an einer krankhaften Form von Selbstmitleid, ausgelöst durch ebenso krankhafte Überempfindlichkeit? Nicht einmal Carla wagte ich danach zu fragen, aus Angst, ihre Geduld könne auf eine zu harte Probe gestellt werden. Ich musste lernen, mit diesen winzigen Wunden, die jeder Tag mir beibrachte, mit meiner ganzen entsetzlichen Verletzbarkeit fertig zu werden. Wie lange würde der Lernprozess dauern?

»Das Leben ist jetzt sehr schwer für Sie, stelle ich mir vor.«
Eben wollte ich nicken, doch rechtzeitig hielt ich inne. Der Mann, der in beiläufigem Ton diese Bemerkung gemacht hatte, kannte mich nicht, ich hatte ihn nie zuvor gesehen. Er war der Cousin einer Freundin, die einen Koffer bei mir abgestellt hatte. Er sollte ihn abholen. Ein höflicher, freundlicher Mann, der sich telefonisch angemeldet hatte und gegen Abend erschienen war. Draußen regnete es in Strömen, ich hatte ihn auf ein Glas Sherry hereingebeten.

Gerade waren einige höfliche Worte über die Cousine und meine Freundschaft zu ihr gewechselt worden, als er, der Fremde, die scheinbar harmlose Bemerkung machte.
»Wie meinen Sie das«, fragte ich.
»Nun ja«, meinte er und lächelte mich an, »Sie bekommen jetzt doch keine Einladungen mehr.«
Nun lächelte auch ich, so süß ich konnte. Und legte den Kopf fragend schief.
»Ich meine, Witwen lädt man nicht ein«, fügte er hinzu.
Innerlich dankte ich Alexander. Er hatte mich auf dergleichen eingestimmt. Endlich einmal war ich nicht unvorbereitet.
Ob er wohl bemerkt, wie falsch mein Lächeln ist, dachte ich und sagte, weiter süß lächelnd, »ja, meinen Sie?«
Ein kurze Pause entstand. Der Cousin sah mich etwas verunsichert an. Meine Antwort irritierte ihn. Er hatte doch nichts Unrechtes gesagt, nur das Leben erwähnt, das Leben der Witwen in der Gesellschaft eben. Mitfühlend hatte er sein wollen und liebenswürdig plaudern. Aber ich hatte nicht mitgespielt. Mit einem einzigen Schluck leerte er sein Sherryglas, stand auf und verabschiedete sich überhastet. »Der Koffer«, rief ich, als er schon im Treppenhaus war, »Sie wollten den Koffer mitnehmen.«

Irgendwann rief Karin mich an. Der Geburtstag ihres Mannes Olaf stand bevor. Sie würden ein großes Fest machen. Es wäre doch schön, wenn ich auch käme.

Das Ehepaar Karin und Olaf ist sehr gesellig. Sie geben oft und gerne Einladungen und gehen selbst viel aus. Ich war mit Bernhard auf vielen ihrer fröhlichen Feste gewesen. Immer wurden sie mit großer Liebe und Fantasie vorbereitet. Einmal spielte ein Tango-Trio so lange auf, bis auch das kühlste Nordblut im Raum vor Begeisterung zu kochen begann. Ein anderes Mal hatten die Freunde des Hauses ein Varieté einstudiert, das so komisch war, dass die Gäste sich krümmten vor Gelächter.

Zu diesem Abend war Bernhard, obwohl schon krank, noch mitgegangen. Er war guter Dinge und sah schmal und wunderschön aus, niemandem wäre eingefallen, dass er ein schwer kranker Mann war. Ich sah ihn im Gewühl der Menschen von weitem in ein offensichtlich angeregtes Gespräch vertieft und liebte ihn verzehrend.

Später, nach der Aufführung, aß er vom Büfett alles, was ihm schmeckte und er auf gar keinen Fall essen durfte, Knödel mit Soße, Spanferkel, rote Grütze und Rumkuchen und dann das Gleiche von vorne. Ich versuchte ihn davon abzuhalten, »Liebling, bitte, das ist nicht gut für dich«. Mitten in der Bewegung, er hielt den Löffel mit der roten Grütze in der Hand, stockte er, sah mich mit großen Augen an, legte den Löffel zurück in die Schüssel, stellte seinen halb gefüllten Teller ab und verließ mit langsamen, traurigen Schritten das Fest. Ich stolperte hinterher. »Was ist denn, was hast du?«

»Nichts«, sagte er tonlos. Und dabei blieb er. Zu Hause ging er sofort ins Bett, ohne ein weiteres Wort mit mir zu sprechen. Im Badezimmer weinte ich heimlich vor mich hin. Ich hatte ihm die Freude an dem Fest verdorben. Für die Dauer eines Abends war er zurückgekehrt zu den Gesunden und hatte diesen Zustand aus vollen Zügen genossen. Mit meiner Ermahnung hatte ich den Zauber gebrochen, die Krankheit in sein Bewusstsein zurückgeholt. Was ich angerichtet hatte, war unwiederbringlich.

Rote Grütze – für alle Zeiten meines Lebens werden mir bei roter Grütze die Tränen kommen. Aber ich konnte Karin am Telefon doch nicht als Erstes fragen, ob es auf Olafs Geburtstagsfest rote Grütze geben würde.

»Dank dir für die Einladung. Ich halte so viele Menschen auf einmal noch nicht aus und wäre ein trüber Gast. Sieh mir nach, wenn ich nicht komme, bitte.«

Karin jedoch hatte sich vorgenommen, mir Gutes zu tun. »Du musst kommen. Wir feiern im ganz kleinen Kreis, nur Familie.«

Noch schlimmer, dachte ich, Bernhard war meine ganze geliebte Familie gewesen. Nun hatte ich keine mehr. Als einzige Außenstehende im Kreis einer großen, vitalen Familie Geburtstag zu feiern – was für ein Alptraum!

Eine Weile ging das Gespräch hin und her. Wie Alexander sechs Wochen zuvor, so fand auch Karin, ich müsse wieder unter die Leute. Schließlich seien nun zwei Monate verstrichen, ich dürfe mich auf keinen Fall isolieren, sie betrachte es als ihre Freundespflicht, mich aus der Einsamkeit herauszureißen. Der Geburtstag sei doch eine gute Gelegenheit, einen Anfang zu machen.

Dieses eine Mal meinte ich, mich durchgesetzt zu haben. Ich würde nicht kommen. Karin verabschiedete sich bekümmert und enttäuscht. Doch am Abend rief Karins Mann Olaf an. Wie denn, was höre er da? Ich wolle nicht kommen? Das gehe nicht. Ich dürfe ihn nicht so beleidigen. Es sei sein ausdrücklicher Wunsch, mich auf seinem Geburtstagsfest dabeizuhaben. Sonst werde er ernsthaft böse. Er akzeptiere keine Absage. Punktum.

Sie waren ein liebes, glückliches Paar, die beiden. Aber weder Karin noch Olaf konnten sich vorstellen, was in mir vorging. Eine, die mit Verbrennungen dritten Grades auf der Intensivstation liegt, kann nicht aufstehen, sich schütteln und auf ein Geburtstagsfest eilen. Niemand käme auf den absurden Gedanken, Derartiges von ihr zu verlangen. Es bedarf eines langen Heilungsprozesses, ehe sie wieder unter Menschen gehen kann und auch will.

Der verletzten Seele wird solche Schonzeit nicht zugestanden. Denn ihre Verwundungen bleiben verborgen. Möglich, dass die Frau ein wenig mitgenommen aussieht. Das kann man nachvollziehen. Ja, der Verlust und so weiter. Aber sonst ist sie doch wie immer. Was stellt sie sich so an?

Vergessen wird: Die Seelen sind verschieden wie die Menschen selbst. Vielleicht würden Karin und Olaf in einem ähnlichen Fall mit ihrem Schmerz und Kummer anders umgehen als ich, sich sofort zurück ins gesellschaftliche Treiben werfen, weil das Leben ja weitergeht und sie fühlen, dass ihre Wunden unter dem Gehen besser verheilen als im Ruhezustand. Mag sein.

Meine Seele hingegen brauchte einen stillen, langsamen Heilungsprozess, wenn wirkliche Heilung überhaupt je möglich sein sollte. Was ich bezweifelte. Doch wollte ich meine Freunde nicht verlieren, musste ich auf ihrem Fest erscheinen.

Ich kam spät. Im Treppenhaus schon scholl mir durch die geschlossene Tür das Gelächter der Geburtstagsgesellschaft entgegen. Jetzt den Mut haben umzukehren, dachte ich. Doch ich hatte keinen Mut.

Es waren vielleicht dreißig Menschen im Raum, nicht nur Familie, die an verschiedenen Tischen saßen, sich am Büfett an der Stirnseite des großen Wohnraumes die Teller füllten oder plaudernd in Grüppchen standen. Ich begrüßte Karin und Olaf, bat um Entschuldigung, weil ich kein Geschenk mitgebracht hatte, und setzte mich an den einzigen leeren Tisch.

Das Stimmengewirr um mich herum schwoll an, ebbte ab, ich nahm es wie durch eine Nebelwand wahr.

»Du bist so dünn geworden, bald kann man dich nicht mehr sehen«, sagte eine Stimme dicht neben meinem Ohr. Ich blickte auf. Olaf lächelte mich an und stellte einen gefüllten Teller vor mich hin. »Sie müssen essen, gnädige Frau, sonst wird nichts aus Ihnen.«

Er setzte sich mir gegenüber und zwang mich damit, so etwas Ähnliches wie ein Gespräch zu beginnen. Doch nichts fiel mir ein, worüber ich hätte reden können. Zeitungen hatte ich seit Bernhards Tod noch nicht wieder gelesen. Jeden Morgen hob ich sie vom Fußabstreifer vor der Wohnungstür auf. Jeden Abend warf ich sie, so wie sie war, in den Papierkorb. In meinem Kopf herrschte nie gekanntes Chaos. Gewiss kein Thema, um daraus eine lockere Konversation zu entwickeln.

Panisch sah ich mich um, und mein Blick fiel auf eine Vase, die ich noch nie bewusst bemerkt hatte.

»Seit wann habt ihr eigentlich diese Vase?« Dümmer hätte ich nicht fragen können. Sofort schämte ich mich dafür. Doch liebenswürdig ging Olaf darauf ein, nur gab das hässliche Ding nicht viel her, und so fragte ich weiter nach dem Holzlieferanten für den Kamin, dessen Feuerschein im Hintergrund des lang gestreckten Raumes warmes Licht auf die in der Nähe Sitzenden warf.

Je mehr ich mich anstrengte, desto leerer wurde mein Kopf. Andere kamen mir, ohne es zu wissen, in meiner Not zur Hilfe. Olaf war nicht nur der Gastgeber und das Geburtstagskind, sondern auch ein wichtiger Mann in der Stadt. Es dauerte nur wenige Minuten, und alle Stühle am Tisch waren besetzt, die Unterhaltung floss auch ohne mich. Ein älteres Ehepaar, dem ich nur einmal begegnet war, erzählte von seinen erwachsenen Kindern, eine schöne Malerin bat Olaf zu ihrer Ausstellungseröffnung zu kommen, und ein aus Haiti eingebürgerter Bluessänger schilderte Szenen aus seiner düsteren Kindheit.

Er saß neben mir, und ich bemerkte, dass er mich immer wieder mit einem Seitenblick streifte. Plötzlich sprach er mich an:

»Sie sollen fröhlich sein, nicht traurig. Los, lachen Sie, damit ich weiß, wie Sie dann aussehen.«

Instinktiv begriff ich, dass es keinen Sinn hatte, Widerstand zu leisten, ich ihn vielmehr nur anspornen würde, seine Bemühung zu verdoppeln. Ich lächelte ihn breit an.
»Nein, nicht so«, rief er aus, »mit dem Herzen lachen müssen Sie.«
Er sprang auf, fasste mich an beiden Schultern und drehte mich, bis er mir frontal ins Gesicht sehen konnte. Mit dem erhobenen Zeigefinger drohte er mir:
»Eine hübsche Frau und kann nicht lächeln! Wir üben das jetzt.«
An den anderen Tischen hatten die Gäste begonnen, uns neugierige Blicke zuzuwerfen.
Ehe sich die Bedrängnis zu einem Alptraum auswachsen konnte, wurde mein Peiniger abgelenkt. Karin, die am Nebentisch gesessen hatte, zupfte den Bluessänger am Ärmel und flüsterte ihm etwas ins Ohr.
Er wandte sich ab, entfernte sich ein paar Schritte und bat dann um Aufmerksamkeit.
Jemand schaltete das Licht aus, die Tür ging auf, und eine gewaltige viereckige Geburtstagstorte, auf der unzählige kleine Kerzen brannten, wurde, begleitet von einer schmetternden Hymne des Bluessängers, von einem der Gäste hereingetragen.

Alle fielen ein in den Gesang. Olaf, mir gegenüber, grinste glücklich. Mein einziger Gedanke war, dass tot umzufallen eine große Gnade für mich wäre.

Bernhard hatte sich für seinen letzten Geburtstag, dreieinhalb Monate vor seinem Tod, jede Aufmerksamkeit, jede Erwähnung dieses besonderen Tages verbeten.
Er hatte Geburtstage immer gehasst und zähneknirschend hingenommen, dass ich ihn dennoch, wenn auch schlechten Gewissens, mit einem selbst gebackenen Kuchen, einem Geschenk und

einem Geburtstagsessen bedrängte. Ich hätte ihn so gerne gefeiert, mit vielen Geschenken überhäuft. Das bescheidene Geburtstagsprogramm war die niedrigste Stufe, auf die ich mich hinunterschrauben konnte, und das Äußerste, das er bereit war zu tolerieren.

An seinem letzten Geburtstag bat er mich, alle Anrufe abzuwimmeln, zog sich in sein Arbeitszimmer zurück und tauchte erst gegen Abend wieder auf. Wir wussten beide, dass es sein letzter Geburtstag war. Ich hatte junge Karotten und die ersten, neuen Zypernkartoffeln gemacht, sein Lieblings-Frühlingsessen. Später lag er auf dem Sofa und las mir aus einem Buch über die Münsteraner Wiedertäufer vor.

In jenen Monaten stand ich morgens um fünf auf, um für Bernhard seinen Porridge zu kochen. Er litt zunehmend an Schlaflosigkeit, und das frühe Frühstück half ihm, danach nochmals einzuschlafen. Ich jedoch war immer müde.

Während Bernhard mit seiner dunklen, warmen Stimme vorlas, hatte ich Mühe, die Augen aufzuhalten. Plötzlich schreckte ich hoch.
»Schläfst du?« Bernhard hatte das Buch sinken lassen. Über den Rand seiner Brille sah er mich mit jener Mischung aus Traurigkeit und Zärtlichkeit an, die ich immer häufiger in seinen Augen sah. Ich hatte vielleicht schon eine ganze Weile geschlafen.
»Geh doch ins Bett, du bist müde.«
»Nein, nein, keineswegs, bitte lies weiter.« Ich spannte meinen Rücken und versuchte, mich in meinem Sessel nicht anzulehnen.
»Lies, ich höre.«
Bernhard fuhr fort, seine Stimme behütete mich und gab mir das Gefühl von jener Ewigkeit zurück, in der ich die vielen Jahre über sorglos gelebt hatte. Ewig würden wir zusammen sein, bis ans Ende aller Tage.
»Ich will vor dir sterben«, hatte ich oft gesagt, weil ich mir nicht vorstellen konnte, ohne Bernhard überhaupt atmen zu kön-

nen. Nun war ein Ende abzusehen – sein Ende. Und mir knickte der Kopf nach vorne. Davon wachte ich auf.

Bernhard klappte gerade das Buch zu: »Du gehst jetzt ins Bett, und ich komme bald nach«, sagte er, »wir lesen morgen weiter.«
»Bestimmt?«, fragte ich. »Ganz bestimmt«, sagte er.
Doch dazu kam es nicht. Am nächsten Tag ging es ihm nicht gut. Bald darauf musste er wieder ins Krankenhaus. Nie wieder las er aus dem Buch über die Wiedertäufer vor.

Um mich herum klirrten die Gläser. Man stieß auf Olafs Geburtstag an, auch vor mir stand ein gefülltes Sektglas. Es war schwer, die Tränen zu unterdrücken. Doch die andere in mir hob ihr Glas und lächelte in Olafs Richtung, achtete sorgfältig darauf, mit allen am Tisch anzustoßen, und trank einen Schluck.

Olaf war aufgestanden und an den Nebentisch getreten, wo die Torte wartete. Unter allgemeinem Gejohle blies er die Kerzen aus und schnitt sie an. Jetzt drängten sich alle am Büfett, um ihr Stück Torte abzuholen. Ich blieb alleine am Tisch zurück. Doch ich wollte nicht auffallen. Also erhob ich mich ebenfalls und trat an den seitlichen Rand des Büfetts. Eben hatte ich beschlossen, die Gelegenheit zu nutzen und das Fest unauffällig zu verlassen, als Karin mir einen Teller mit Kuchen in die Hand drückte: »Geht es dir gut?«, fragte sie, ohne eine Antwort zu erwarten, »Olaf hat Recht. Du bist sehr dünn geworden. Iss, du brauchst Kalorien.«

Karin verschwand im Gewühl, und gehorsam kehrte ich an den Tisch zurück. Alle saßen schon, Olaf hatte meinen Stuhl für mich freigehalten. Das ältere Ehepaar nahm nach der Unterbrechung durch die Gesangseinlage und den Tortenanschnitt den Faden der Berichterstattung über seine fabelhaften Kinder, die niemand am Tisch kannte, nicht mehr auf, sondern schilderte nun mit der gleichen Begeisterung einen Krankheitsverlauf mit tödlichem Ausgang.

»Ich habe ihm noch gesagt, das würde ich mir an deiner Stelle sehr gut überlegen ob du dich noch ein zweites Mal bestrahlen lässt, denn ...«

»Nein, du hast es ihm erst hinterher gesagt«, unterbrach sie ihr Mann, »als er schon diese entsetzlichen Anfälle hatte.«

»Egal«, sagte seine Frau, »ob hinterher oder vorher, er hätte sowieso nicht auf mich gehört. Also wir ...«, sie machte eine bedeutungsvolle Pause und hob die Stimme, um so viele Zuhörer wie möglich zu sammeln, »wir würden so etwas nicht mit uns machen lassen. Ich bin der Meinung ...«

»Wir zwei sind da ganz auf einer Linie,«, fuhr der Mann dazwischen, »so miserabel sterben, das kommt für uns nicht in Frage. Wir haben uns schon eine Schweizer Adresse besorgt, wo man im Ernstfall Tabletten beziehen kann. Eine saubere Sache, schmerzlos und schnell, niemand wird belästigt. Natürlich kostet die Sache eine Kleinigkeit.« Grinsend rieb er Daumen und Zeigefinger aneinander. »Aber wir können uns das gottlob leisten, nicht wahr, mein Schatz?«

Es wäre eine Gelegenheit gewesen, aufzustehen und zu gehen. Olaf hatte mehrmals besorgt über den Tisch geblickt, ob das Gespräch nicht zu viel für mich war. Beruhigt hatte er sich jedes Mal wieder abgewandt. Mein Gesicht schien keine Regung zu zeigen. Er wusste nicht, dass mich eine Lähmung befallen hatte.

Ich konnte mich nicht bewegen. Der Atem hatte mir gestockt, als das Ehepaar begonnen hatte zu reden, und vielleicht hatte ich überhaupt aufgehört zu atmen.

Du bleibst ruhig, flüsterte das funktionierende Alter Ego in mir, du schreist nicht los, du sagst gar nichts, das hier ist ein Geburtstagsfest, das Ehepaar kann nicht ahnen, dass Bernhards wochenlanges Ringen mit dem Tod ein stolzer Kampf gewesen war, in dem es schließlich keine Verlierer gegeben hatte. Der Tod hatte gesiegt. Und Bernhard hatte gesiegt. Alle Sorgen um meine Zukunft, die ihn monatelang umgetrieben hatten, waren plötzlich von ihm abgefallen, ich hielt seine Hand, und er verabschiedete sich mit einem zarten Druck seiner Finger. In seinen Augen war unendlicher Friede. Sterbehilfe war ihm angeboten worden. Er hatte sie kategorisch abgelehnt. Er wollte den Weg aus eigener Kraft zu Ende gehen und hatte es auch geschafft.

»Man muss auch an die anderen denken, finden Sie nicht?« Die Frau schob eine Gabel voll Torte in den Mund und blickte, schweigenden Beifalls sicher, kauend in die Runde. »Jahrelang dahinzusiechen, wo man eh weiß, dass nichts mehr wird, das ist doch eine Zumutung, auch nicht mehr zeitgemäß.«

Der Sekt zum Anstoßen auf das Geburtstagskind war ausgetrunken. Neue Gläser und Rotweinflaschen wurden verteilt. Olaf erhob sich und dankte mit einer launigen Ansprache den Gästen für ihr Kommen. Die allgemeine Fröhlichkeit näherte sich einem Höhepunkt.

Der Bluessänger hatte es nach einem letzten Blick auf mich endgültig aufgegeben, seine Erziehung zur Fröhlichkeit an mich zu verschwenden. Olaf hatte sich nach seiner kleinen Rede nicht mehr hingesetzt. Rasch zerstreute sich die Runde.

Schließlich blieben nur ich und das plappernde Ehepaar übrig. Über die ganze Länge des Tisches voneinander entfernt, saßen wir uns schräg gegenüber. Um ein Gespräch zu beginnen, hätte man zusammenrücken müssen. Das Ehepaar musterte mich verstohlen. Ein paar Minuten vergingen. Als ich keine Anstalten machte, näher zu rutschen, nickten die beiden sich zu und machten sich ebenfalls davon.

Es nieselte, als ich durch die leeren Straßen nach Hause ging. Die Luft roch nach vermodernden Herbstblättern. Über zwei Stunden war ich auf dem Fest gewesen. Niemand hatte von mir Notiz genommen, als ich mich mit klopfendem Herzen davongestohlen hatte. Seltsam nur, dachte ich und rutschte beinahe auf einem glitschigen Blatt aus, dass ich nicht froher gewesen war, als ich die Treppe wieder hinabstieg und die Geräusche des Festes mit jeder Stufe leiser wurden. Nein, froh war ich nicht gewesen, nur einsamer noch als vorher. Niemand vermisste mich, und niemand würde mich zu Hause erwarten.

Carla ist Film-Maklerin und muss viel mit Hollywood telefonieren, wo der Arbeitstag beginnt, wenn wir ins Bett gehen. Der Zeitunterschied beträgt neun Stunden. Deshalb brauchte ich keine Skrupel zu haben, sie spät nachts noch anzurufen. Ausführlich klagte ich ihr mein Leid über den qualvollen Abend.

Carla hörte aufmerksam zu.

»Wenn du dich nicht danach fühlst, dann bleib zu Hause. Du musst doch nicht anderer Leute Erwartungen erfüllen,« sagte sie schließlich, als ich erschöpft geendet hatte.

»Ich schaffe es nicht, nein zu sagen.«

Carla seufzte. »Das ist ein Problem.«

Ein Problem, in der Tat. Die Hölle, das sind die anderen, hatte der französische Philosoph Sartre das Credo der Existenzialisten einst postuliert. Meine Hölle, das war ich selbst. In dieser Nacht wurde mir klar, dass es so nicht weitergehen konnte.

Die andere in mir und ich waren eine unheilvolle Allianz eingegangen. Während ich in der Finsternis aus Schmerz und Trauer festsaß, war die andere um glatte Oberfläche bemüht, beugte sich beflissen fremden Wünschen und erfüllte Erwartungen, die im schlimmsten Fall nicht an sie gestellt worden waren.

Das Ergebnis war verheerend. Fast alles, was die andere anrichtete, tat mir weh und verletzte mich.

Und ich war zu schwach geworden, um mich gegen das immer stärker werdende Eigenleben dieser zweiten Person in mir zu wehren.

Zu schwach geworden oder immer schwach gewesen? Nie zuvor hatte ich darüber nachgedacht, was ich denn bei genauer Betrachtung war, eine Frau ohne Rückgrat oder eine Person, die zu sich selbst und ihren Entscheidungen stand. Es hatte keine Notwendigkeit bestanden, sich diese Frage zu stellen. Vielleicht war ich ihr auch ausgewichen, weil sie meine Bequemlichkeit störte und jedes Zeichen von Schwäche ebenso gut als kluge Nachgiebigkeit, als Fähigkeit zum Kompromiss durchgehen konnte. Schließlich war ich eine Frau und hatte hin und wieder ein Recht auf Schwäche.

Solange Bernhard lebte, war das alles kein Problem gewesen. Gewiss, auch uns hatten Krisen geschüttelt. Über einer von ihnen wäre unsere Ehe um ein Haar in die Brüche gegangen. Doch wir hatten uns jedes Mal wieder gefunden, und ich fühlte, dass unser Zusammenhalt gestärkt worden war. Das Ansinnen, zu reflektieren, ob ich in meiner Ehe die eigene Position vielleicht nicht stark genug vertrat, mich womöglich aufgrund mangelnden Selbstwertgefühls gelegentlich unterdrücken ließ, war nie an mich herangetragen worden. Ich hätte eine solche Unterstellung auch empört abgelehnt. Sorglos und in Frieden hatte ich in den Tag hinein gelebt. Wer ich war? Eine glückliche Frau.

Diese Frau gab es nicht mehr. Und diejenige, die zurückgeblieben war, kannte sich selbst kaum, weder ihre Stärken noch ihre Schwächen. Wollte ich nicht untergehen, blieb mir nur eine Option: herauszufinden, wer ich war. Solange es mir nicht gelang, zu erfahren, womit ich auf Dauer bei mir zu rechnen hatte, bestand auch keine Möglichkeit, mich darauf einzustellen. Ich würde Fehler auf Fehler häufen, nie aufhören, ein Spielball fremder Wünsche zu sein.

Es gibt Menschen, die ihre Traurigkeit in fröhlicher Runde zu vergessen suchen. Und es gibt Menschen, die sich am wohlsten in der Gesellschaft anderer Trauriger fühlen, denn sie brauchen sich nicht zu verstellen, können sein, wie sie sind: traurig.

Eine Freundschaft vertiefte sich, die zuvor nur lose gehalten worden war: Vera, eine stille Biochemikerin, hätte ich drei Jahre zuvor, als noch niemand an Krankheit dachte, nicht einmal wahrgenommen. In meinem bunten, auf Bernhard bezogenen Leben hätte ich weder Lust noch Zeit gehabt, mich intensiver mit einer zurückhaltenden und spröden, etwas wortkargen Frau zu beschäftigen. Ich hätte wahrscheinlich gefunden, dass es wenig Anknüpfungspunkte gab.

Bernhard hatte sie in der Klinik in einem Wartezimmer kennen gelernt. Sie hatte eine Cousine zur Untersuchung begleitet. Er lud sie zu uns nach Haus ein.

Die Aura von tiefer Traurigkeit, die sie umgab, ging mir nahe. Sie redete wenig, doch ich mochte sie.

Ein paar Mal hatte sie Bernhard in seinen letzten Wochen besucht und freundlich, schweigend an seinem Bett gesessen. Sie spürte, dass Sprechen ihn anstrengte.

Ich war dankbar für ihre Einfühlsamkeit.

In ihrer Gegenwart fühlte ich mich angenommen, so wie ich war, einsilbig und trauernd. Sie forderte weder unausgesprochen noch in Worten irgendwelches Geplauder ein, das so schwierig für mich geworden war und mir unangenehm in den Ohren klirrte. Sie verstand mich, denn auch sie trauerte um ihren Mann.

Nach achtzehn Jahren Ehe hatte er Vera, seine Jugendliebe, verlassen, weil eine andere ein Kind von ihm erwartete. Zwei Jahre waren seitdem vergangen. Doch Veras Schmerz über den Verlust des einzigen Mannes, den sie außer dem Vater je geliebt hatte, war immer noch so virulent wie an dem Tag, als sie erfahren hatte, dass er sie verlassen würde.

Wie ich war sie eine aus ihrer Bahn geworfene Witwe. Eine Scheidungswitwe. Auch sie musste versuchen, sich selbst wieder oder zum ersten Mal überhaupt zu finden. Wir hatten es nicht schwer miteinander. »Fahren wir raus?« »Ja. Halb eins?« »Gut, ich hole dich ab.« Mehr sprachen wir am Telefon nicht. Und anderes gab es auch nicht zu sagen. Jede wusste, wie es der anderen ging.

Auf den zahllosen, langen Spaziergängen, die wir machten, fiel oft eine Stunde lang kein Wort. Irgendwann bemerkte ich vielleicht von der Seite, dass Vera Tränen über die Wangen liefen. Ich unterließ jeden Tröstungsversuch. Es gab keinen Trost. Und ein paar Schritte weiter würde auch ich an diesem Punkt anlangen. Vera musste mir nichts erklären, und ich konnte mir ihres schweigenden Beistandes ebenso gewiss sein.

Wenn Vera mich hin und wieder, abgearbeitet, mit schwarzen Ringen unter den Augen, abends nach dem Institut besuchte und mit ihr eine dunkle Wolke von Einsamkeit und Trauer in die Wohnung zog, war mir, als atmete ich plötzlich etwas leichter. Ich war nicht die Einzige, deren Trauer so groß war, dass sie kaum noch wusste, wie sie mit Namen hieß.

Vera, so dachte ich dann, litt nicht nur gleichermaßen unter dem Verlust ihres Mannes. Sie war möglicherweise noch verstrickter in ihr inneres Chaos. Und es störte mich nicht im Geringsten, dass ich spürte: Vera dachte genauso. Für sie war ich schlimmer dran. Denn ihr Mann lebte ja wenigstens noch.

Nie sprach ich mit anderen über die Besonderheit meiner Freundschaft zu Vera. Es war mein Geheimnis und ging keinen etwas an. Auch hätte mich niemand verstanden. Vor allem nicht jene Freunde, die mir, wie meine Freundin Renate, vor Erleichterung fast auf die Schulter klopften, dass ich sie nicht anweinte, gleichzeitig aber mit einer pikanten Note von Vorwurf in der Stimme fragten: »Ich verstehe gar nicht, wie du so fröhlich sein kannst. Wenn man es nicht wüsste, würde man gar nicht merken, dass du in Trauer bist. Wo du Bernhard doch so geliebt hast – oder nicht?«

So weit, eine freche Antwort zu geben, war ich noch lange nicht. Doch mit jedem Tag wurde der Panzer ein wenig dicker, mit dem ich meine Trauer um Bernhard schützte. Die Frau in mir, die funktionierte, gab im Einsatz ihr Bestes. Die Witwe hatte begonnen zu lächeln, zu scherzen, zu plaudern, mit anderen Worten eine Person darzustellen, die durchaus vergessen lassen konnte, dass sie nicht nur eine allein stehende Frau, sondern bedauerlicherweise auch noch eine ziemlich frische Witwe war.

Die Maskerade kostete Kraft. Wie viel, merkte ich erst im Sprechzimmer meines Hausarztes Dr. Kahn. Warum ich eigentlich hingegangen war, wusste ich nicht. Ich wusste nur, ich brauchte Dr. Kahns Hilfe.

Kaum hatte ich mich gesetzt, brach der Damm: »Dr. Kahn, was soll ich nur tun? Ich kann meinen Kummer, meine Trauer nicht zeigen. Ich vergehe vor Schmerz. Aber es ist, als hätte ich den Schmerz eingeschlossen und den Schlüssel verloren. Jeder Zweite spricht mich an, weil ich so vergnügt und munter wirke. Ich kann das nicht mehr abstellen. Ich bin wie eine aufgezogene Puppe, die immer weiterläuft, weil die Mechanik kaputt ist.«
Ich hatte schnell und stolpernd gesprochen und keuchte, als ich mit meinem Ausbruch am Ende war.
Dr. Kahn legte mir als Antwort die Hand auf die Stirn und sagte dann: »Ich werde Sie jetzt abhören.«
»Nein, mir fehlt nichts. Ich brauche nur Ihren Rat.« Plötzlich wurde mir kochend heiß. So wollte ich nicht abgespeist werden. Nicht von Dr. Kahn. Er sollte mir zuhören, mit mir reden, nicht sein Stethoskop anlegen.
Der Arzt schien meine Gedanken zu lesen: »Ich habe Ihnen sehr genau zugehört. Bitte machen Sie jetzt den Oberkörper frei.«

Hatte ich je so geweint? Jede Faser, jeder Muskel meines Körpers schien darauf gewartet zu haben, literweise Wasser durch meine Augen zu spülen. Es lief und lief und lief. Und Dr. Kahn wartete geduldig, bis ich mich ausgeweint hatte und wie ein feuchter Lappen im Stuhl hing.
»Kann ich Sie jetzt abhören«, fragte Dr. Kahn.
Die Frau in mir, die funktionierte und zäh war, wollte protestieren. Doch ich war zu schwach.
»39,2 Fieber, schwere Bronchitis«, sagte Dr. Kahn trocken, als er seine Untersuchung beendet hatte, »kein Wunder, dass Sie sich

schlecht fühlen. Nehmen Sie die Antibiotika und die anderen Mittel, die ich Ihnen aufschreibe, und gehen Sie ins Bett.«

»Und mein Problem?«

»Wenn es in einer Woche noch so schlimm ist, reden wir. Sie brauchen eine Ruhepause.«

Dr. Kahn war ein kluger Arzt. Dass die Bronchitis in Wahrheit eine Lungenentzündung gewesen war, sagte er mir erst, als alles ausgestanden war und ich wieder fast normal atmen konnte. »Ich wollte Sie nicht noch mehr durcheinander bringen, als Sie ohnehin schon waren.«

Wie er vorausgesehen hatte, war ein psychologisches Beratungsgespräch überflüssig geworden. Denn während der langen Tage im Bett hatten die andere Frau in mir und ich miteinander verhandelt und eine Art von vorläufigem Frieden geschlossen. Zumindest fürs Erste würde es keine Alleingänge der einen oder anderen mehr geben.

Soll und Haben

Eine Bankvollmacht?

Dr. Traugott, Bernhards Freund und Anwalt, war mit Tränen in den Augen aus dem Krankenzimmer gekommen, der Pfleger, der für die Dauer seines Besuches aus dem Raum geschickt worden war, an seinen Platz neben Bernhards Bett zurückgekehrt.

Schwerfällig hatte der alte Herr sich auf die Kante des Sofas gesetzt, geräuspert und dann mit leiser Stimme, wie um sich zu versichern, dass alles geregelt war, nach der Bankvollmacht gefragt.

Nur hatte ich keine.

»Das ist ganz und gar unmöglich. Wie konnten Sie so fahrlässig sein. Sie müssen eine Vollmacht haben«, sagte Dr. Traugott, plötzlich aufgebracht, »ich diktiere Ihnen jetzt den Wortlaut, und Sie gehen rüber zu Ihrem Mann und lassen ihn unterschreiben.«

»Wozu brauche ich eine Bankvollmacht? Mein Mann hat ein Testament gemacht, ich bin Alleinerbin. Das reicht doch.«

»Wo leben Sie?« Dr. Traugott musste sich beherrschen, um nicht noch wütender zu werden, »oder verfügen Sie persönlich über genügend Mittel, um die laufenden Kosten monatelang zu bezahlen?«

»Ich verstehe nicht.«

Meine Gedanken rasten: die Kosten – welche Kosten? Sprich mir nicht von den Kosten. Es ist egal, was alles kostet. Der Mensch, den ich am liebsten habe auf der Erde, liegt im Sterben. Also sprich mir nicht von den Kosten. Lassen Sie mich in Frieden, Dr. Traugott!

Der Anwalt holte tief Luft: »Sobald Ihr Mann gestorben ist, werden seine Konten gesperrt. Erst wenn der Erbschein da ist, können Sie an das Geld. Das dauert unter Umständen zwei bis drei Monate. Also bitte schreiben Sie jetzt den Text der Vollmacht!«

»Nein, das kann ich nicht.«

»Sie müssen! Sie kommen sonst in Teufels Küche.«

Wer war die Person, die Papier holte und mit zitternder Hand den diktierten Text schrieb, aufstand, ins Krankenzimmer ging und ihren halb bewusstlosen Mann bat zu unterschreiben. Ich war es nicht. Irgendeine gefühllose, grausame Person, mit der ich nichts zu tun hatte.

Bernhard sah mich mit weit geöffneten Augen an, als ich ihm den Bogen auf der Schreibunterlage und den Kugelschreiber zum Unterschreiben auf die Bettdecke legte.

»Liebling, bitte unterschreibe das.«

Er warf einen Blick darauf und wandte den Kopf ab.

Neben der Person, die nochmals bat, »bitte unterschreibe, das ist wichtig«, stand ich selbst und dachte, mein Herz müsse zerspringen vor Scham, dass ich nicht dazwischenfuhr, ihn nicht schützte vor dem Übergriff und die entsetzliche Person auf der Stelle aus dem Raum jagte.

Als ich in das Wohnzimmer zurückkehrte, blickte Dr. Traugott mich erwartungsvoll an.

»Er will nicht«, sagte ich und war erstaunt, dass ich überhaupt noch eine Stimme hatte.

»Lassen Sie es mich versuchen«, sagte Dr. Traugott in einem Ton, der keinen Zweifel darüber ließ, dass er mich für unfähig hielt, meine Interessen durchzusetzen. Er stand auf, nahm mir die Schreibunterlage mit der Vollmacht aus der Hand und verließ mit energischen Schritten den Raum.

Lieber Gott, was tat ich, was ließ ich zu? Trieb Bernhard geradezu in den Tod, zeigte ihm, dass das Danach schon begonnen hatte. Verdammte Vollmacht, es würde doch auch ohne gehen. Warum musste ich diese Schuld auf mich laden, musste meinen sterbenden Mann quälen mit Papieren, die eine Zeit betrafen, die nicht mehr die seine sein würde.

Bernhard blieb dabei, er wollte nichts unterschreiben, was er vielleicht nicht einmal mehr richtig erkennen konnte. Auch Dr. Traugott kam unverrichteter Dinge aus dem Krankenzimmer zurück.

»Seine Augen glänzten glücklich, als ich ihm die Vollmacht und den Stift wieder aus der Hand nahm«, bemerkte er gerührt.
Er hatte es gut gemeint, der alte Anwalt, und mir spätere Schwierigkeiten ersparen wollen. Doch jetzt war das ganze Theater, sein Drängen, ich müsse um jeden Preis diese Vollmacht bekommen, mit einem Mal vergessen. Dr. Traugott war nur froh, dass er sich Bernhards Sympathie erhalten und ihm hatte helfen können, die Sache abzuwehren. Gewiss hatte er ihm nicht gesagt, dass die unselige Vollmacht seine Idee gewesen war.

Bald darauf ging er. Ich eilte ins Krankenzimmer, kniete an Bernhards Bett nieder, um auf gleicher Augenhöhe mit ihm zu sein, und griff nach seiner heißen, geschwollenen Hand: »Recht hattest du! Gar nichts musst du unterschreiben, nichts. Dein Frieden ist wichtig, alles andere zählt nicht. Verzeih mir, bitte.«

Vergeblich versuchte ich, die Tränen, die ich nicht zurückhalten konnte, wenigstens still fließen zu lassen. Wie so oft mündete der Versuch in lautem Schluchzen. Bernhard war es unangenehm, wenn ich weinte. Er wurde zornig. Ich glaube, er hasste die Hilflosigkeit, in die ich ihn damit versetzte. Aber meine antrainierte Beherrschung schwand von Tag zu Tag mehr.
Eine ganze Weile verharrte ich so in banger Hoffnung auf ein Zeichen von ihm. Bernhard zeigte keine Regung, er starrte weiter unter gesenkten Augenlidern auf die Bettdecke vor sich. Wenn er mich überhaupt gehört hatte, dann war er böse auf mich, das spürte ich. Und ich verstand ihn nur zu gut.

Wie sich herausstellte, war die Vollmacht nicht nötig, denn Bernhards Neffe Fabian fragte noch vor der Trauerfeier telefonisch nach, ob ich Geld brauchte.

Dr. Traugott hatte Recht gehabt, Bernhards Konten waren bis zur Erbschein-Erteilung für mich nicht zugänglich.

In guten Zeiten, heißt es, sollen Vollmachten erteilt und in der Bank hinterlegt werden.

Bernhard hatte keine entsprechenden Schritte unternommen, und ich hatte niemals daran gedacht, sie von ihm zu erbitten. Selbst wenn mir solche Vorsorge in den Sinn gekommen wäre, hätte ich geschwiegen: aus Angst, ein Unglück herbeizurufen.

Schwere Krankheiten, Tod, kamen in meinem Weltbild nicht vor. Ich wollte nicht, dass sie vorkamen. Ich war ein Kind meiner hedonistischen Zeit. Der Tod hatte darin nichts zu suchen. Er störte den Genuss des Augenblicks. Dass wir alle einmal sterben würden, war ein Horrormärchen, mit dem moralinsaure Versager uns den Spaß verderben wollten. So unangreifbar siegessicher und freizeitbetont badeten wir im Hochgefühl des ewigen, nie endenden Wohllebens.

Nun war ich eine Witwe ohne jede Vollmacht und konnte froh sein, Fabian und Carla zu haben, die helfen würden.

Wie viele Frauen mochten in dieser Lage alleine sein, zerstritten vielleicht mit der Familie, ohne Freunde, die ihnen finanziell unter die Arme greifen konnten? Und hatten keine Möglichkeit, an das Bankkonto ihres soeben gestorbenen Mannes zu kommen. Weil nicht daran gedacht worden war, für einen solchen Fall vorzusorgen. Die Umwelt wiederum wollte nicht durch eine unglückliche Witwe daran erinnert werden, dass es den Tod immer noch gab, er im Wirtschaftswunderland nicht mit anderen sozialen Ungerechtigkeiten abgeschafft worden war. Witwen sollten alleine zurechtkommen und niemanden mit Unerfreulichkeiten belästigen.

Trauerfeier und Beerdigung waren vorbei, und ich wartete auf Fabians Eilüberweisung, denn mein eigenes Konto hatte ich bereits bis zum Äußersten überzogen. Die Bankvollmacht fiel mir wieder ein.

Wann wäre der richtige Zeitpunkt gewesen, den möglichen Todesfall oder schweren Unfall zu besprechen? An einem Sonntagvormittag nach dem Frühstück etwa, wir beide Zeitung lesend, und ich hätte gesagt, »ach übrigens, für den Fall dass dir etwas passiert …« Oder nach dem Abendessen, bevor Bernhard sich für eine Weile in sein Arbeitszimmer zurückzog, »was ich dich noch bitten wollte, hinterlege auf der Bank für alle Fälle eine Vollmacht für mich, man weiß doch nie …«

Ich saß in meinem Sessel, starrte auf das Bild mit dem See, und keine Situation fiel mir ein, in die eine Erörterung über die Bankvollmacht für alle Fälle hätte hineinpassen können. Bernhards Berufs- und Geschäftsleben war ein mir verschlossener Bereich. Ich wusste fast nichts darüber. Er wollte auch nicht darüber reden, denn »wenn ich dir davon erzähle, lege ich mich in Gedanken bereits fest. Und das ist nicht gut. Ich will offen bleiben für Entscheidungen, die ich zu treffen habe«.

Über mein eigenes Berufsleben erzählte ich Bernhard viel. Doch Geld, Versicherungen, Vollmachten kamen in meinen Berichten nicht vor. Unmöglich, während des Gespräches einen Übergang zu finden – wenn etwas so Fernes wie eine Bankvollmacht mir überhaupt in den Sinn gekommen wäre.

Geld war nie ein Thema für mich gewesen. Über viele Jahre hinweg hatte ich ein sehr hohes Einkommen gehabt, das ich, so wie es hereinkam, auch wieder ausgab. Warum auch nicht? Bernhard war ja da, der für das Fundament sorgte.

Eines dunklen Herbstnachmittags hatten wir die schreckliche Diagnose erfahren. Meinen Mann, einen Tag bevor er ins Krankenhaus kam, um eine Bankvollmacht zu bitten wäre mir wie versuchter Mord vorgekommen. Noch bestand ja Hoffnung, dass die Krankheit in Schach gehalten werden konnte. Am Abend verfasste er ein kurzes handschriftliches Testament und zeigte mir, wo er es verwahrte. Das war schlimm genug. Ich weinte die ganze Nacht.

Als wir heirateten und so vergnügt waren, dass kein Schatten, kein ins Auge gefasster eventueller Unglücksfall unser Glück hätte auch nur für Sekunden trüben können – ja, damals wäre eine Formalität wie die Bankvollmacht fröhlich und ganz nebenbei, ohne jeden bitteren oder schmerzhaften Beigeschmack erledigt worden. Aber für solche Überlegungen war in unseren Herzen kein Platz. Damals nicht und später auch nicht.

«Wir machen jetzt zusammen einen Finanzstatus.«
»Einen was?«
»Einen Finanzstatus. Wir stellen fest, was du hast, was du jeden Monat bezahlen musst und was dir bleibt.«

Bernhards Neffe Fabian saß auf dem kleinen blauen Sofa in Bernhards Arbeitszimmer und ließ seinen Blick über die Akten in den Regalen schweifen.

Er war überraschend aus Mainz gekommen, um das Geld, das er mir leihen wollte, persönlich zu bringen, »weil die Banken sich zu viel Zeit lassen, ehe es auf deinem Konto erscheint«.

»Ich habe mir gedacht, dass du ein bisschen überfordert bist und vielleicht einen kleinen Anstoß brauchst«, sagte er, als ich ihn in der Tür umarmte.

Allerdings brauchte ich einen Anstoß. Für den Erbschein sollte ich eine vorläufige Vermögensaufstellung machen. Doch wo anfangen?

Zwar hatte ich schon zu Beginn von Bernhards Krankheit auf seine Bitte hin begonnen, Bankauszüge abzuheften und für ihn zu prüfen, ob bestimmte Zahlungen, die monatlich eingehen sollten, auch tatsächlich überwiesen worden waren. Das waren nicht meine Auszüge, denn die stopfte ich samt und sonders ungeprüft zusammen mit Quittungen aller Art in einen Schuhkarton und brachte sie einmal im Jahr dem Steuerberater.

Bernhards Auszüge behandelte ich fast panisch genau. Meine Finger zitterten, wenn ich sie abheftete. Jeder Zahlungseingang wurde beschriftet, jede Abbuchung kontrolliert. Bernhard sollte stolz auf mich sein können und beruhigt, dass zumindest die Bankauszüge mit Sorgfalt behandelt wurden.

Ich wusste, dass jeden Monat hohe Beträge für die Darlehen seiner beiden Immobilienanlagen eingezogen wurden und dass ein Unternehmensberater aus Hannover eine alte Schuld in monatlich immer gleich bleibenden Raten abbezahlte. Das schien alles, was ich von seiner Vermögenslage wusste: Viel Geld lagerte auf keinem der Konten.

»Also, was wird pro Monat von Bernhards Konto und von deinem eigenen abgebucht, wie viel Geld ist insgesamt da, welche Einkünfte und welche Verpflichtungen hast du jetzt?«

Ich wusste es nicht.

Fabian blätterte in dem Bankordner, den ich aus dem Regal gezogen hatte, legte ihn beiseite, verlangte nach dem nächsten und ließ auch den bald sinken.

»Es dauert zu lange, jetzt alles einzeln aufzulisten. Das kannst du auch selbst machen. Geh in den nächsten Tagen jeden Ordner sorgfältig durch, und schreibe auf, was monatlich abgebucht wird. Dann schau nach, wie hoch die Restschuld der Immobiliendarlehen ist und wie lange die Kreditlaufzeit ist. Vielleicht läuft eine bald aus. Dann musst du mit der Bank über neue Konditionen verhandeln, damit sie dir für die nächste Laufzeit nicht zu hohe Zinsen berechnen. Denk auch an das Damnum. Notiere dir die einzelnen Punkte, damit du nicht einen vergisst.«

»Was um Himmels willen ist ein Damnum?«

»Die Bank wird es dir erklären. Sag einfach, auf den Immobilien sei ein Damnum drauf.«

Gehorsam kritzelte ich auf einen Zettel, erstens, zweitens, drittens …

»Und dann?«

»Dann rechnest du zusammen, was monatlich reinkommt und vergleichst die Ausgaben mit den Einnahmen.«

»Was mache ich, wenn die Ausgaben höher sind als die Einnahmen?«

»Das wird nicht passieren. Bernhard lag deine Zukunft sehr am Herzen. Er wollte, dass du in jedem Fall gut versorgt bist.«

Fabian hatte sich längst verabschiedet, eine dünne Abendsonne verschwand soeben hinter den Dächern, und in den Fenstern des Hauses jenseits der Straße gingen die Lichter an. Ich stand in Bernhards Arbeitszimmer und suchte den Zettel. Er war verschwunden.

Wohin hatte ich ihn nur gelegt? Auf einen Absatz des Aktenregals? Oben auf den Sekretär? Er war nirgends zu finden.

Ich musste sofort mit der Arbeit beginnen. So viel hatte ich begriffen. Ohne Vermögensaufstellung kein Erbschein und ohne Finanzstatus kein Überblick. Auf ewig konnte ich mir nicht Geld leihen. Erstens waren auch Fabians und Carlas Möglichkeiten irgendwann erschöpft, und, was gravierender war, womöglich konnte ich das Geld gar nicht zurückzahlen.

Mit Anstrengung heftete ich meinen Blick auf Bernhards Schreibtisch, den ich bisher noch nicht angerührt hatte. Alle Papiere lagen noch so, als warteten sie jeden Augenblick darauf, dass Bernhard sich ihrer annahm.

Vielleicht war es nicht notwendig, hier zu sitzen. Ich konnte die Ordner in mein eigenes Arbeitszimmer tragen und dort bearbeiten. Um Zeit zu gewinnen, zählte ich sie: sechsundsiebzig Ordner. Nicht alle würde ich von vorne bis hinten durcharbeiten müssen. Oder doch?

Nein, es ging nicht anders, ich musste die Arbeit in diesem Raum verrichten, wo alle Akten standen.

In Gedanken hörte ich plötzlich Bernhard sagen, nun komm, mach dir Platz, räume die Papiere beiseite, und stopfe dir das große Kissen in den Rücken, dann sitzt du gerade. So ist es doch viel bequemer.

Tränenblind schob ich alles, was auf dem Schreibtisch lag,

zusammen, machte zwei Häufchen und legte sie säuberlich an den äußersten Rand.

So, jetzt nimm dir einen Ordner vor, und fange an, hörte ich Bernhard in mir sagen. Aber mache die Lampe an, es wird dunkel.

Irgendwie waren wir in diesen Wochen vier geworden: Da war ein Mann, der nicht mehr lebte und nach dem ich mich so sehnte, dass ich mich nicht einmal sehr konzentrieren musste, um seine zärtliche Umarmung körperlich zu spüren. Dann gab es den Bernhard in mir, der mich gerade fürsorglich ermahnt hatte, und schließlich mich, die ich aus zwei Frauen bestand, derjenigen, die funktionierte, und der anderen, die hilflos und gebrochen daneben stand.

Ich kann nicht, es ist zu viel, ich schaffe es nicht, schluchzte ich. Du musst, deshalb kannst du, hörte ich Bernhard sagen. Und die Frau, die funktionierte, ging ins Badezimmer, kühlte ihr verweintes Gesicht mit einem nassen Handtuch, schnäuzte sich und setzte sich mit dem großen Kissen im Rücken an Bernhards nun fast leeren Schreibtisch.

Vier Stunden später und einer Nikotinvergiftung nahe, hatte ich eine Liste der monatlichen Abbuchungen und eine weitere mit den Eingängen angefertigt.

Das Ergebnis war niederschmetternd. Die Einnahmen deckten nicht annähernd die Ausgaben. Der Fehlbetrag war riesig.

Meine hoch bezahlte Stellung als Cheftexterin in einer großen Werbeagentur hatte ich vier Jahre zuvor aufgegeben. Freiberuflich, so meine Vorstellung, würde ich genau so viel verdienen. Und hätte mehr Freizeit. Bernhard hatte bedenklich den Kopf gewiegt, doch keine Einwände erhoben.

Ein erster großer Auftrag schien mich zu bestätigen. Das Honorar gab ich ebenso sorglos aus wie zuvor mein Gehalt. Danach kam fast nichts mehr. Ein kleiner Slogan hier, der Text für eine Werbebroschüre dort, ich hörte auf, mich um neue Kunden zu bemühen. Bernhard sorgte ja für uns, das Leben als Hausfrau hatte große Reize, ich kochte viel, war guter Dinge und lebte in den Tag hinein.

Dann wurde Bernhard krank. Ich dankte Gott, dass keine berufliche Verpflichtung mich daran hinderte, mich so intensiv um meinen Mann zu kümmern, wie es seine schwere Erkrankung notwendig machte.

Während ich in den Papieren wühlte, wurde mir bewusst, dass ich aus eigener Kraft nicht den geringsten Fehlbetrag würde ausgleichen können. Ich verdiente nichts, ein Wiedereinstieg in meinen Beruf war nach vier Jahren Pause schwierig, wenn nicht sogar aussichtslos geworden. Alles, was ich besaß oder nicht besaß, verbarg sich in diesen Unterlagen.

Du hast nur einen Monat durchgesehen, vielleicht waren einige Abbuchungen einmalige Zahlungen, versuchte ich mich zu beruhigen. Hektisch begann ich neue Listen eines anderen Monats anzufertigen. Ich war schneller geworden. Es dauerte nicht mehr vier Stunden, bis ich erschöpft feststellte: Auch in diesem Monat ergab sich der schwindelnd hohe Fehlbetrag.

Was hatte es auf sich mit den vielen tausend Mark, die an jedem Ersten von der Bank abgebucht wurden? Wofür waren sie? An wen gingen sie?

Bei den Einnahmen fehlte im laufenden Monat überdies die übliche Rate der Schuldenrückzahlung von Bernhards Geschäftspartner. Warum?

Vor und zurück rechnete ich, addierte, zog ab, addierte wieder. Schließlich merkte ich, dass ich angefangen hatte, die Zahlen durcheinander zu bringen, abzog, wo ich hätte addieren müssen, hinzuzählte, was abzuziehen war.

Zwei Bankordner waren vom Tisch gerutscht, beim Aufprall auf das Parkett hatte sich das Gestänge so verbogen, dass die Seiten nicht mehr umgeblättert werden konnten. Ein anderer Ordner lag mittlerweile aufgeschlagen auf der Heizung unter dem Fenster, weil ich mit einer fahrigen Bewegung den Teebecher umgestoßen und der bräunliche Inhalt sämtliche Auszüge aufgeweicht hatte.

Der Schreibtisch sah aus, als hätte ein Einbrecher dort vergeblich nach Barem gewühlt. Ganz ähnlich fühlte ich mich.

Es war tiefe Nacht geworden. Die Uhr zeigte kurz nach drei, die Stunde, wenn der menschliche Organismus am schwächsten ist, viele Herzkranke sterben und Gestresste, aus ihren Alpträumen hochgeschreckt, nicht wieder einschlafen können. Die schwarze Geisterstunde. Steif vom langen Sitzen stand ich auf, öffnete das Fenster, um die Rauchschwaden entweichen zu lassen, und ging über den Flur ins Schlafzimmer.

Etwas in mir verschob sich. Plötzlich sah ich das Zimmer, so wie der Pfleger und ich es umgeräumt hatten. Wie lange war es her, zwei Monate, drei Monate? Das große Bett war gegen ein spezielles Krankenbett ausgetauscht worden, dessen verschiedene Teile per Knopfdruck verstellbar waren, um Bernhard das Liegen zu erleichtern. Bilder waren umgehängt worden, weil er den Anblick der strengen Vorfahren nicht frontal vor sich haben wollte.

Nur noch langsam, kaum verständlich konnte Bernhard sich artikulieren und hatte deshalb eines Tages für sich beschlossen, überhaupt nichts mehr zu sagen.

Doch eines Nachmittags, vielleicht vier, fünf Tage vor seinem Tod, als ich an seinem Bett saß und zu meinem eigenen Trost seine Hand hielt, er selbst mochte körperliche Berührung in dieser Zeit nicht mehr, sprach er plötzlich zu mir. Klar und deutlich. Er sah mich zornig an: »Eineinhalb, zwei Jahre, dann hast du alles durchgebracht. Ich kann es nicht ändern. Ich habe getan, was ich konnte, um dich zu versorgen.« Dann schloss er erschöpft die Augen.

So dachte er: Bernhard, der Bewahrer, ich, die Verschwenderin. Aber warum auch nicht? Es ging uns gut, mehr als gut. Warum hätte ich das Geld, das ich verdiente, nicht für die Annehmlichkeiten des Lebens ausgeben sollen, ihn mit dicken Cashmerepullovern und kostbaren Manschettenknöpfen beschenken, üppige, gefütterte Vorhänge anfertigen lassen, mich bei Armani und Chanel anziehen und ausschließlich das sündteure Biofleisch kaufen, das so schmeckte, als wäre es direkt aus dem Paradies.

Bernhard hatte diesen Luxus gehasst. Er plante, sorgte vor.

Bei unseren wenigen wirklich schweren Krächen war es in all den Jahren immer um unsere Finanzen gegangen. Meine Art des Umgangs mit Geld hatte Bernhard zur Raserei getrieben. Ich wiederum konnte sein tiefes Bedürfnis zu sparen nicht verstehen. »Man muss Rücklagen bilden«, war seine karge Antwort, wenn ich fragte, warum um Himmels willen wir so sparen sollten.

Schließlich, Bernhard war schon krank, ohne es zu wissen, resignierte er.

»Erzähle mir nicht, was du gekauft hast oder kaufen wirst. Ich will es nicht wissen«, sagte er barsch und sprach nie wieder über Geld und Rücklagen.

Als ich an jenem Nachmittag an seinem Bett saß und er die schrecklichen Worte aussprach, die in mein Herz fielen wie Salzsäuretropfen, begriff ich endlich, dass er die ganze Zeit über gedacht hatte, er müsse ein gewaltiges Vermögen anhäufen, um irgendwann im Alter meine Ansprüche befriedigen zu können, weil ich uns sonst beide finanziell zugrunde richten würde.

Seine Hand fest in der meinen, antwortete ich: »Liebling, ich werde dein Geld nicht verprassen, ich verspreche es dir.« Sah ich ein Lächeln auf seinen Lippen, oder war es nur meine Hoffnung, er möge lächeln?

Ich hatte es ernst gemeint. Er sollte, von wo auch immer, mit Stolz auf mich blicken und sich sagen können, »Donnerwetter, das hätte ich ihr gar nicht zugetraut«. Ich wollte sein Geld, wie viel oder wenig es auch war, sorgsam hüten. Das hatte ich ihm in die Hand versprochen, und ich würde das Versprechen halten.

Ein Vorhaben, das, wie sich herausstellen sollte, für bestimmte Leute einer Kriegserklärung gleichkam – was ich in meinem brandneuen Eifer, alles richtig zu machen und mich Bernhards würdig zu erweisen, allerdings nicht wusste. Gefahren und Fallen warteten auf mich, die ich mir in meinen dunkelsten Alpträumen nicht hätte ausmalen können.

Ich dachte und plante wie ein wild gewordenes Stallkaninchen, das sich zur Raubtierjagd entschlossen hat – naiv bis dorthinaus und gänzlich ohne Rüstzeug.

Schlau wollte ich sein und umsichtig. Vorausschauend und taktisch klug. Doch immer noch hatte ich keinen Finanzstatus fertig gestellt, wusste nicht, was eigentlich da war.

Am nächsten Morgen gegen zehn rief Bernhards Neffe Albrecht an. Ich saß bereits seit knapp zwei Stunden in Bernhards Arbeitszimmer und versuchte, mich in eine Akte mit der Aufschrift »Wuppertal« einzulesen. Anwaltskorrespondenz, Vertragsentwürfe, Absichtserklärungen für den Kauf eines Hauses. Oder war es eine Etage? Je länger ich blätterte, desto wirrer wurde ich.

Dass ich einen wichtigen Schritt getan hatte, entging mir. Ich hatte den Status des Eindringlings in Bernhards Angelegenheiten verlassen. Kein Messer schnitt mehr in meine Eingeweide, wenn ich einen seiner Ordner aus dem Regal nahm.

Ich hatte jetzt eine Aufgabe, die ich für Bernhard zu erledigen hatte. Seine Interessen würde ich, so gut es ging, verfolgen, seine Geschäfte verstehen und, soweit nicht abgeschlossen, zu einem guten Ende führen. Die Frau in mir, die funktionierte, verfolgte jetzt ein Ziel, würde sich beweisen, dass sie mehr konnte, als ferngesteuert zu reagieren. Ich selbst würde tagsüber nach innen weinen und mir nur nachts im Bett erlauben, mich vor Kummer zu krümmen.

»Bei mir hier liegt eine Mappe mit Papieren, die Bernhard mir anvertraut hat. Wir sollten den Inhalt miteinander durchgehen«, sagte Albrecht. Wir verabredeten, dass er abends zu mir kommen sollte.

Albrecht, der jüngere Sohn von Bernhards Schwester Alice und ihrem Mann Ernst, war zehn Jahre jünger als ich, ein nordisch blonder, etwas steifer Mann, der sein großes, weiches Herz sorgfältig hinter einer Fassade unzugänglicher Kompromisslosigkeit verbarg, die gelegentlich von kalter Rücksichtslosigkeit nicht zu unterscheiden war.

Wo er echte Bedrängnis oder Not erkannte, opferte er, ohne nachzudenken, großzügig und selbstlos Zeit und Geld.

Bernhard hatte ihn sehr geliebt und vertraute ihm vollkommen. Es lag nahe, dass er ihm wichtige geschäftliche Unterlagen zur Verwahrung übergeben hatte.

Ein gewaltiger Adrenalinschub trieb mich an. Albrecht sollte mich nicht im Zustand hilfloser Unwissenheit antreffen – was ein frommer Wunsch blieb. Die Stunden, wie immer, wenn man wünscht, die Zeit möge sich ein wenig dehnen, rasten. Akte auf Akte ging ich durch.

Bernhard, nun also ich, besaß Immobilien. Zwei kleinere Wohnungen in Franken, die vermietet waren. Und eine Büroetage in Halberstadt, einer Stadt in den neuen Bundesländern.

War ich gut versorgt? Es schien so. Denn Albrecht brachte Unterlagen über einen siebenstelligen Betrag, mit dem Bernhard sich an dem Projekt eines Geschäftsfreundes beteiligt hatte. Die Rückzahlung hatte schleppend begonnen, doch der weitaus größte Teil der riesigen Summe stand noch aus. Das Geld hätte laut Vertrag in dem Monat, als Bernhard starb, auf einem seiner Konten eingehen müssen, da das Geschäft erfolgreich abgeschlossen worden war.

»Was soll ich tun?«, fragte ich Albrecht.

Er hob die Schultern. »Ruf den Mann an, und rede mit ihm.«

Ich mit ihm reden? Was sollte ich sagen? »Sie schulden mir Geld. Bitte zahlen Sie.« Ein Gespräch dieser Art hatte ich noch nie geführt. Außerdem kannte ich den Mann nur oberflächlich. Es würde mir entsetzlich peinlich sein, ihn auf seinen Rückstand hinweisen zu müssen. Nein, so ein Telefonat konnte ich nicht führen. Dennoch nickte ich.

Die monatliche Rückzahlung des anderen Geschäftspartners

war unmittelbar nach Bernhards Tod eingestellt worden. Schon den zweiten Monat kam kein Geld mehr.

»Und das? Soll ich mit dem auch reden?«

Albrecht schob mir einen Stoß von Papieren, Aufstellungen und Verträgen, die zu dem Vorgang gehörten, über den Tisch und verzog den Mund. »Wenn du willst. Ich würde an deiner Stelle zum Anwalt gehen.«

Es ging um große Summen – Bernhards Eigentum, das wieder herbeigeschafft werden musste. Warum war Albrecht mit einem Mal so kurz angebunden? Er wusste doch, dass ich von Bernhards Geschäften nichts verstand und auf Rat und Hilfe angewiesen war wie nie zuvor in meinem Leben.

Doch anscheinend hatte er für sich entschieden, dass ich kein dringender Notfall war, eine intensivere Betreuung durch ihn nicht mehr zwingend erforderlich. Oder ärgerten ihn die hohen Summen?

Was war ich plötzlich für ein Schwein, dass mir ein solcher Gedanke überhaupt in den Sinn kam? War ich vollkommen verrückt geworden? Ich schämte mich und ging in die Küche, um den Wein und zwei Gläser zu holen.

Hilfe zu erbitten fällt manchen Menschen so schwer, dass sie lieber das Risiko in Kauf nehmen, alleine schwere Fehler zu machen, als einen Freund um Rat oder Beistand zu bitten. Für andere wiederum ist es das Natürlichste der Welt. Ich gehörte zu den Letzteren.

Albrechts abwehrende Haltung, die mich verstörte, war erst der Anfang. Ich lernte in der Folge, dass das selbstverständliche Geben und Nehmen von Rat unter Freunden und Verwandten für Witwen wenig oder gar keine Gültigkeit besitzt. Witwen sind eine besondere Spezies. Etwas ganz anderes.

Sie möchte, dass ich ihr bei ihrem finanziellen Kram helfe? Um Gottes willen. Am Ende klebt sie an mir wie eine Klette, und ich werde sie nicht mehr los.

Solche oder ähnliche Befürchtungen scheinen viele Menschen zu haben. Das heißt, so denken sie nicht. Diese Überlegungen finden in ihrem Unterbewusstsein statt. Weshalb sie auch kein schlechtes Gewissen zu haben brauchen, wenn sie die Hilfe heischenden Witwen freundlich, aber entschieden, weiterschicken. Soll ein anderer sich um ihre Probleme kümmern. Natürlich gibt es Ausnahmen, den Schwager oder Bruder oder Cousin oder sonst jemanden, der sich der verzwickten Finanzdinge der Witwe in selbstloser, rührender Weise annimmt. Doch es bleiben Ausnahmen.

Als Albrecht gegangen war, er brach früh auf, weil er, wie er sagte, am nächsten Morgen eine wichtige Sitzung hatte, setzte ich mich wieder an den Esstisch, auf dem die Unterlagen ausgebreitet lagen, und schenkte mir aus der nur zu einem Drittel geleerten Flasche Wein nach. Verzweiflung machte sich in mir breit. Ich fühlte Bernhard nicht, nicht an diesem Abend. Vielleicht stand er abseits und wartete ab, wie ich mich wohl verhalten würde.

Denn klar war nun: Den Finanzstatus und die Vermögensübersicht würde ich alleine, ohne fremde Hilfe, zustande bringen müssen.

Wir machen das, keine Sorge, sagte die andere in mir. Was wir noch nicht können, lernen wir eben, es wird schon gehen. Ich hob das Glas, prostete der wild entschlossenen Person in mir zu und trank dann die Flasche leer.

Die Tage vergingen. Bernhards Arbeitszimmer wurde nahezu unbegehbar. Die aufgeschlagenen Akten lagen kreuz und quer, doppelt übereinander, das Chaos wuchs.

Weitere Verzweiflungsausbrüche wurden mir nicht gestattet. Die andere und ich hatten uns vorgenommen, nicht zu scheitern, und versuchten, unter Aufgebot aller Kräfte, das Ziel zu erreichen.

Jeden Morgen klingelte der Wecker um fünf, draußen gähnte der Morgen ins Dunkel. Benommen schleppte ich mich aus dem Bett unter die Dusche, wusch mir die Haare, schminkte mich und zog mich so sorgfältig an, als ginge ich zu einem wichtigen Termin. Diese Verrichtungen bauten allmorgendlich ein kunstvolles, wenn auch fragiles Gerüst, mit dessen Hilfe ich hoffte, nicht zu straucheln oder im schlimmsten Fall zusammenzubrechen im Dschungel der Akten, durch die ich mir einen Pfad bahnen wollte.

Oft wusste ich morgens nicht, wo ich am Abend vorher aufgehört hatte zu lesen und Notizen zu machen. Allein die Schminke verhinderte, dass ich sofort in Tränen des Selbstmitleids ausbrach. Und die guten Kleider mahnten in gewisser Weise, Haltung zu bewahren. An Krisentagen drehte ich mich wieder um, steckte im Gehen eine Zigarette an und posierte im Flur vor dem großen Spiegel. Die Frau, die funktionierte, betrachtete rauchend eine Weile ihr Spiegelbild, versicherte sich ihrer Zähigkeit und wusste dann, dass sie es schaffen würde. Sie würde es ganz alleine schaffen. Und ahnte doch nicht, was ihr noch alles bevorstand.

Langsam, sehr langsam, nach dem Prinzip der Echternacher Prozession, zwei Schritte vor, einen zurück, arbeitete ich mich voran und verschaffte mir einen groben Überblick über Soll und Haben. Danach war die Lage bei weitem nicht so katastrophal, wie ich angenommen hatte.

Die Immobilien schienen, nach den Kaufverträgen zu schließen, wertvoll zu sein. Wie viel von den jeweiligen Darlehen schon zurückbezahlt worden war, würde die Bank mir sagen. Im schlimmsten Fall konnte ich alles verkaufen. Im Übrigen beliefen sich die gesamten Außenstände auf eine so hohe Summe, dass die monatlichen Festkosten und sogar mein eigener Lebensunterhalt für ein paar Jahre gesichert waren. Ich musste die Gelder nur eintreiben.

An einem Nachmittag Ende September fiel rosagoldene Herbstsonne durch das große Fenster von Bernhards Arbeitszimmer. Die Strahlen beschienen einen neuen, zitronengelben Ordner, der vor mir auf dem Schreibtisch lag: das opus magnum, das große Werk, war soeben vollendet worden – der Finanzstatus und die Vermögensaufstellung. Kaufverträge, Schuldanerkenntnisse, Wechsel, sauber abgetippte Listen der geringen Einnahmen, großen Ausgaben und der Kontobestände ruhten, eingeheftet zwischen den Aktendeckeln, als wären sie dort schon immer gewesen.

Ich starrte auf den gelben Aktendeckel und wusste nicht mehr weiter. Es war, als erwachte ich aus der Hypnose. Das Adrenalin, das mich zwei Wochen lang angetrieben hatte, war restlos aufgebraucht.

Bernhards streng abgeschirmtes Geschäftsleben, sein ureigener Bereich, den er mit mir nie hatte teilen wollen – ich hatte ihn aufgerissen, auseinander gezerrt, zerstückelt, um diesen gelben Ordner zu füllen.

Wie sollte ich ihn zum Stillstand bringen, den Schmerz in meinen Eingeweiden? War das, was ich die ganze Zeit über in seinem Arbeitszimmer getan hatte, nicht ein Abrücken von Bernhard? Ich entfernte mich von ihm, verließ ihn. Schlimmer noch, hatte ich nicht in gewisser Weise mit der Beseitigung des Menschen begonnen, den ich von allen am meisten liebte?

»Bei aller Achtung vor deinen Gefühlen – du redest blanken Unsinn.«

Aus meinem schluchzenden Gestammel hatte Carla herausgefiltert, worum es ging, als ich sie aufgelöst anrief.

»Aber ich …«

»Werde nicht albern. Meinst du, Bernhard wäre glücklich, wenn du dich weinend in eine Ecke setzt, die Hände in den Schoß legst und zusiehst, wie alles, was er mühsam erarbeitet hat, dahingeht? Nein, dein Mann wäre im Augenblick sehr stolz auf dich.«

»Es tut so furchtbar weh!«

»Ja, Freundin, es tut weh, aber es ist in Bernhards Sinn, glaube mir. Vergiss übrigens nicht, die Vermögensaufstellung dem Steuerberater zu zeigen, ehe du sie für den Erbschein zum Amtsgericht bringst.«

Carlas Worte hatten mir gut getan. Doch ein Problem konnten sie nicht lösen: das verfilzte Wirrwarr in mir. Wie konnte es angehen, dass ich einerseits wie im Fieber durch die Akten gehetzt war, um mein Versprechen einzulösen, Bernhards Geld gut zu verwalten, und andererseits, kaum war ein erster Schritt in diese Richtung getan, von Schuldgefühlen und Schmerz gequält wurde?

Es musste mir gelingen, die beiden gegensätzlichen Frauen in mir zusammenzuführen, die sich alle Augenblicke unterschwellig bekämpften. Wenn ich so weitermachte, würde ich verrückt werden.

Mein Puls raste, die letzte Zigarette hatte das heftige Klopfen in der Brust noch verstärkt. Es war inzwischen Abend geworden. Das Gelb des neuen Aktenordners höhnte nicht mehr provozierend. Schatten verwischten die Konturen im Raum. Auf dem Fußboden war das Chaos zu einer milden grauen Masse verschmolzen.

Mühsam wie eine Schwerkranke erhob ich mich vom Schreibtisch. Ein Ordner knirschte verwundet, als ich versehentlich darauf trat. Stolpernd verließ ich das Arbeitszimmer und ging zur Küche.

Ein großes, graues Loch starrte mir entgegen. Was wollte ich hier eigentlich? Licht, natürlich, ich hatte noch kein Licht eingeschaltet. Die Hand schon am Schalter, dachte ich, dass ich es auch lassen konnte. Zu essen kam nicht in Frage. Allein der Gedanke verursachte mir Übelkeit. Vierzig bis fünfzig Zigaretten seit dem Morgengrauen hatten ihr Werk getan. Nein, ich würde ins Bett gehen, auch wenn es kaum acht Uhr war, und versuchen, im Schlaf für ein paar Stunden zu vergessen, dass aus meinem Leben ein Alptraum geworden war.

Dr. Kahles Steuerkanzlei nahm das Erdgeschoss und den ersten Stock einer prachtvollen Villa aus der Gründerzeit ein.

Das große Besprechungszimmer mit Blick auf einen kleinen Park, durch den unterhalb der Fenster ein Forellenbach plätscherte, roch immer noch nach Farbe, obwohl die Kanzlei vor mehr als einem Jahr in die Villa eingezogen war.

Frau Schwarz, die Empfangsdame von Dr. Kahle, trat ein und stellte ein versilbertes Tablett mit Kaffee, Sahne, Zucker und einer Flasche Mineralwasser auf den Tisch. Verbindlich lächelnd versicherte sie, Dr. Kahle sei auf dem Weg.

Der Anblick des Konferenztisches gab mir einen Stich. Ich sah uns sechs Monate zuvor: Dr. Kahle und Bernhard hatten eine Besprechung gehabt – die letzte, zu der er aus dem Haus gegangen war.

Ich hatte Bernhard im Auto hingefahren und mich darauf eingerichtet, im Vorraum auf ihn zu warten. Doch zu meiner Überraschung hatte er auf meiner Anwesenheit bestanden, »komm mit rein, und hör gut zu«.

Ohne nachzudenken, hatte ich mich jetzt auf denselben Stuhl gesetzt. Seit damals war ich nicht mehr in der Kanzlei gewesen. Bernhard hatte am Kopfende gesessen, Dr. Kahle zu seiner Linken, ich rechts von ihm.

Nicht ein Wort hatte ich verstanden von dem, was besprochen wurde, mir auch keine Mühe gegeben, nur immer angstvoll auf Bernhard gestarrt, der aschfahl und mager, steil aufgerichtet auf dem mit schwarzem Leder bezogenen Stuhl saß. Auf seiner Stirn hatten sich Schweißperlen gebildet. Er hätte nicht hierher kommen dürfen, hatte ich gedacht und ihn angstvoll beobachtet, es war viel zu anstrengend für ihn. Doch seine Stimme hatte fest und ruhig geklungen.

Versunken in meine Gedanken, bemerkte ich zu spät, dass die Tür aufging. Dr. Kahles kleine Gestalt wehte mir entgegen, als wäre sie von einem Windstoß hereingeschoben worden und habe es gerade noch geschafft, vor mir zum Stehen zu kommen.

Seine mageren Hände fuhren sich zerstreut durchs Haar, auch seine Stimme schien von einer Windböe erfasst, als er mich hastig begrüßte. Taktvoll übersah er die Tränen, die ich nicht schnell genug hatte abwischen können, und huschte zu dem Platz mir gegenüber. Dort hatte er das letzte Mal auch gesessen.

Nachdem ich ihm den gelben Ordner über den Tisch gereicht und erklärt hatte, worum es ging, war es, bis auf das Rascheln, das beim Umblättern entsteht, lange still.

Nervös blätterte Dr. Kahle vor und zurück. Schließlich ließ er die Akte sinken und seufzte. »Sie sind sicher, dass die Außenstände alle an Sie zurückfließen werden?«, fragte er leise.

Es war eine Frage, keine Feststellung, trotz der vorsichtigen Formulierung. Sie nahm mir den Atem.

»Diese Schuldner sind langjährige Geschäftspartner meines Mannes. Außerdem hat er Verträge mit ihnen geschlossen. Warum fragen Sie?«

Dr. Kahle lächelte nachsichtig: »Ich will Sie nicht beunruhigen. Aber wie viel wurde denn schon zurückgezahlt von den geschuldeten Beträgen?«

»Nicht sehr viel, glaube ich. Alles soll noch kommen.«

»Wann, wenn ich fragen darf?«

Meine Kehle war plötzlich wie zugeschnürt. Ich hatte Mühe zu sprechen: »Der eine hat letzten Monat mit seiner Ratenzahlung aufgehört. Ich muss wohl mit ihm sprechen. Und der andere hätte vor Wochen alles zurückbezahlt haben müssen. Hat er aber nicht.«

»Das heißt, beide Schuldner haben unmittelbar nach dem Tod Ihres Mannes die Zahlungen eingestellt.«

Dr. Kahle erwartete keine Antwort. »Sehen Sie mich nicht so entsetzt an«, sagte er, »ich finde nur, Sie sollten die Außenstände nicht in die Vermögensaufstellung aufnehmen.«

»Warum nicht? Das ist doch Geld, das meinem Mann gehört.«

Auf mein hörbares Entsetzen ging Dr. Kahle nicht ein: »Wir

müssen davon ausgehen, dass die Schuldner ihren Verpflichtungen gar nicht oder nur verzögert nachkommen wollen.«

Er machte eine kleine Pause, dann fügte er rasch hinzu, »ich meine, Erbschaftssteuer müssen Sie nur für das bezahlen, was Sie tatsächlich besitzen. Diese Gelder sind aber noch nicht in Ihrem Besitz«.

Mit zitternden Fingern zündete ich die dritte Zigarette innerhalb von zehn Minuten an. »Die Außenstände stellen praktisch mein ganzes Erbe dar, alles, was ich habe, außer den Immobilien, die nur kosten. Ich brauche das Geld. Ganz dringend.«

»Sie werden es sicher bekommen«, sagte Dr. Kahle begütigend, »hier geht es nur um die Angaben für die Steuern. Und die sollten nicht höher ausfallen als nötig, finden Sie nicht?«

Er hatte Recht und mir gleichzeitig die Augen geöffnet. Ich hatte mir nicht klar gemacht, wie unsicher mein Erbe war.

Dieses und jenes wollte Dr. Kahle noch wissen. Mechanisch antwortete ich, notierte auf einem Blatt Papier, das er mir über den Tisch schob, die Punkte, die ich zu Hause nachsehen sollte, wie die Flurnummern der Immobilien – um Gottes willen, was waren Flurnummern? Dann den Tilgungsanteil der Darlehen – wo stand das bloß? Den aktuellen Verkehrswert der Wohnungen – wer konnte mir den benennen?

Geduldig erklärte Dr. Kahle, wie ich an Informationen gelangen würde. Pflichtschuldig schrieb ich alles auf, doch meine Gedanken kreisten um die Schuldner. Wenn sie tatsächlich nicht zahlen wollten, was dann? Die hohen Kosten jeden Monat, wie sollte ich sie auf Dauer aufbringen? Binnen kurzer Zeit würde ich bankrott sein. Und dann? Mein Verstand glich einem im Netz verfangenen Fisch, der ohne Hoffnung um sein Leben zappelt.

»Gibt es einen Grund, warum Sie die Aktien in der Aufstellung weggelassen haben?«, hörte ich wie durch einen dicken Vorhang von weitem Dr. Kahles Stimme.

Die Aktien? Welche Aktien? Doch natürlich. Die Aktien. Ich

hatte den Ordner erschrocken beiseite gelegt, um ihn mir ganz zum Schluss vorzunehmen, denn es war mir weder gelungen, die Auszüge zu lesen noch die Abrechnungen zu deuten. Dann hatte ich ihn ganz vergessen.

»Bitte lassen Sie sich von der Bank schriftlich den Depotstand geben. Achten Sie darauf, dass es nicht der aktuelle ist. Der Todestag Ihres Mannes ist entscheidend. Nach dem Wert dieses Tages wird die Steuer berechnet.«

War nur ich allein so dumm? Wussten andere Witwen all das, was ich nicht wusste? Oder gab es ein schweigendes Heer von Witwen, die, gleich mir, von nichts eine Ahnung hatten und tollkühn versuchten, sich alleine durch das Dickicht ihres Erbes durchzuschlagen?

Es fehlte wenig, und ich hätte beim Zurücksetzen vor Dr. Kahles Kanzlei einen teuren BMW gerammt. Bis nach draußen hatte ich es gerade noch geschafft. Aber dann verschwamm alles vor meinen Augen, denn schon wieder weinte ich. Und weinend fuhr ich los.
 Die Frau, die funktionierte und sich nicht entmutigen ließ, war offensichtlich zu Hause geblieben. Mein Kummer, dass Bernhard nicht da war, ich mir keinen Trost bei ihm holen konnte, wie ich es immer getan hatte, wenn ich nicht weiterwusste, wurde von einer Welle von Mitleid mit mir selbst überrollt: ganz allein, ausgesetzt einem Leben, das ich womöglich nicht in den Griff bekommen würde – vielleicht sollte ich mich doch umbringen.

Durch die dunkle Gefühlsbrühe schoss plötzlich wie ein Pfeil die Idee, dass Bernhard auf seine hintergründige Art dabei war, mir eine Lektion zu erteilen. So viele Jahre hindurch war ihm mein sorgloser Umgang mit Geld und allem, was damit zusammenhing, ein Quell ständiger Sorge gewesen. Jetzt zeigte er mir, wo man landete, wenn man sich nie um Finanzen gekümmert hatte.

Vor Aufregung schlug ich mit der flachen Hand auf das Lenkrad. Die Hupe jaulte auf. Der Fahrer im Wagen vor mir blickte in den Rückspiegel und tippte sich an die Stirn.

Bernhard, mein listiger Bernhard. Er gab nie auf. Auch jetzt nicht. Wie damals in unserer Anfangszeit, als ich abends nach dem Zähneputzen im Bett Milch mit Zucker trank. Das hatte ich immer schon getan, und ich weigerte mich kategorisch, aufzustehen und mir nochmals die Zähne zu putzen. Eines Abends stand Bernhard mit einem leeren Eimer, der Zahnbürste und dem mit Wasser gefüllten Zahnputzbecher vor dem Bett und drohte so lange, er würde, wenn nötig, die ganze Nacht stehen bleiben, bis ich kochend vor Wut mir tatsächlich die Zähne putzte. Eine demütigende Szene, die er wochenlang allabendlich wiederholte. Irgendwann wurde ich mürbe. Nie wieder nahm ich nach dem abendlichen Zähneputzen etwas anderes zu mir als klares Wasser.

Ein letztes Schluchzen wurde zu krächzendem Auflachen. Ich würde überleben, selbstverständlich, im Schnellgang nachholen, was ich in zwei Jahrzehnten versäumt hatte. Und Bernhard hatte wieder einmal das letzte Wort.

Zu Hause eilte ich in sein Arbeitszimmer, das nun auch das meine geworden war. Die Akten lagen, immer noch aufgeschlagen, übereinander auf dem Fußboden, hingen halb aus den Regalen, bedeckten das kleine blaue Leinensofa.

Kalt musterte ich das Schlachtfeld, auf dem ich so verzweifelt um Erkenntnis und Erhellung gekämpft hatte. Ich musste sofort aufhören, alles alleine machen zu wollen. Was ich dringend brauchte, waren kenntnisreiche Ratschläge und professionelle Hilfe. Und wenn ich sie nicht bezahlen konnte? Keine hysterische Existenzangst, fuhr die andere in mir auf, so kommst du nicht weiter.

Einen Augenblick zögerte ich noch, dann griff ich nach dem Telefon und wählte die Nummer von Dr. Traugotts Kanzlei.

»Nicht da? Wann …?« »Erst in einer Woche? Wenn er sich melden sollte, sagen Sie ihm bitte, er solle mich zurückrufen.«

Traugott nicht da. Herzklopfen. Das erste Anzeichen von aufsteigender Panik.

Die andere in mir beschwichtigte mich, das ist doch kein Drama, dann machst du eben zuerst den überfälligen Besuch bei der Bank.

Die Bank: Ich hatte sie beinahe vergessen – oder verdrängt.

Der Kasten

Ein Kasten aus grau lackiertem Blech – kaum ein Kilo schwer und bedrohlich wie eine schlafende Bombe.

Nie hatte ich hoffend oder bangend, nicht einmal neugierig, vor ihm gestanden. Der Briefkasten am Fuß des Treppenaufgangs, links neben der Glastür, hatte mich nie interessiert. Er war all die Jahre über Bernhards Sache gewesen. Zwar besaß ich einen Schlüssel, doch ich benutzte ihn nur, wenn Bernhard geschäftlich auf Reisen war. Was so selten vorkam, dass ich selbst dann oft vergaß, die Post herauszunehmen.

Die Tage bis zur Beerdigung hatte die umsichtige Carla dafür gesorgt, dass der Kasten geleert wurde. Unzählige Beileidsbriefe trafen ein. Ich las sie, weinte und legte sie in einem Schuhkarton ab. Als er voll war, wurde ein zweiter gefüllt. Dann hatte ich keinen Schuhkarton mehr und kippte die ganze Trauerpost in einen großen Plastikbeutel.

Die Flut der Briefe riss nicht ab. Carla war abgereist. Nun musste ich selbst für die Leerung des Kastens sorgen. Was für sich genommen keine schwere Aufgabe darstellte.

Doch plötzlich sah ich Bilder, die ich nicht verjagen konnte oder wollte. Bernhard, wie er, frisch geduscht, die Haare nass nach hinten gekämmt, jeden Morgen am geöffneten Briefkasten stehend, die Post durchging, Umschläge aufriss und las. Es war ein Ritual, erst die Dusche, dann der Briefkasten. Bisweilen, auf dem Weg zum Einkaufen, traf ich ihn dort, grub meine Nase in seinen Hals, der nach Rasierwasser duftete, und flüsterte Liebkosungen in sein Ohr, während er, in seiner Lektüre gestört, unwillig brummte.

Jetzt offenbarte unser, mein Briefkasten, links außen in der obersten von drei Reihen, seine Macht über mich. Er rächte sich furchtbar für die langjährige Missachtung.

Es wurde unmöglich, das Haus zu betreten, ohne den Blick auf den Briefkasten zu richten und gleichzeitig Bernhard davor stehen zu sehen. Der Stich, der mir dabei von oben nach unten durch den Körper fuhr, schmerzte so, dass mir die Tränen kamen. Ein paar Tage lang benutzte ich nur die Hoftür des Hauses und drehte den Kopf weg, wenn ich am vorderen Eingang vorbeimusste. Der Briefkasten blieb ungeleert.

Es ist doch nur der Briefkasten, sagte die andere in mir. Ein grauer Kasten, den du einmal am Tag öffnest und wieder schließt. Das ist alles. Stell dich nicht so an. Bernhard würde wollen, dass du regelst und ordnest, was zu regeln und zu ordnen ist. Du musst die Post aus dem Kasten holen. Unter allen Umständen.

Sie hatte gut reden, diese andere. Wer war sie überhaupt, dass sie sich erlaubte, derartig kalt und mitleidlos mit mir umzugehen? Ich mochte sie nicht. Aber sie war da. Sie war ein Teil von mir. Und wahrscheinlich hatte sie Recht. Wie hatte Bernhard immer gesagt, »nur hinschauen macht frei«.

So beschloss ich, die Schmerzen zu ertragen und den Briefkasten wieder zu leeren. Die Beileidsbriefe wurden weniger. Andere Briefe lagen im Kasten.

Den Anfang machte die Kündigung der Wohnung. Vor Schreck fiel mir der Brief aus der Hand. Sofort rief ich den Vermieter an. Der meinte lapidar: »Tut mir Leid, dass Ihr Mann gestorben ist. Aber ich brauche die Wohnung für meine Tochter. Eigenbedarf. In zwei Monaten müssen Sie raus sein. Sparen Sie sich den Weg zum Anwalt, Sie haben keine Chance.«

Fassungslos stotterte ich: »Das können Sie doch nicht machen. Mein Mann ist erst seit vier Wochen tot. Die Wohnung ist mein Zuhause.«

Ich war Herrn Zanker nur einmal begegnet. Drei Jahre zuvor war das Haus verkauft worden. Die Wohnungen wurden in Eigentumswohnungen umgewandelt. Herr Zanker hatte sich uns als neuer Eigentümer und Vermieter vorgestellt: ein sonnenstudiogebräunter Endvierziger, der wie ein geplusterter Gockel durch die Räume stolzierte und uns mit einem knappen »Das war's dann«, etwas sprachlos zurückließ.

Jetzt schnarrte er: »Das ist Ihr Problem. Ich brauche die Wohnung. Sie ist sowieso zu groß für Sie.« Er hängte ein.

Mit zitternden Fingern wählte ich Dr. Traugotts Nummer. Er war ausnahmsweise nicht bei einem Termin, er war auch nicht verreist, er war da.

»Bleiben Sie ganz ruhig. Bringen Sie mir den Mietvertrag. So einfach kann man Sie nicht hinausschmeißen.«

Das halbe Büro hatte ich bereits auseinander genommen, war in aufgerissenen Akten gewatet und hatte vor mich hin geschluchzt, als nach Stunden und Strömen von Tränen die Erschöpfung endlich so groß war, dass der Würgegriff der Panik sich lockerte. Da erst sah ich, was ich die ganze Zeit über hätte sehen können: Ordentlich eingeheftet ruhte der Mietvertrag im Wohnungsordner.

Täglich trafen neue Katastrophenmeldungen ein.

Bernhards Immobilienanlage im Osten hatte nie Schwierigkeiten bereitet. Doch nun kündigte der Mieter der Büroetage, weil ihm unmittelbar nach Bernhards Tod eingefallen war, dass die mehr als bescheidene Miete zu hoch sei. Der Mieter aus der Wohnanlage im Fränkischen wiederum teilte eine Mietminderung um dreißig Prozent mit. Die Fenster seien undicht, es ziehe.

Bernhards Krankenkasse schickte eine Abrechnung und wollte zum ersten Mal nur einen Bruchteil der eingereichten Rechnungen bezahlen. Warum jetzt, da Bernhard nicht mehr lebte und ich auf die Erstattung der hohen Kosten angewiesen war?

Ich nahm die Abrechnung und eilte zu Dr. Kahn. Der sah sie durch und lief vor Zorn rot an: »Das ist eine glatte Unverschämtheit. Alles war voll erstattungsfähig. Sie müssen sich die Arzt- und Medikamenten-Rechnungen Stück für Stück vornehmen und dann die fehlenden Beträge anmahnen.«

Das musste ich. Natürlich. Es ging nicht anders, wollte ich viele tausend Mark nicht in den Wind schreiben. Doch allein die Vorstellung, nochmals die Rechnungen in die Hand zu nehmen, die den rapiden Verfall meines Mannes dokumentierten, entsetzte mich noch im Schlaf. Schreiend wachte ich kurz nach drei Uhr morgens auf. Nein, ich würde es nicht tun.

Tu es, sagte die andere in mir, du musst es tun, Bernhard wäre außer sich, wenn du es nicht tätest. Das bist du ihm schuldig.

Im Morgengrauen stand ich auf, duschte, trank Tee und zog mich an. Mein Magen tat weh. Je näher ich dem Ordner mit den abgelegten Rechnungskopien kam, desto heftiger schmerzte er. Sieben, acht Zigaretten hatte ich geraucht, eine nach der anderen, ehe ich, völlig benebelt, imstande war, die Akte zu öffnen.

An diesem Tag war vor allem Post von der Bank im Briefkasten. Anhand der Auszüge sah ich, dass die beiden Geschäftspartner, die Bernhard noch viel Geld schuldeten, mit seinem Tod tatsächlich aufgehört hatten, ihre monatlichen Rückzahlungsraten zu überweisen. Was ging vor sich? Wollten sie überhaupt nicht mehr zahlen, nun, da ihr Gläubiger nicht mehr lebte und nur noch eine Witwe existierte, die ganz offensichtlich nichts von Geschäften verstand?

Das Bestattungsinstitut schickte die Rechnung für die Trauerfeier und die Anzeigen. Das falsche Briefpapier, das hatte ausgetauscht werden müssen, war zusätzlich in Rechnung gestellt worden.

Ein anderer dicker Umschlag enthielt die Rechnung des Catering-Service für den Empfang nach der Trauerfeier. Der Betrag war so hoch, dass mir schwindelig wurde. Nach der Anzahl der verzehrten Canapés zu schließen, hatte jeder der Gäste so viel Essen in sich hineingestopft, dass man ihn im Liegen aus dem Hause hätte tragen müssen. Doch einige, meinte ich mich zu erinnern, hatten wie ich nichts oder fast nichts gegessen. Auch die Menge der angeblich getrunkenen Sherry- und Weinflaschen hätte ausgereicht, die gesamte Trauergesellschaft außer Gefecht zu setzen.

Das Blut schoss mir in den Kopf vor Scham, weil ich nicht in der Lage gewesen war, die Bestellung genauer zu fassen. Nun war es zu spät. Ich musste löhnen, obwohl ich wusste, dass die Rechnung so nicht stimmen konnte.

Dann traf die Rechnung des anderen Bestattungsinstituts ein. Bernhard war ins Familiengrab überführt worden. Für die Beisetzung hatte ich Blumengestecke bestellt und sofort bezahlt. Nun kam eine zweite Rechnung, etwas höher, dieses Mal für Kränze, die weder bestellt noch geliefert worden waren.

Ich rief an. Der Bestattungsunternehmer ließ kein Anzeichen von Bedauern oder Irritation erkennen. Leichthin meinte er, »schmeißen Sie die Rechnung einfach weg«.

Litt ich unter galoppierendem Verfolgungswahn, oder geschahen alle diese Dinge, weil Geschäftsleute aller Art erfahrungsgemäß damit rechnen konnten, dass eine gramgebeugte Witwe außer ihrem Schmerz nichts merkte?

Womit niemand rechnete: Auch wenn ich vor Trauer fast verging, auch wenn es meine letzten Kräfte kostete, wollte ich Bernhard zeigen, dass er mich unterschätzt hatte, ich sehr wohl rechnen und prüfen konnte. Ich würde sein Erbe nicht leichtsinnig verschleudern. Ich würde nicht zulassen, dass man mit mir verfuhr, als wäre ich debil.

Der Gang zum Briefkasten wurde täglich schwerer. Schon im Aufzug nach unten bekam ich fast keine Luft mehr, das Herz klopfte schnell und schwer gegen die Rippen, die Hände waren schweißnass. Ich entwickelte eine Briefkasten-Phobie.

Aber ich durfte ihr nicht nachgeben wie damals, als ich studierte und kein Geld hatte. Es war ein einfaches Prinzip gewesen, nach dem ich verfuhr. Alle drei Tage leerte ich den Briefkasten und legte die Post ungeöffnet in einer Schale im Flur ab. Drohte der

Haufen, der sich gebildet hatte, zu kippen, warf ich ihn, so wie er war, in den Müll. Damals war ich nur für mich verantwortlich. Es gab keine weitergehenden Verpflichtungen, keine Not leidenden Immobilien, keine Korrespondenz mit den Behörden wegen einer kleinen Witwenrente, ich musste keine Schulden eintreiben, und wenn der Gerichtsvollzieher irgendwann nicht bezahlte Rechnungen eintrieb, war es zwar teuer, aber kein Drama.

Jetzt konnte ich mit diesem Verfahren meine gesamte Existenz aufs Spiel setzen. Nicht auszudenken, was passierte, wenn ich die Post nicht sorgfältig bearbeitete.

»Lass uns nicht im Lokal treffen, bitte! Komm mich abholen, ich möchte, dass du dabei bist, wenn ich den Briefkasten aufmache.«

Mein Freund Alexander stutzte. Durch das Telefon hörte ich befremdetes Schweigen. Wir trafen uns regelmäßig, bei ihm oder im Restaurant da Cesare, in dem er Stammgast war. Änderungen der gewohnten Abläufe konnte er nicht ausstehen.

»Muss das sein?«, fragte er leidend, »du weißt, ich brauche nach dem Büro meine Zeit zu Hause. Ich müsste früher aufbrechen.«

»Bitte, ich kann den Briefkasten nicht alleine aufmachen.«

»Wieso? Klemmt er? Handwerklich bin ich sehr ungeschickt. Sage dem Hausmeister, er soll dir zur Hand gehen.«

»Du missverstehst mich. Es geht nicht um die Tür, die ist in Ordnung. Es geht um den Inhalt, um die Post. Noch mehr Katastrophenbriefe halte ich nicht aus. Ich brauche Beistand.«

»Und was soll ich dabei?«

»Einfach da sein, wenn ich die Post rausvole und durchsehe.«

Alexander seufzte: »Du wirst doch nicht hysterisch werden? Da musst du aufpassen. Ich schlage vor, du holst die Post aus dem Kasten, schaust nicht hin, und wenn wir uns bei Cesare treffen, können wir sie ja gemeinsam durchgehen. Wird schon nicht so schlimm sein. Einverstanden?«

Er verstand nicht. Oder wollte nicht verstehen. Sobald ich den Briefkasten geöffnet hatte, musste ich auch nachsehen, welche Briefe gekommen waren.

Doch wenn mein bester Freund nicht nachvollziehen konnte, was mich umtrieb – und er konnte es nicht nachvollziehen, sonst hätte er die Dringlichkeit erkannt und wäre gekommen, dann hatte es auch keinen Sinn, andere um Hilfe zu bitten. Denn was hätte ich sagen sollen? »Ich habe ein traumatisches Verhältnis zu meinem Briefkasten?« Oder: »Ich brauche dich, denn ich muss meinen schlimmsten Feind, den Briefkasten, austricksen?«

In der Antike wurden die Boten schlechter Nachrichten getötet. Mein Bote war nicht der Briefträger, sondern der Briefkasten, ihn sah ich täglich, er hing da, unbeeindruckt von meiner Qual. Um das Maß der Bösartigkeit voll zu machen, spiegelte er mir auch noch Bernhard als Fata Morgana vor. Ich konnte den Kasten nicht zertrümmern, ich konnte ihn nicht einmal entfernen, er war mit den anderen in der Reihe verschweißt. Es hätte überdies nicht viel genutzt. Er wäre ersetzt worden. Und das wusste er.

Es gab keinen anderen Ausweg, ich musste mit ihm leben und lernen, die Schläge hinzunehmen, die er mir fast täglich verpasste, sobald ich das Türchen aufgeschlossen hatte.

Mein Briefkasten rieb mir die bittere Wahrheit jeden Mittag aufs Neue unter die Nase: Ich war jetzt alleine. Es gab keinen Bernhard mehr, in dessen Arme ich hätte flüchten können, um mich beruhigen und trösten zu lassen, niemanden, der die Dinge für mich ins Lot brachte. Kein Mensch interessierte sich ernsthaft dafür, ob man mir die Wohnung kündigte, absurde Rechnungen ins Haus schickte oder Bernhards Schuldner aufhörten zu zahlen.

»Du hast Probleme mit deinem Briefkasten? Und sonst keine? Doch? Aber im Augenblick vor allem mit dem Briefkasten? Hast du schon einmal an eine Therapie gedacht?«

In Gedanken hörte ich die sarkastischen, ironischen und scheinbar mitfühlenden Antworten und Bemerkungen.

Nein, ich würde niemandem mehr von meinem Briefkastentrauma erzählen. Auf die Dauer gab es nur eine Möglichkeit, mich davon zu befreien: nichts anderes zu erwarten als Hiobsbotschaften und Katastrophenbriefe. Ich musste im Entsetzen Platz nehmen, mich darin einrichten und davon ausgehen, dass es für einige Zeit so bleiben würde. Irgendwann würde die Flut unerfreulicher

Post nachlassen, vielleicht könnte es sogar Wochen ohne Hiobsbotschaften geben. Es kam nur darauf an, die Zeit bis dahin ohne größere Schäden zu überstehen.

Du schaffst das, sagte die andere in mir, sei ganz ruhig. Du schaffst das, sagte ich zu mir und fing an zu trainieren. Atme ruhig und langsam weiter, dachte ich, wenn ich im Aufzug stand. Du weißt ja, was im Briefkasten liegt. Es besteht kein Grund, dich besonders aufzuregen. Wische deine schweißnassen Hände ab, und versuche, deinen Herzschlag zu normalisieren. Es erwartet dich von allem das jeweils Schlimmste. Du bist dabei, dich daran zu gewöhnen. Du wirst von Tag zu Tag gelassener. Noch schlimmer kann es kaum werden. Du brauchst deshalb keine Angst mehr zu haben. Nimm es hin, es geht vorbei.

»Weißt du, es ist ja nicht nur, dass Bernhard tot ist. Ich bin in gewisser Weise mit ihm gestorben. Die Frau, die 22 Jahre mit ihm lebte, gibt es nicht mehr. Aus mir ist ein Gespenst geworden, ein wandelnder Leichnam. Es klingt vielleicht seltsam, mein …«

Es war spätabends, ich trank bitteren Salbeitee, um eine aufsteigende Erkältung niederzukämpfen, und telefonierte mit Carla. Die Wohnung war dunkel, nur die Lampe auf Bernhards Schreibtisch brannte. Auch das war anders geworden. Solange Bernhard lebte, hatten immer alle Lichter gebrannt, ich liebte die »Festbeleuchtung«, wie Bernhard meine Stromverschwendung liebevoll rügte. Jetzt ertrug ich sie nicht mehr.

»Nein«, unterbrach Carla mich energisch, »wer sich über alles so aufregt wie du, ist sehr lebendig, glaube mir.«

»Was ich sagen wollte, mein Briefkasten …«

»Niemand versteht deine momentane Angst vor dem Briefkasten besser als ich. Aber häng dich bitte nicht auf an ihm. Er ist nicht Dreh- und Angelpunkt deines Lebens.«

»Du hast mich nicht ausreden lassen. Mein Briefkasten steht für so vieles, für die Vergangenheit, die ich nicht zurückholen kann, für die Gegenwart, von der ich wünschte, sie wäre eine andere, und auch für die Zukunft.«

»Das erkläre mir bitte«, sagte meine pragmatische Freundin mit einem winzigen Unterton von Ungeduld in der Stimme.

»Ich muss mich neu erfinden. Wenn ich auf Dauer überleben will, muss eine neue Frau her, eine ganz andere, eine, die nichts so schnell umwirft, die ihr Selbstbewusstsein aus sich selbst bezieht und die weiß, wer sie ist.«

»Klingt gut«, sagte Carla, »nur – auf mich hast du immer den Eindruck gemacht, als wüsstest du sehr genau, wer du bist.«

»Nein, ich wusste es nicht im Mindesten. Aber ich muss und will eine werden, die es weiß. Mein Briefkasten hat mir die Augen geöffnet.«

Die Spezialisten

Alle Erfahrungen, die wir machen, werden von uns gesammelt und zu späterem Gebrauch aufbewahrt. Einige ziehen sich ins Unterbewusstsein zurück, und wir wissen später nicht mehr, warum wir dieses mögen, jenes ablehnen. Andere Erfahrungen bleiben im Bewusstsein und sind ständig präsent. Warum wir sie dennoch bisweilen zum Schweigen bringen und wider besseres Wissen handeln, ist eine rätselhafte Geschichte.

Mein Misstrauen gegenüber den Banken war tief verwurzelt. Es rührte aus der Zeit nach dem frühen Tod meiner Mutter. Ich hatte gerade die Schule beendet. Bei umsichtiger Wirtschaft wäre es möglich gewesen, mein Studium mit dem kleinen Erbe zu finanzieren. Doch ich konnte nicht mit Geld umgehen.

Solange noch etwas auf dem Konto war, begrüßte mich der Filialleiter der Bank, der mich seit meinem sechsten Lebensjahr kannte, mit altgewohnter Herzlichkeit.

Als das Geld zu Ende war, das Erbe aufgebraucht, kannte der brave Mann mich mit einem Mal nicht mehr. Eisige Kälte schlug mir entgegen, wenn ich die Filiale betrat und einen kleinen Betrag abheben wollte. Erst als ich einen wertvollen Barockschrank verkauft hatte und für einige Zeit wieder flüssig war, glätteten sich die strengen Falten im Gesicht des Filialleiters. Ungeniert kehrte er zum familiär vertrauten Ton zurück.

Es war meine erste Erfahrung mit den Gepflogenheiten einer Bank. Sie kränkte mich über die Maßen.

Im Laufe der Jahre gewöhnte ich mich an das heißkalte Wechselbad der Behandlung. Kurz nach dem Verkauf des letzten guten

Möbelstücks meiner Mutter trat ich meinen ersten geregelten Job an. Nun war ich eine unauffällige Kleinkundin der Bank. Man beachtete mich nicht mehr.

Doch als ich drei Jahre später viel Geld zu verdienen begann, jeden Ersten des Monats regelmäßig hohe Beträge auf meinem Konto eingingen, der Bank auch mein Arbeitsvertrag mit Gehaltsbescheinigung vorlag, da plötzlich begegnete man mir mit fast unterwürfiger Beflissenheit. Wechselnde Sachbearbeiter schlugen mir in regelmäßigen Abständen Spar- und Anlagemodelle vor, von denen nur eine Partei profitierte: die Bank.

Von Vertrauen konnte keine Rede sein. Dennoch – einen Rest des heiligen Respekts vor der mächtigen Institution Bank hatte ich mir, wie sich zeigen sollte, bewahrt. Bevor nicht das falsche Bein amputiert ist, glaubt nahezu jeder Patient, der Arzt sei ein Gott in Weiß.

Bernhard war anders. Er verhandelte mit den Banken, als wären sie armenische Teppichhändler. Die Banken verstanden seine Sprache, mehr noch, sie schienen sie zu schätzen. Meine wütenden Ausbrüche belächelte er: »Du darfst das alles nicht persönlich nehmen. Jeder will verdienen, mein Herz, vor allem die Bank.«

Und nun hatte ich einen wichtigen Termin bei der Bank, meiner alten, vertrauten Bank, auf deren Integrität ich mich nicht verlassen konnte, obwohl oder gerade weil auch Bernhard Konten bei ihr unterhielt, unter anderem das hauptsächliche Aktienkonto.

Was sollte ich zu dieser Besprechung anziehen? Schwarzes selbstverständlich, ich war in Trauer. Unauffälliges Schwarz, das um Milde bat? Elegantes Schwarz, das Distanz herstellte? Strenges Schwarz als Signal, dass ich ein ernst zu nehmender Verhandlungspartner war?

Wie lange ich versunken in Gedanken und Erinnerungen vor den Stangen in der Kleiderkammer gestanden hatte, wusste ich nicht. Doch es musste eine ganze Weile gewesen sein, denn als ich wieder zu mir kam, liefen Tränenbäche in den Kragen meines Kleides hinein.

Ich starrte auf Bernhards olivfarbenes Tweedjackett, das ihm so gut gestanden hatte. Es war mein Lieblingsjackett. Wann immer Bernhard es trug, schmolz ich vor Liebe und Besitzerstolz. Ohne genau zu wissen, was ich tat, riss ich die Jacke vom Bügel und zog sie an. Sie ging mir bis zu den Knien. Ich wickelte sie um mich und roch einen Hauch des Rasierwassers, dessen Duft noch im Stoff hing.

Hör auf, fuhr die andere in mir wütend auf, was soll das? Sieh zu, dass du fertig wirst. Oder willst du wie ein verheultes Opferlamm in der Bank auftreten?

Spät entschied ich mich für das strenge Kostüm. Es bot, wie sich herausstellte, keinen Schutz und täuschte niemanden. Denn im strengen Schwarz steckte ich. Und ich war unerfahren, hilflos und traurig. Leichte Beute!

»Eine Frau wie Sie gehört einfach in ein private banking team.«
Die für mich zuständige Sachbearbeiterin der Bank, Frau Barth, eine schmale, dunkelhaarige Anfangdreißigerin mit riesigen veilchenblauen Augen, machte eine vage Bewegung, die Bewunderung suggerierte. Ihre kleine Geste fiel auf fruchtbaren Boden, sie milderte meine Nervosität.

Die Sorgfalt, mit der ich mich angezogen hatte, so dachte ich, war also nicht umsonst gewesen. Ich schien eine gewisse Souveränität auszustrahlen. Meine Vorsicht, mein Argwohn, meine Angst, sie kippten augenblicklich zur Seite und nickten ein.

Vor Frau Barth lagen Bernhards handgeschriebenes Testament, das mich zur Alleinerbin machte, sowie die Sterbeurkunde. Die monatlichen Abbuchungen würden, »ganz ausnahmsweise, weil Ihr Mann ein sehr guter Kunde war und Sie schon sehr lange bei unserer Filiale sind«, bis zur Erteilung des Erbscheins tatsächlich von einem von Bernhards Konten abgebucht werden.

Geschmeichelt fragte ich: »Was heißt private banking?«

Frau Barth, deren niederbayerischer Akzent ihrer rauchigen Stimme jede verruchte Note nahm, plinkerte mich veilchenblau an: »Mein Gott, das habe ich schon Ihrem Mann gesagt, er muss da rein. Er war der Mann dafür. Jetzt eben Sie! Bei Ihrem Vermögen!«

Vor Schreck vergaß ich, darüber nachzudenken, warum Bernhard in dieses mysteriöse private banking nicht eingetreten war. Denn es musste sich hier um einen entsetzlichen Irrtum handeln. Welches Vermögen meinte Frau Barth? Hatte ich denn eines? Meine Aufstellungen von Soll und Haben hatten nur Minus ergeben. Aber darauf wollte ich die Bankerin nicht eigens hinweisen. Ich schwieg.

Frau Barth nahm mein Schweigen als erwartungsvolle Zustimmung und begann, mir mit Enthusiasmus auszumalen, dass Private-banking-Kunden einen ganz anderen Status hätten als gewöhnliche Konto-Inhaber. Drei Leute würden sich in exklusiver Weise um meine Angelegenheiten kümmern, mich beraten und für mich tätig werden, kurz gesagt, mir würde eine echte Rundum-Behandlung zuteil.

Für einen kurzen Augenblick wurde mir schwindelig vor Angst. Rundum-Behandlung durch die Bank? Das konnte nichts Gutes heißen. Bernhard war auf das scheinbar verlockende Angebot nie eingegangen. Ich sollte es auch lassen.

Ausweichen wäre klug gewesen. Stattdessen gestand ich Frau Barth offen und geradeheraus meine Ängste und Befürchtungen, ausgeraubt zu werden.

Hatte ich den Verstand verloren? Bedurfte es nur einer winzigen, angedeuteten Schmeichelei, um mich gefügig zu machen?

Es war so. Ich hatte nicht den Überblick, das Ausmaß meiner inneren Verlorenheit, der verheerenden Einsamkeit abzuschätzen, in die Bernhards Tod mich gestürzt hatte. Man konnte mir nahezu alles weismachen – wenn es nur in fürsorglicher Form geschah.

Frau Barth hatte dies im Fluge begriffen. Sie lachte warm und herzlich: »Aber nein, Sie brauchen sich keine Sorgen zu machen. Die Leute im private banking sind gut; die verstehen ihr Geschäft.«

Bestimmt, dachte ich ahnungsvoll, im Nu bin ich das bisschen, das ich habe, los.

»Und außerdem«, fuhr Frau Barth fort, die mir ansah, dass ich blass um die Seele geworden war, »Sie bleiben für die täglichen Sachen ja bei Ihrer Filiale.«

Wie? Noch mehr Bankleute, die sich um mich kümmern?

»Glauben Sie mir, das ist gut für Sie. Vom private banking team werden Sie fantastisch betreut. Dort sitzen die Besten der Besten, die sind ausgesucht für das Team und beherrschen ihr Fach. Da sind Spezialisten für Immobilien und Spezialisten für die Aktien, für alles gibt es Spezialisten. Die nehmen Ihnen das ab, was Sie überfordert.«

Überfordert war ich freilich. Meine oberflächliche Berechnung der Ausgaben für die Immobilien hatte ergeben, dass ich monatlich 23 000 Mark löhnen musste – und dabei noch kein Stück Brot gekauft hatte. In die Kasse kamen aber nur 1200 Mark Witwenrente und 4800 Mark Mieteinnahmen.

Und die Bank redet von meinem Vermögen? Beim Gedanken an meine Lage brach mir schon wieder der Schweiß aus.

Die andere in mir, die kluge, energische, die Macherin, die mich vorantrieb und nicht duldete, dass ich mich fallen ließ – wo war sie?

Offensichtlich zu Hause geblieben. Anders war es nicht zu erklären, dass ich mich sagen hörte: »Gut, Frau Barth, wenn Sie meinen, können Sie vielleicht mit diesem Team einen Termin für mich vereinbaren.«

»Klar«, erwiderte Frau Barth schnell wie aus der Pistole geschossen. »Wann möchten Sie hin?«

Ich wusste es besser, ich fühlte es. Was zum Teufel war es nur, das stärker war als mein gesunder Menschenverstand? »Bald«, sagte ich, »wann, ist egal.«

Tief innen war mir, als hätte man mich über eine riesige Käsereibe gezogen. Bernhard, dachte ich, hilf mir, verdammt noch mal.

Wenn diese Leute von dem exklusiven Team mich nun auf besonders exklusive Weise übervorteilen wollen? Ich würde es womöglich gar nicht merken. Oder viel zu spät.

Frau Barth erfasste mit einem Blick, dass ich kurz davor war, in Tränen auszubrechen.

»Beruhigen Sie sich. Wollen Sie eine Zigarette? Das wird schon, da bin ich ganz sicher«, sagte sie, plötzlich entspannt und auffallend fröhlich. Die kleine Spinne hatte ihr Netz nicht vergeblich gewoben. »Wenn Sie möchten, begleite ich Sie.«

Ich nickte benommen. Warum nur lieferte ich mich dieser Bankangestellten aus?

Zehn Tage später trafen wir uns vor dem kunstvoll geschnitzten Holzportal eines aufwendig restaurierten Rokoko-Palais im elegantesten Teil der Innenstadt. Wir waren beide fünfzehn Minuten zu früh.

»Vielleicht sollten wir noch etwas warten, ehe wir hineingehen.« Ich bot meiner Sachbearbeiterin eine Zigarette an. Sie nickte. Schweigend rauchten wir. Meine dunkle Ahnung, dass ich soeben kurz davor war, einen schweren Fehler zu begehen, wurde im Rauch erstickt. Ich rauchte zu viel. Und war zu misstrauisch. War die Bank nicht ein Dienstleistungsunternehmen und ich eine Kundin?

»Wollen wir hineingehen?«, fragte Frau Barth mit einem Blick auf die Uhr und trat ihre Zigarette aus. »Seien Sie unbesorgt, Sie haben eine gute Entscheidung getroffen.«

Ich erschrak. Soweit ich mich entsinnen konnte, hatte ich noch keine Entscheidung getroffen. Oder doch?

Frau Barth zog das schwere Holzportal auf und ließ mich als Erste eintreten. Feinster Marmor empfing uns, kostbarer Stuck in großer Höhe, irgendwo in der weitläufigen Pracht ein Pult, hinter dem eine gepflegte Dame mittleren Alters uns mit scharfem Blick in ihre Richtung dirigierte. Frau Barth nannte unsere Namen.

Wir hätten einen Termin. Kaum merklich nickte die Dame und hob einen Telefonhörer ab. Sie lauschte und deutete mit knappster Handbewegung an, uns durch eine riesige Glastür in Richtung des stuckverzierten Treppenhauses zu begeben.

Als ich viele Jahre zuvor zum ersten Mal New York besucht hatte, war mir aufgefallen, dass die Banken prunkvollen Kathedralen glichen, in deren einschüchternden Hallen kein lautes Wort zu hören war. Demütig, wie zur Beichte, standen die Kunden vor den Schaltern Schlange. Demütig und still schlichen sie, die kleinen Menschen, wieder hinaus aus den gewaltigen Tempeln der Gottheit Geld.

Hier im Rokoko-Palais herrschte keine religiöse Feierlichkeit, mehr das europäische Protokoll eines mächtigen Potentaten, der eine Audienz gewährte. Das Ambiente atmete Geld aus und vor allem ein und zeigte es mit sinnlichem Vergnügen.

Wir kamen nicht mehr dazu, vor den hohen mit Schnitzerei verzierten Fenstern eines der Ledersofas edelster Designerprovenienz auf ihre Bequemlichkeit hin zu prüfen.

Ein graumelierter Herr mit Schnauzer und Goldknöpfen am dunkelblauen Blazer tauchte aus einer verborgenen Aufzugtür auf, kam uns gemessenen Schrittes entgegen und begrüßte uns mit wohldosierter Verbindlichkeit, Handkuss für mich, angedeutete Verbeugung vor Frau Barth.

Gemeinsam schritten wir über die breite Marmortreppe hinauf in das erste Stockwerk. Der Herr, der sich als Reinhold Würfel, Leiter des private banking teams, vorgestellt hatte, plauderte, um die Zeit des Aufstiegs zu verkürzen, artig über das Palais, den Baumeister und die berühmten Stuckrosetten. »Ah ja«, sagte ich und »ach wirklich«. Innerlich bereitete ich mich auf die Beantwortung der Frage vor, ob wir eine angenehme Herfahrt gehabt hätten. Ich war mit dem Fahrrad gekommen, Frau Barth mit der U-Bahn. Doch danke, der Tag ist ja sonnig und warm, die Anreise war weniger übel als das Gefühl, das sich gerade in meiner Magengrube breit machte.

Endlich hatten wir die Treppe mit Hilfe von Herrn Würfels allgemein bildender Konversation gemeistert und bogen in einen mit Marmor verkleideten Gang. Herr Würfel öffnete eine Tür, und wir traten in einen verblüffend kargen Besprechungsraum, in dessen Mitte auf einem dunkel gebeizten Holztisch mit Chrombeinen Kaffee, Wasser, Aschenbecher, Gläser und Tassen standen.

Tassen für fünf zählte ich. Fünf?

Kaum saßen wir, Herr Würfel zu meiner Linken, Frau Barth zu meiner Rechten, als zwei Herren den Raum betraten, die Herr Würfel als »Herr Beil, der Portfolio-Manager«, und »Herr Kilian, unser Immobilienspezialist«, vorstellte.

Jeder der Herren streckte mir mit staatstragender Miene die rechte Hand entgegen und überreichte fast gleichzeitig mit der Linken seine Visitenkarte.

Ich warf einen Blick auf die Karten, konnte aber nichts entziffern, weil meine Brille noch in der Tasche lag. Die aber lehnte neben meinem Stuhl. Mich jetzt zu bücken und irgendwo unter dem Tisch herumzukramen schien mir kein günstiger Auftakt.

So lächelte ich und dachte, jetzt müsste einer aus diesem Team etwas sagen. Doch keiner tat es. Aller Augen ruhten auf mir.

Mein Herz klopfte bis zum Hals. Wie denn, sollte ich eine Rede halten? Ich war doch gekommen, damit die Spezialisten mir etwas erzählten.

Die waren offensichtlich anderer Ansicht. Es herrschte aufmerksame Stille in der Runde.

Gehörte das Schweigen zur psychologischen Zermürbungstaktik dieser Spezialabteilung der Bank? Wollten die Herren Würfel, Beil und Kilian mich schon zu Beginn fertig machen, um mich dann umso leichter über den braunen Tisch zu ziehen? Trotz Angst und Beklemmung bekam ich langsam die Wut.

Gut, wenn sie darauf bestanden, dann würde ich eben anfangen.

Nacheinander lächelte ich jeden im Kreis an. Der hilflose Zorn machte mich für Augenblicke verwegen.

»Vielleicht sollten Sie, ehe wir beginnen, etwas wissen«, sagte ich mit meiner sahnigsten Stimme, »ich halte alle Banker für Wegelagerer und Räuber. Und wenn dem schon so ist, dann möchte ich bitte zu Ihnen gehören und nicht zu den Überfallenen.«

Entsetzt riss Frau Barth die Augen auf. In den anderen Gesichtern war keine Regung zu erkennen. Das Schweigen dauerte fort.

Schließlich räusperte sich Herr Würfel, brachte unter Mühen ein schiefes Lächeln zustande, das seine schlechten Vorderzähne enthüllte und schnurrte: »Da werden Sie in gewisser Weise sicher Recht haben. Vorsicht ist immer ratsam.«

Nun versuchte sich auch der »Portfolio-Manager« Beil, ein graugesichtiger, schmächtiger Mittdreißiger, in der Andeutung eines säuerlichen Lächelns.

Herr Kilian jedoch hatte meine Bemerkung persönlich genommen. Er setzte an zu einer langen, giftigen Klage über die Undankbarkeit von Kunden, für die er Immobilien verkauft hatte. Kein Dankeschön hatten sie für ihn übrig, nichts, es sei ein bitteres Geschäft, nur Leute, die forderten und forderten und dann nicht einmal zufrieden waren. Er habe es wirklich dick, immer nur Vorwürfe zu hören.

Innerlich fühlte ich mit seinen Kunden. Wie er da in seinem Stuhl breitbeinig mehr lag als saß, mit rundem, weißem Gesicht, das aus jeder Pore Dreistigkeit schwitzte, weckte er kein Vertrauen.

Meine Frechheit wollte Herr Kilian mir heimzahlen. Er mochte unangenehm und unverschämt sein, doch dumm war er nicht. Er setzte mit seinem Angriff dort an, wo ich ihn am wenigsten vermutet hätte.

»Was haben Sie im Leben noch vor?«, fragte er scharf und fixierte mich.

Verwirrt fragte ich zurück: »Sie meinen in finanzieller Hinsicht?«

»Nein«, sagte er, »allgemein. Was sind Ihre Ziele?«

Völlig überrumpelt, weil ich eine solche Frage nicht erwartet hatte, nicht in guter Verfassung war, wie sollte ich auch, Bernhard war gerade seit sechs Wochen tot, und die andere in mir war wieder abwesend, fing ich an zu reden. Ich redete und redete und redete mich um Kopf und Kragen, redete von meinem Wunsch nach sozialem Engagement, versicherte, dass ich wieder in meinen Beruf zurückkehren würde, meines Mannes Erbe mehren wollte und ansonsten vom Leben nichts weiter erwartete.

Irgendwann sah ich aus dem Augenwinkel, dass Frau Barth den Kopf gesenkt hielt und die Hände in ihrem Schoß rang. Da endlich bremste ich und kam zum Stehen. Mir war so heiß, als hätte ich vierzig Fieber.

Alle bis auf Frau Barth, die weiter auf ihre verknoteten Hände blickte, starrten mich mit leeren Augen an.

»Aha«, sagte Herr Würfel in die erneute Stille hinein und räusperte sich ein weiteres Mal: »Sie wollen also wieder arbeiten.«

Es klang, als wollte er sagen, »seht her, sie will ja.«

Wohin war ich geraten?

»Unsere Kundin hatte einen hoch bezahlten Job und wird bald wieder Geld verdienen«, wiederholte Herr Würfel gänzlich unnötig für die Kollegen.

Die verzogen keine Miene.

»Woraus besteht Ihr Erbe?«, fragte Herr Würfel nun in sahnigem Ton, »vielleicht geben Sie uns einen kurzen Überblick.«

Wie durch eine Wand hörte ich mich wieder reden. Dass ich mich nicht richtig auf diesen Termin vorbereitet hatte, wurde mir von Minute zu Minute klarer. Ich erzählte von den unverkäuflichen Immobilien, den entsetzlichen Ausgaben, die mich knebeln würden, ich beschönigte nichts, geriet erneut in eine Art von Bekenntnisrausch, übertrieb sogar die Bedrohlichkeit meiner Lage.

Ich hatte keine Ahnung, was ich damit bezweckte. Wollte ich mich dem gierigen Griff des Private-banking-Teams entziehen, indem ich darstellte, dass ich kein lohnendes Opfer war? Oder redete ich vor mich hin, um die anderen nicht zu Wort kommen zu lassen, weil ich Angst vor ihnen hatte?

Niemand unterbrach meine selbstzerstörerische Rede.

Warum auch? Ich lieferte der Bank gerade erstklassige Messer, um mich später problemlos und schnell zu schlachten.

Frau Barth neben mir hielt den Kopf eisern gesenkt. Der Aktienexperte und der Immobilienspezialist hörten mit wachsender Begeisterung zu. Ihre Gesichter belebten sich. So willig war ihnen noch nie ein Braten ins Maul geflogen.

Irgendwann hörte ich erschöpft auf. Es gab nichts mehr zu sagen, ich hatte mein Innerstes nach außen gekehrt. Und niemand hatte mich daran gehindert. Im Gegenteil. Kurze ermunternde Randbemerkungen der Herren Beil und Kilian hatten mich immer tiefer in den Schlund der finanziellen Selbstbezichtigung gestoßen.

Herr Würfel, der wendige Sprecher des Trios, hüstelte in die wieder anbrechende Stille, in der nun jedoch freudige Erwartung schwang, zündete einen Zigarillo an, blies bedeutungsvoll den Rauch in die Luft und drehte den Oberkörper zu mir: »Als ersten Schritt müssen Sie einen Finanzstatus erstellen.«

»Ich kenne meine monatlichen Ausgaben. Die habe ich schon zusammengerechnet.«

»Gut, sehr gut«, sagte Herr Würfel mit einer Verbindlichkeit, die besagte, dass ich ein ahnungsloser Trottel war. Was ja leider stimmte.

»Es muss außerdem festgestellt werden, was genau vorhanden ist, Wert der Immobilien, Sachwerte, Aktienvermögen und so weiter,« fuhr Herr Würfel fort.

»Wir verschaffen uns also einen groben Überblick. Schritt zwei wird der detaillierte Finanzstatus sein. Wenn wir den haben, können wir uns Gedanken machen, wie wir Ihr Geld am besten anlegen.«

Ein Hauch von Verstand kehrte zurück: »Was kostet das?«

»Selbstverständlich zunächst gar nichts. Ich biete gerne an, zu Ihnen nach Hause zu kommen und alle Unterlagen durchzusehen.«

»Und der detaillierte Finanzstatus?«, fragte ich und war verwundert über meine Keckheit.

Herr Würfel zog an seinem Zigarillo, bemerkte, dass er nicht mehr brannte und kramte nach einem Streichholz.

»Dafür haben wir eine hervorragende Spezialistin, deren Tätigkeit zwischen fünf- und zehntausend Mark kosten wird, je nach Aufwand und Größe des Vermögens.

Vielleicht hätte ich fragen sollen, was bei den Aufstellungen der fabelhaften Spezialistin herauskommen sollte, wenn nichts da war. Doch mein Verstand war schon wieder geflüchtet. Ich fühlte, dass ich mich verhielt wie das hypnotisierte Kaninchen. Rannte sehenden Auges in mein Unglück. Wollte ich denn, dass die Bank sofort intimen Einblick in Bernhards gehütete Unterlagen erhielt? Wollte ich das? Nein, wollte ich nicht.

Zu spät. Herr Würfel hatte bereits seinen Taschenkalender gezückt und blätterte darin.

»Wenn Sie wollen, komme ich nächsten Donnerstag um elf Uhr zu Ihnen.« Er sah mich auffordernd an. Den Mienen der Herren Beil und Kilian war anzusehen, dass der Verlauf der Unterredung sie hoch befriedigte.

Besonders Herr Beil, der zwischendurch in einer längeren Ausführung darauf hingewiesen hatte, dass er Einmischung in seine Aktienkäufe und -verkäufe nicht schätze, er eine langfristige Strategie verfolge und deshalb nervöse Anfragen der Kunden, warum der Aktienbestand plötzlich so viel weniger wert sei, auf den Tod nicht vertrage, weil, »ich denke in anderen Dimensionen, ich brauche Vertrauen, und ein paar Jahre muss der Kunde eine Schwächephase durchstehen können, ohne gleich in Panik auszubrechen«, dieser graue Herr Beil wirkte jetzt rosig und frisch.

Schüchtern hatte ich angemerkt, dass, falls überhaupt genügend Aktien da waren, ich eine Steigerung des Depotwertes vielleicht doch noch zu Lebzeiten begrüßen würde.

Vertraut mit den Bedenken und Unsicherheiten potenzieller Kunden, erwiderte Herr Beil verächtlich: »Wer kein Risikobewusstsein hat, darf nicht in Aktien gehen.«

Ich war nicht »in Aktien gegangen«. Ich hatte sie geerbt. Das wusste er sehr wohl. Offensichtlich hatte ich seiner Meinung nach gerade deshalb eine kräftige Zurechtweisung verdient.

Als Frau Barth und ich zwei Stunden nach Beginn des denkwürdigen Treffens mit den Spezialisten des Private-banking-Teams wieder auf der Straße standen, starrten wir uns benommen an. Meine

Knie zitterten, ich fühlte mich wie eine Betrügerin nach mehrstündigem Intensivverhör.

Frau Barth fand als Erste ihre Stimme: »Das wird schon. Die werden sich bestimmt bemühen, Ihnen zu helfen.«

»Laufen diese Treffen immer so ab?«, fragte ich und versuchte, plötzliche Magenschmerzen zu ignorieren.

»Ich weiß nicht«, sagte sie kleinlaut, »ich war heute zum ersten Mal dabei.«

Tage kamen, in denen es mir nicht gut ging. Nachts jagten mich Herr Würfel, Herr Beil und Herr Kilian durch dunkle Finanzschluchten. Was um Himmels willen sollte ich tun?

Eines Morgens wachte ich gegen sechs Uhr auf und fühlte, dass die andere in mir endlich dabei war, tätig zu werden.

Auf keinen Fall durfte ich mich mit Haut und Haar der Bank ausliefern. Dr. Kahle, mein Steuerberater, würde mir helfen. Warum war mir die Idee nicht schon früher gekommen? Er sollte diesen ominösen detaillierten Finanzstatus für mich ausarbeiten. Lagen dann alle Zahlen vor, könnte er Vorschläge machen, wie weiter vorzugehen war. So würde ich es machen.

Mit einem Mal fühlte ich mich leichter. Bernhard, ich werde es schaffen, ich halte alles zusammen und lasse mir keinen Sand in die Augen streuen.

Draußen tobte ein früher Herbststurm und riss an den Ästen der Alleebäume. Die Sonne spielte Verstecken mit weißen Wolkenfetzen, die über den blau gewaschenen Himmel hasteten.

Ungeduldig wartete ich, dass es neun Uhr wurde.

Eine Minute nach neun griff ich zum Telefon und wählte die Nummer von Dr. Kahles Kanzlei. Er war außer Haus bei einem Klienten und wurde gegen elf erwartet.

Um halb zwölf befand er sich in einer Besprechung, eine Stunde später telefonierte er, und um eins war er zu Tisch gegangen.

Kurz vor halb drei rief er an. Zu diesem Zeitpunkt hatte ich bereits ausgiebig über mein fehlendes Rückgrat geweint. Denn Herr Würfel hatte sich in der Zwischenzeit gemeldet, um sich zuvorkommend und höflich zu vergewissern, dass es bei unserem Termin am übernächsten Tag blieb. Und was hatte ich getan? Eilfertig versichert, gewiss, gewiss, Donnerstag, elf Uhr, wie vereinbart, bei mir in der Wohnung.

Aller Saft war aus meinen Knochen gewichen, ein mutloses Häufchen Elend versuchte stockend, Dr. Kahle für sich zu gewinnen.

Der Steuerberater hörte sich meinen wirren Bericht über den Besuch bei der Bank an und fragte schließlich freundlich: »Und was kann ich für Sie tun?«

Im Fluss der Klage hatte ich versäumt, ihm mitzuteilen, was ich eigentlich von ihm wollte.

»Ich habe mir gedacht, Sie könnten vielleicht für mich, das heißt, mit mir ...« So ging es fort, und der geduldige Mann hörte immer weiter freundlich zu.

Als ich endlich fertig war, schoss mir durch den Kopf, dass ich mir eventuell soeben einen Mitleidsbonus erstottert hatte und Dr. Kahle nun nicht mehr anders konnte, als mir zu helfen. Doch ich irrte.

»Leider kann ich in dieser Angelegenheit nicht für Sie tätig werden, mir fehlt die Zeit dazu. Aber wenn Sie meinen Rat hören wollen: Unternehmen Sie vorläufig gar nichts. Lassen Sie alles so, wie es ist, und warten Sie ab.«

»Und meine katastrophal hohen monatlichen Fixkosten? Sie werden mich finanziell umbringen.«

»Ich wiederhole, lassen Sie vorläufig alles so, wie es ist.«

Jetzt brich um Himmels willen nicht gleich wieder zusammen, sagte die andere in mir, als ich den Hörer aufgelegt hatte. Überlege lieber, wer sonst in Frage käme, dich zu beraten. Wie wäre es denn mit Dr. Traugott, deinem Anwalt?

Dr. Traugott? Natürlich. Wie hatte ich ihn nur vergessen können. Mit zitternden Fingern wählte ich seine Kanzlei an. »Dr. Traugott ist vor zehn Minuten zum Flughafen gefahren. Wir erwarten ihn Mitte nächster Woche zurück.«

Auf und ab wanderte ich durch die Wohnung, die Dämmerung brach herein, die Gedanken in meinem Kopf begannen, sich wie Derwische immer schneller um die eigene Achse zu drehen.

Jemand musste sich so rasch wie möglich um Bernhards Finanzen kümmern. Nur wer? Denn so viel hatte ich bei der Durchsicht der Papiere begriffen: Ablaufende Termine, Kredite, Verhandlungen, nichts konnte ich allein bewältigen, ohne Gefahr zu laufen, schwere Fehler zu begehen.

Niemand war da, der mir hätte helfen können. Es blieb nur die Bank. Ausgerechnet.

Der zuvorkommende Herr Würfel würde alles in die Hand nehmen. Ich fühlte mich wie am Vorabend meiner Hinrichtung und betete zu Gott, wenigstens er möge mir beistehen. Dann ging ich ins Badezimmer und übergab mich.

Schlag elf stand Herr Würfel vor der Tür. Er war gut geschult. Mit galanter Verbeugung überreichte er mir ein ledergebundenes Adressbuch als Präsent der Bank.

Kaum saßen wir, ließ ich meinem Zorn freien Lauf. Ich hatte meine letzten Protestreserven mobilisiert und teilte Herrn Würfel ohne Umschweife mit, was ich von dem hochnotpeinlichen Verhör hielt, dem er und sein so genanntes Spitzenteam mich ausgesetzt hatten. Dass niemand mich gnädig gestoppt hatte, als ich mich in viel zu private Bekenntnisse vergaloppiert hatte, dass ich mich die ganze Zeit über gefühlt hatte wie eine des schweren Betruges angeklagte Hochstaplerin, dass ich keinen Augenblick lang behandelt worden war wie eine potenzielle Kundin, dass meines Wissens die Bank schließlich mir zu Diensten zu sein habe und nicht umgekehrt. Dass ich ja für jede Handreichung der Bank zahlen müsse. Und überhaupt, dass ich ihm in Bernhards Unterlagen vor diesem Hintergrund keinen Einblick gewähren würde, weil ich ihm nicht trauen könne.

Die Vorwürfe flossen mir nur so über die Lippen, ich befand mich schon wieder wie im Rausch. Nur die Luft wurde knapper, ich atmete zu hastig und keuchte ein wenig beim Sprechen.

Herr Würfel hatte, während ich redete, sein Gesicht in mitfühlende Falten gelegt und sagte, als ich, völlig außer Atem, geendet hatte, nach einer kurzen Pause, die wohl seine Betroffenheit über das soeben Gehörte ausdrücken sollte, mit gesenkter Stimme, er verstehe mich ja so gut und sei mir so dankbar, dass ich ausgesprochen hätte, was bei der Zusammenkunft schief gelaufen war. Er habe es selbst gespürt, aber nicht artikulieren können. Man werde selbstverständlich das Konzept und den Ablauf solcher Erstbegegnungen mit dem private banking team daraufhin neu überlegen. Mein Denkanstoß sei sehr wertvoll für ihn. Er wünschte sich nur, mehr solcher intelligenten und aufmerksamen Kundinnen beehrten sein Haus.

Mein Pulver war verschossen. Leer geklagt saß ich in meinem Sessel.
Der Bankmann ging zur Attacke über.
Fast zwei Stunden lang breitete er sein gesamtes bisheriges Leben vor mir aus, sprach von seiner Liebe zu Frau und Kindern, seiner Leidenschaft für Malerei und präkolumbianische Kunst, er streifte die Literatur, bekannte sich als Ignorant der klassischen Musik und Liebhaber des Cool-Jazz. Sparsam ließ er hier und dort ein Tröpfchen Bankethik fallen.
Der Banker, dem ich zutiefst misstraut hatte, wurde ein Mensch. Ein freundlicher, interessierter Mensch. Nicht mehr der seifige Vertreter eines Unternehmens, das darauf aus war, ein Maximum an Gewinn aus seinen Kunden herauszupressen, sondern ein besorgter Vater, begeisterter Freizeit-Jazzer, ehrlich bestrebt, mir zur Seite zu stehen. Vor ihm brauchte ich mich doch nicht in Acht zu nehmen.
Jetzt schämte ich mich für meinen zornigen Ausbruch. Es bedurfte einer Versöhnungsgeste. Ich lud ihn zum Mittagessen in ein italienisches Restaurant ein. Herr Würfel strahlte und sagte zu. Er würde mich gewiss gut beraten.

Drei Tage später saß ich mit ihm in Bernhards Arbeitszimmer und breitete alle Akten und Ordner vor ihm aus.

Mit scharfem Blick für das Wesentliche durchstreifte Herr Würfel Bernhards Geschäftsunterlagen.

Es bekümmerte mich, dass er sich nicht für die komplizierten Verträge zu interessieren schien, die ich alle nicht verstand.

Doch immerhin rechnete er zusammen, was bei den verschiedenen Banken an Aktien vorhanden war. Und ich erfuhr, dass die Darlehensverträge für die Immobilien vier Wochen später neu verhandelt werden mussten.

Ich fragte nicht, warum und wieso, erfuhr nur, dass die Banken, es waren andere, als die, bei der Herr Würfel arbeitete, mir wahrscheinlich keine Verlängerung geben würden, weil ich kein geregeltes Einkommen vorweisen konnte.

»Was mache ich dann?«

Herr Würfel fuhr sich über den sauber gestutzten Schnurrbart: »Dann werden Sie die Restdarlehen bezahlen müssen.«

»Und wie hoch sind die?«

Minutenlang blätterte Herr Würfel in den Akten, beugte sich über seinen Taschenrechner und lehnte sich schließlich zurück: »Knapp sechshunderttausend Mark.«

»So viel Geld habe ich doch gar nicht.« In meinen Ohren brauste das Blut, dass ich meinte, Herr Würfel müsse es hören.

Mein Berater war ganz bei der Sache. Seiner Sache.

»Ihre Aktiendepots bei den verschiedenen Banken ergeben insgesamt eine nicht unbeträchtliche Summe. Außerdem haben Sie von Ihrem Mann große Außenstände geerbt, die Sie eintreiben müssen. Ich könnte versuchen, mich dafür zu verwenden, dass wir die Darlehensverträge übernehmen. Ob ich Ihren Fall durchbekomme, weiß ich nicht. Es wird schwierig werden. Sie müssten in jedem Fall die gesamten Aktien bei unserer Bank liegen haben. Als Sicherheit, verstehen Sie.«

»Das heißt, ich muss sie von den anderen Banken wegholen und auf das Depot bei Ihrer Bank bringen?«

»Natürlich. Außerdem müssten Sie die beiden Darlehen reduzieren, ehe wir den neuen Darlehensvertrag mit Ihnen abschließen.«

»Was heißt das?«

Wieder tippte Herr Würfel minutenlang auf seinem Taschenrechner hin und her.

»Eine Bareinlage von circa zweihundertfünfzigtausend Mark. Die Immobiliensituation im Osten ist sehr schlecht. Das verbleibende Darlehen darf nicht höher sein als ein derzeitiger Erlös, falls es verkauft werden müsste.«

Tot umfallen wäre eine elegante Lösung, dachte ich. Mein Kopf schien sich ohne Sauerstoff zehn Meter unter Wasser zu befinden, gleich würde er platzen.

»Aber dann bleibt mir so gut wie nichts übrig zum Leben.«

»Es wird sich nicht anders machen lassen«, sagte Herr Würfel sanft, »wenn überhaupt.«

Zitterig zündete ich eine Zigarette an und zog den Rauch tief ein, um die aufsteigenden Tränen in Schach zu halten.

»Machen Sie sich keine Sorgen. Sobald Ihre Schuldner gezahlt haben, entspannt sich die Situation für Sie. Außerdem haben Sie das Aktiendepot«, sagte Herr Würfel noch sanfter und lächelte mich an.

»Ich werde Aktien verkaufen müssen.«

»Das«, sagte Herr Würfel leise, »geht nicht ohne unsere Zustimmung.«

»Warum nicht?«

»Weil Ihre Aktien als Sicherheit dienen – falls Sie zahlungsunfähig werden.«

Irgendwo tief unten regte sich kümmerlich, aber immerhin, inmitten all des Finanzelends, so etwas wie ein Keim neuen Zornes.

»Haben Sie nicht eben gesagt, dass die Immobilien selbst die Sicherheit sind. Deshalb soll ich doch zweihundertfünfzigtausend Mark zahlen.«

Fast unmerklich seufzte Herr Würfel. »Wir brauchen die zusätzliche Sicherung für den Fall, dass die Immobilienpreise weiter sinken.«

»Aber dann wäre es doch Wahnsinn, eine Viertelmillion Mark da hineinzufeuern.«

»Sie haben es vollkommen richtig erkannt. Aber Ihr verstorbener Mann hat die Immobilien mit Darlehen erworben. Und diese Darlehen müssen zurückbezahlt werden.«

Es gab nichts mehr zu sagen. Ich saß in der Falle. Es gab keinen Notausstieg.

»Und wenn die Schuldner nicht zahlen?«

»Wir wollen positiv denken«, sagte Herr Würfel belehrend, »ich nehme doch an, dass es Ihnen mit Ihrer Intelligenz und Ihrem Charme leicht fallen wird, an Ihr Geld zu kommen.«

Ich wusste nicht einmal, wie hoch genau diese Außenstände waren und sagte es Herrn Würfel.

Der lächelte wissend. Sein geübtes Auge hatte beim raschen Durchblättern der Ordner die entscheidenden Zahlen anscheinend gespeichert.

»Es kommt da so einiges zusammen. Wenn Ihre Schuldner gezahlt haben, werden Sie ruhig schlafen können und brauchen sich nicht mehr um die monatlichen Darlehensraten zu sorgen.«

»Und wenn nicht?«

»Übergeben Sie die Angelegenheiten Ihrem Anwalt.«

Herr Würfel hatte es plötzlich eilig, das Thema zu wechseln.

»Wir schauen uns jetzt Ihre Aktien an. Ein Aktiendepot muss beobachtet und gepflegt werden. Ich vermute, Sie haben sich seit dem Tod Ihres Mannes nicht darum gekümmert.«

Das hatte ich in der Tat nicht. Wie auch? Die Depotaufstellungen der Banken konnte ich nicht lesen, weil die Kürzel mir nichts sagten, die Börsennotierungen in der Zeitung waren für mich unverständlicher Zahlensalat.

Warum ging die Tür jetzt nicht auf und Bernhard kam herein? Alles würde wieder gut sein. Doch die Tür öffnete sich nicht.

Stattdessen drang Herrn Würfels Räuspern an mein Ohr.

»Nicht, dass ich Sie in Ihren Gedanken stören möchte, aber ich habe mir eine Reihe von Papieren notiert, die sofort verkauft werden sollten. Neuer Markt, Sie verstehen.«

Bernhards Papiere verkaufen? Etwas, das er für gut befunden hatte, abstoßen? Bei der bloßen Vorstellung verkrampfte sich mein Herz.

»Lassen Sie mir die Liste da, ich werde es mir überlegen«, sagte ich. Meine Zunge fühlte sich pelzig und geschwollen an.

»Ich verstehe«, sagte Herr Würfel, »wir erleben es immer wieder, dass eine Witwe aus Pietät die Aktien ihres verstorbenen Mannes nicht veräußern will. Allerdings«, er machte eine Kunstpause, »sollten Sie sich darüber im Klaren sein, dass Sie möglicherweise viel Geld verlieren, wenn Sie nicht rechtzeitig umschichten. Damit wir uns verstehen: Wir sprechen von einer reinen Umschichtung. Denn selbstverständlich werden wir für den Verkaufserlös umgehend andere Papiere erwerben.«

Es war Herbst 2000. Nach knapp zwei Jahren euphorischer Hochstimmung duckten sich Hunderttausende, wenn nicht sogar Millionen von Kleinanlegern unter den Steinschlägen der plötzlich abstürzenden Aktien des Neuen Marktes. Die Zeitungen brachten nahezu täglich neue Schreckensmeldungen von zahlungsunfähigen Unternehmen, die drei Monate zuvor als Garanten für wundersame Geldvermehrung gefeiert worden waren.

Die fatale Entwicklung der eben noch gepriesenen New Economy war selbst mir nicht entgangen.

»Welche müssen denn sofort weg?«, hörte ich mich fragen.

Herr Würfel deutete mit dem Bleistift auf drei Firmen seiner Aufstellung.

»Den Verkauf müssen Sie selbst in die Wege leiten. Diese Papiere liegen bei einer anderen Bank.«

Erleichtert nickte ich. Damit gewann ich Zeit, mich an den Gedanken zu gewöhnen. Ich wollte erst lernen, die Börsenseite der Zeitung zu lesen.

Herr Würfel meinte, das sei kinderleicht. Er werde es mir das nächste Mal zeigen. Inzwischen werde er sich um die Übertragung der Darlehen auf seine Bank kümmern. Wie gesagt, es werde nicht einfach werden, dem Aufsichtsgremium dieses Entgegenkommen abzuringen.

»Immerhin«, sagte Herr Würfel und unterlegte seine Stimme

mit schwerem Bedenken, »haben Sie derzeit kein festes Einkommen.«

»Du hast doch Aktien. Wie lerne ich, die Börsennotierungen zu lesen?«

Nachdem Herr Würfel sich verabschiedet hatte, war ich so erschöpft, dass ich nicht einmal mehr imstande war, die Teetassen abzuräumen und in die Küche zu tragen. Mit letzter Kraft schleppte ich mich ins Schlafzimmer, fiel angezogen, wie ich war, aufs Bett und hoffte zu schlafen.

Doch Schulden, Darlehen, Umschuldung, Aktienverkäufe, das Fehlen eines festen Einkommens, Fehler, die ich begehen würde im undurchsichtigen Gestrüpp der Regelung von Bernhards Erbe drehten sich wie Fratzen schneidende Karussellfiguren in meinem Kopf.

Ich sah auf meine Uhr. Es war halb acht Uhr abends. An Ruhe und Schlaf war nicht zu denken.

Iris würde vielleicht schon zu Hause sein. Oft kehrte sie erst spät aus der Klinik zurück.

An diesem Abend hatte der Himmel Erbarmen mit mir. Nach dem zweiten Klingeln hob sie den Hörer ab. Und sie hatte auch Zeit. Ihr Mann war zu seinem Bridgeabend gegangen.

»Das ist nicht dein Ernst. Du kannst keine Aktienkurse lesen? Hast du die Zeitung zur Hand?«

Eine halbe Stunde später wusste ich das Nötigste, um die Kursentwicklung der Aktien erkennen zu können. Nach einer weiteren Stunde hatte ich Iris versprochen, mich auf keinen Fall in das Abenteuer einer Private-banking-Betreuung einzulassen. »Das machst du alles selbst viel besser. Geh ins Internet, da kannst du die Kurse stündlich aktuell verfolgen. Du brauchst keine so genannten Spezialisten. Die nehmen dich nur aus.«

Sie hatte gut reden. Iris beschäftigte sich seit zwanzig Jahren mit Aktien und hatte eine nicht unbeträchtliche Summe damit verdient. Sie kaufte und verkaufte, selbstverständlich über Internet-Direktbanken, »die Gebühren sind viel billiger«. Ich wagte nicht mehr zu fragen, was eine Direktbank sei, sagte zu allem ja und legte irgendwann kurz vor Mitternacht den Hörer auf. Den Rest der Nacht verbrachte ich mit dem aufgeschlagenen Aktienordner auf den Knien und dem Wirtschaftsteil der Zeitung.

»Börseneinstieg leicht gemacht« hieß das Buch, das mein Buchhändler um die Ecke mir am nächsten Mittag als Anfangslektüre empfahl.

Der freundliche Mann, ein intimer Kenner altpersischer Lyrik, die er ebenso vergeblich wie unverdrossen an jeden Kunden zu bringen versuchte, der auch nur annähernd unentschlossen wirkte, sah mich über den Rand seiner Brille mit einer Mischung aus Melancholie und Besorgnis an, als ich ihm meinen Wunsch nach einem Buch über Aktien vortrug, so als wollte er sagen, »wieder eine, die der Literatur verloren geht«. Womit er, zumindest für eine gewisse Zeit, nicht ganz Unrecht hatte.

Er setzte sich an seinen Computer und gab das Stichwort »Aktien« ein. Es war nicht zu übersehen, dass er vom Thema ebenso viel Ahnung wie ich hatte. Gemeinsam irrten wir durch die endlose Titelliste der Bücher, die von Wertpapieren und Geldanlagen handelten.

»Ich brauche etwas Einfaches«, sagte ich, »eine Art von Einführung.«

Wieder streifte mich sein Blick. Warum tust du dir das an, schien er zu fragen.

»Wie klingt das?«, fragte er ohne den Kopf zu wenden. »So werden Sie mit Aktien reich!« In seiner Stimme schwang jetzt ein abfälliger Unterton.

»Nein«, sagte ich vielleicht ein wenig zu laut und zu heftig, »ich will nicht reich werden, ich will nur begreifen, wie alles abläuft und was die verschiedenen Fachbegriffe bedeuten.«

»Na gut«, sagte der Buchhändler, »wie Sie meinen. Also weiter.«

Er glaubte mir kein Wort. Ich hatte ihn enttäuscht, war hinabgestiegen in die Niederungen profaner Geldgier. Selbst seine Körperhaltung drückte Verachtung aus. Kurzsichtig und feindlich hockte er vor dem Bildschirm.

Eine halbe Stunde später hatte ich, was ich wollte, und einen Freund weniger.

Über Jahre war die Beziehung zu diesem Buchhändler gewachsen und gediehen. Wir tauschten uns über Neuerscheinungen aus, schwärmten gemeinsam, schmähten gewisse Autoren gemeinsam, regten uns gemeinsam über, unserer Meinung nach, unsinnige Rezensionen auf und gruben, wie wir fanden, unbeachtete literarische Perlen aus. Eine tief befriedigende Freundschaft, von keiner persönlichen Kenntnis der Lebensumstände des anderen getrübt.

Als ich mit dem Buch in der Plastiktüte auf die Straße trat, wusste ich, dass ich mir eine andere Buchhandlung suchen würde. Ich war traurig und wütend.

Anstatt sich zu freuen, dass ich meinen Wissenshorizont zu erweitern trachtete, hatte der Buchhändler mir bedeutet, dass ich nicht mehr Teil seiner von materialistischem Streben unberührten literarischen Welt war.

Auch ich gehörte nun zu der von ihm so verabscheuten Idiotengemeinde, deren Lebensinhalt darin besteht, dem Geld hinterherzurennen.

Elender Spießer, dachte ich und blieb stehen, Literatursnob, engstirniger Ignorant. Du hast keine Ahnung, womit ich mich herumschlagen muss, und wagst, mich abzustempeln. Ich bin fertig mit dir, mach nur so weiter, dann wirst du sehen, wo du mit deinem Getue bleibst. Mich siehst du im Leben nicht mehr.

»Na, na«, hörte ich eine Stimme neben mir, »so schlimm wird es schon nicht sein; was sich liebt, das neckt sich eben.«

Erschrocken drehte ich den Kopf. Ein alter Herr im Lodenmantel grinste mich an. Anscheinend hatte ich laut gedacht.

Ohne den ungebetenen Lauscher eines weiteren Blickes zu würdigen, setzte ich meinen Weg fort.

»In der Ruhe liegt die Kraft«, hörte ich den Alten hinter mir her rufen.

Kein Selbstmitleid, murmelte ich vor mich hin, als ich die Wohnungstür aufschloss, du bist nicht dumm, du hast keinen wirklichen Berater und brauchst auch keinen, du schaffst die Regelung des vertrackten Erbes ganz allein. Du liest dich schlau, und mit diesem Hintergrundwissen prüfst du die Vorschläge der Bank.

Für Wochen bestand nun meine einzige Lektüre aus dem Börseneinstiegsbuch, den Wirtschaftsteilen verschiedener Zeitungen und einem Bündel von Börsenzeitschriften, in denen jeweils unterschiedliche Aktien als »heißer Tipp« angepriesen wurden. Ich versuchte zu begreifen, was ein »Kurs-Gewinn-Verhältnis« (KGV) ist, eine »Per-annum-Rendite«, abgekürzt »par«, lernte, dass der Begriff »Fantasie« im Zusammenhang mit der möglichen oder erhofften Entwicklung einer Aktie gebraucht wird, stopfte in meinen übervollen Kopf den Ausdruck »stop loss« und merkte nebenbei, dass nahezu alle Aktien, vor allem die in den Zeitschriften hoch gelobten, täglich fielen.

»Kaufen, wenn sie unten sind, verkaufen, wenn sie hoch stehen«, war eine der hilfreichen Faustregeln, die mein Buch propagierte. Wann war unten?

Eine andere Regel besagte: »Fasse nicht in fallende Messer!« Also in Ruhe fallen lassen? Aber wenn die Papiere dann nicht mehr stiegen? Dann war ich fast alles los, was meine Immobilien absicherte.

Nachts im Bett weinte ich mich in unruhigen Schlaf, aus dem ich im Morgengrauen schweißgebadet aufwachte. Bernhard hätte gewusst, was zu tun war. Hätte er alle Aktien, trotz der fallenden Kurse verkauft? Oder hätte er den beginnenden Zusammenbruch des Neuen Marktes ausgesessen? Zwar hatte ich endlich den Unterschied zwischen »Neuer Markt« und »old economy« begriffen. Doch wenn ich ehrlich war, musste ich mir eingestehen, dass das im Eilverfahren angelesene Wissen mir nicht weiterhalf, sondern meinen Verstand vollends durcheinander gebracht hatte.

Der Erbschein und ein Dutzend amtlich beglaubigter Abschriften trafen ein. Ich starrte auf das Papier und wollte nicht wahrhaben, dass die Behörden Bernhards Tod widerspruchslos hingenommen hatten. Warum meldeten sie keine Zweifel an, schrieben mir nicht, dass er in Wahrheit nur abgereist war, dass also die Abwicklung seiner Angelegenheit nur in Abstimmung mit ihm geschehen könne.

Aber die Behörden hatten nicht gegen den Antrag protestiert. Im Gegenteil: Die Ausstellung des Scheins, der mich berechtigte, mit Bernhards Gut nach Belieben zu verfahren, war überraschend schnell erledigt worden, in nur knapp zwei Monaten.

»Erbschein« – jeder der fett gedruckten Buchstaben verkrampfte Herz und Magen, bis ich meinte, daran ersticken zu müssen. Keinen Erbschein, ich wollte keinen Erbschein, ich wollte Bernhard zurückhaben.

Konnte ich nicht aufwachen aus dem schrecklichen Traum und den überraschten Bernhard mit Küssen bedecken? Und Bernhard würde schlaftrunken murmeln: »Dass du aber auch immer so heftig sein musst; geht es nicht etwas sanfter?« Ich würde lachen und glücklich rufen: »Nein, ich muss so sein, weil ich dich liebe.«

Komm zu dir, sagte die andere in mir, vergiss deine Gefühle, du hast viel zu tun, setze dich in Bewegung.

Ich starrte auf Herrn Würfels Visitenkarte, die ich auf Bernhards Schreibtisch so platziert hatte, dass ich sie nicht übersehen konnte, und empfand Scham. Wer war ich, dass ich jede Vorsicht im Begriff war, in den Wind zu schlagen und mich in die Fänge der Bank zu begeben? Eine dumme, unwissende Witwe, die von nichts eine Ahnung hatte und zu schwach und zu feige war, die Dinge selbst in die Hand zu nehmen.

Wie viele Witwen meiner Art mochte es geben? Hunderttausende? Ein paar Millionen? Und wurden sie alle von einem freundlichen, fürsorglichen Herrn Würfel betreut? Wahrscheinlich. Was blieb ihnen auch anderes übrig! Er kümmerte sich um ihre Ängste und Sorgen und hörte geduldig zu, wenn sie ihre wirren Kummer- und Existenzangst-Arien anstimmten.

Später dann, wenn alle Ratschläge des Herrn Würfel sich als finanziell katastrophal erwiesen und ausschließlich die Profite der Bank gemehrt hatten, stand ihnen auch noch eine konkrete Person zur Verfügung, auf die sie ihren Zorn und ihre Erbitterung laden konnten. Ein unschätzbarer Service in dieser Situation.

Herr Würfel war sofort am Telefon. Der Erbschein sei eingetroffen? Sehr gut. Also könne man mit der Umschichtung und Strukturierung unverzüglich beginnen. Seine Stimme klang weich, mit einem dezenten Unterton freudiger Erregung.

»Ja«, sagte ich und wünschte im selben Augenblick, ich hätte nicht angerufen. Doch es war wie immer zu spät. Innerlich hatte ich mich schon festgelegt. Ich würde keinen Rückzieher machen. Es gab keine taugliche Alternative.

Binnen kurzem fand ich mich in einem Wirbel von Papieren, die ich unterschreiben musste, Entscheidungen, die ich abzunicken hatte, und Vorschlägen, die anzunehmen Herr Würfel mir mit Nachdruck empfahl.

Soweit es mein Laienverstand erlaubte, versuchte ich mich zu wehren.

Warum zum Beispiel löste ich den einen Immobilienkredit bei der Bank X nicht ganz auf, statt viel Geld in die Reduzierung beider Darlehen zu stopfen? So könnte ich doch die Zinsen für wenigstens eines der Objekte loswerden.

Herr Würfel wusste es besser.

»Sie vergessen, dass die Übernahme dieser Kredite ein Entgegenkommen unsererseits darstellt. Sie haben, wie gesagt, kein laufendes Einkommen, die Darlehenssummen müssen deutlich reduziert werden, sonst ist das Wagnis für uns zu hoch.«

Natürlich knickte ich ein, sagte zu allem ja und bangte, ob angesichts meiner ungesicherten Verhältnisse die Übernahmegenehmigung von höherer Stelle überhaupt erteilt werden würde.

Um Herrn Würfel für mich einzunehmen und ihn gewogen zu stimmen, hatte ich vor dem entscheidenden Besprechungstermin Minestrone gekocht und Salat nach einem Witzigmann-Rezept zubereitet. In diesem Stadium der Kundenakquisition kam die Bank, »ich bitte Sie, das ist doch viel bequemer für Sie«, selbstverständlich ins Haus.

Herr Würfel, der mit spitz gefalteter Serviette vorsichtig unsichtbare Salat- und Suppenspuren vom Rand seines Schnauzbartes tupfte, schien sich nicht sicher, wie er die kredenzte Mahlzeit einordnen sollte.

Seine Augen bekamen einen Glanz, den die Gemüsesuppe alleine nicht zustande gebracht haben konnte.

»Finden Sie nicht, ich sollte die Telekom-Aktien verkaufen? Sie sind seit dem Tod meines Mannes um mehr als dreißig Euro gefallen. Mein Mann hatte viele davon.«

Augenblicklich wurde Herrn Würfels Gesicht so leer und ausdruckslos, wie es sich für einen pflichtbeseelten Banker gehörte: »Auf keinen Fall verkaufen«, sagte er in einem Ton, der keinen Widerspruch zuließ. »Telekom ist ein ausgezeichnetes Papier, das man nicht abstößt. Die momentane Kursstörung hat nichts zu sagen.«

»Aha«, sagte ich, »dann bin ich ja beruhigt. Ich dachte schon, man müsse … Aber natürlich kommen Sie an ganz andere Informationen als ich.«

So war es in der Tat. Die Telekom-Aktie fiel und fiel, doch der liebenswürdige Herr Würfel hatte auf meine besorgten Anfragen die immer gleiche Antwort: »Halten!«

Wäre ich gewitzt und in der Börsensprache erfahren gewesen, hätte mich die winzige Verschiebung seiner Ausdrucksweise vielleicht stutzig gemacht. Nie mehr fiel der Hinweis auf das »ausgezeichnete Papier«. Und auch sonst mochte Herr Würfel sich auf keine Diskussion über die T-Aktie einlassen. Wie ein Lamm nahm ich es hin. Ich war ja dumm, die Bank hingegen wusste, was zu tun war.

Wie gut sie es wusste, erfuhr ich ein Dreivierteljahr später, als die Telekom-Aktien um fast siebzig Prozent in den Keller gerutscht waren. Meine Bank gehörte zu den größten Geldgebern der Telekom. Sie hatte den Börsengang des Telefonriesen maßgeblich mitfinanziert. Die geldgebenden Banken hatten wider besseres Wissen alles getan, um die Kunden bei der Stange zu halten, denn eine Massenflucht aus den Telekom-Aktien hätte die Verluste der Banken um ein Vielfaches erhöht.

Mein liebenswürdiger Exklusivbetreuer in spe, Herr Würfel, war ganz in diesem Sinne tätig gewesen. Es ging nicht um meine Interessen, für deren Wahrung ich hohe Gebühren an die Bank zahlte. Es ging ausschließlich um die Interessen der Bank. Und ahnungslose Kunden mussten für diese Dienstleistung, die gegen sie gerichtet war, auch noch kräftig löhnen. Ein raffiniert ausgedachtes System, mit dem die Banken über viele Jahre unauffällig reiche Ernte eingefahren hatten.

Etwa drei Monate nach der »Erstbegegnung« mit Herrn Würfel und seinem Team stellte ich fest, dass Trauer, Schmerz, die Bürde des schwierigen Erbes und der inbrünstige Wunsch, keine Fehler zu machen, sich verklumpt hatten zu einer schalldichten, stoß- und erschütterungsfesten Ummantelung, hinter der mein Verstand bei minimaler Sauerstoffzufuhr debil vor sich hin vegetierte.

Doch erste Risse in der Ummantelung wurden spürbar. Ich merkte, dass mir, weil ich mich nicht gewehrt hatte, zu hohe Darlehenszinsen verordnet worden waren. Ich merkte, dass Aktien gehalten worden waren, die hätten verkauft werden müssen. Und ich merkte, dass andere Aktien nur gekauft wurden, weil die Bank mit dem jeweiligen Unternehmen im Geschäft war.

Ich beschloss, mich von Herrn Würfels Private-banking-Team zu verabschieden.

Ich bat um einen Termin und schlug Herrn Würfels Angebot aus, zu mir nach Hause zu kommen. Ich wollte in der Bank mit ihm sprechen.

Zunächst war ich nur wütend. Herr Würfel sollte nicht alles mit mir machen können.

»Was tut das so genannte private banking eigentlich für mich, das meine Filiale nicht auch tun würde? Das habe ich die ganzen Wochen über vergessen, Sie zu fragen?«

Herr Würfel, der mich, wie bei unserer ersten Begegnung, plaudernd über die Barocktreppe in den Besprechungsraum im ersten Stock geleitet und nicht bemerkt hatte, dass die andere in mir, die kluge, pragmatische, allmählich wieder zu sich kam, verriet mit keinem Wimpernzucken, dass ihn meine Frage irritiert haben könnte. Nur sein rechter Zeigefinger hatte sich der Kontrolle entzogen und fuhr nervös am sorgfältig geschnittenen Rand seines Schnauzers entlang.

»Das will ich Ihnen gerne nochmals erklären«, sagte Herr Würfel betont geduldig. »Wir kümmern uns in besonderer Weise um unsere Private-banking-Kunden. Wir erledigen alles für sie. Es handelt sich um eine Betreuung, von der Anlageberatung bis zu Immobilienkäufen und -verkäufen. Außerdem …«

»Die Konten bei den anderen Banken sollte ich aber selbst auflösen«, unterbrach ich ihn. »Das ist sehr mühsam und zeitaufwendig, weil überall mein persönliches Erscheinen verlangt wird. Diesen Service haben Sie mir nicht angeboten.«
»Selbstverständlich habe ich das«, sagte Herr Würfel, nur einen Hauch weniger seidig.
»Nein, haben Sie nicht.«
»Wie auch immer, geben Sie mir die Unterlagen, wir machen das für Sie.«
»Meine Filiale hat bereits alles erledigt.«
»Sie sind nur noch nicht vertraut mit unserem Angebot. Ich versichere Ihnen, Sie können alles in unsere Hände legen.«
»Wie kommt es dann, dass die sehr komplizierte Umschreibung der Darlehensverträge auch von meiner Filiale gemacht wurde?«

Herr Würfel begann, kaum merklich, unruhig zu werden. Sein Oberkörper versteifte sich etwas, die Knöchel seiner Hände, mit denen er die Stuhllehnen umfasst hielt, nahmen eine weißliche Färbung an.

Er hat sich verkrallt, dachte ich. Gleichzeitig bewunderte ich ihn für seine geschulte Beherrschung.

»Ich bitte Sie«, sagte er und beugte sich lächelnd vor, »ein Wort von Ihnen, und wir hätten auch das in die Hand genommen.«

»Genau das ist es, was ich nicht verstehe: Worin besteht Ihre exklusive Rundumbetreuung, wenn die Filiale die schwierigen Dinge für mich erledigen muss – nebenher. Sie aber und Ihr private banking verlangen, dass ich Ihnen zusätzlich zu den normalen Bankgebühren sehr viel Geld für Ihre Bemühungen bezahle. Warum sollte ich das tun? Wofür?«

Jetzt musste Herr Würfel tief Luft holen, ehe er nach einer winzigen Pause gewohnt flüssig antworten konnte.

»Sie haben ein Aktiendepot. Unsere Filialen wiederum haben bestimmte Vorgaben, welche Papiere sie ihren Kunden empfehlen sollen. Wir vom private banking dagegen können ganz frei entscheiden. In unseren Teams arbeiten nur Spitzenkräfte. Wir kümmern uns intensiv um die Pflege Ihres Depots. Das kann kein Sachbearbeiter in der Filiale leisten.«

Herr Würfel schwieg und wartete auf meine Reaktion.

Was sollte ich dem entgegenhalten? Was er gesagt hatte, klang einleuchtend. Trotzdem war da etwas, das mein Misstrauen wach hielt. Was war es nur?

»Ich werde es mir überlegen und Ihnen Bescheid geben«, sagte ich und stand auf.

»Sie sollten sich nicht allzu viel Zeit dafür nehmen. Die Börse ist sehr unruhig zurzeit. Außerdem muss ich auch wissen, woran ich mit Ihnen bin. Wollen Sie in unser private banking team eintreten oder nicht? Ich habe einen Ruf zu verlieren. Seit Wochen bemühe ich mich um Sie.«

Alle Geschmeidigkeit war aus Herrn Würfels Stimme gewichen.

Schweigend stiegen wir die Barocktreppe hinunter in die Halle, knapp verbeugte sich Herr Würfel zum Abschied. Er hatte gewiss sein Bestes getan, mich als Kundin zu akquirieren.

Meine Bank ist groß, hat viele Filialen und eine ganze Reihe von private banking teams in der Stadt, die alle in ähnlich feinen Palais untergebracht sind wie die Truppe von Herrn Würfel. Selbstverständlich steht es den Kunden frei, sich dem Team anzuvertrauen, das ihnen am meisten zusagt.

Da ich Herrn Würfel und den Seinen den Laufpass gegeben hatte, suchte ich mir in der Hoffnung auf kundige Beratung andere »Spezialisten«. Dieses Mal war ich es, die sich um Aufnahme in das Private-banking-Team bewarb.

Wie sich herausstellen sollte, war das der einzige Unterschied. Denn die so genannte Rundum-Betreuung war hier wie dort eine bloße Worthülse. In Wahrheit ging es ausschließlich um das Aktiendepot, Käufe und Verkäufe, die der Bank neben dem saftigen Honorar, das ich nun bezahlen musste, denn ich hatte den Betreuungsvertrag sofort unterschrieben, auch noch die üblichen Provisionen sicherten. An Kunden wie mir konnte die Bank nicht verlieren, gleichgültig, ob die Aktien stiegen oder fielen.

Doch Herrn Würfels Worte, dass Bernhards Aktiendepot intensiver Betreuung bedurfte, waren in die tieferen Schichten meiner Seele getropft. Er hatte Recht, ich durfte kein Wagnis eingehen.

Und so machte ich den Bock zum Gärtner. Einen wirklich plausiblen Anlageplan erhielt ich nie, stattdessen wurden mir Broschüren in die Hand gedrückt mit vorgefertigten Grafiken, die aussahen wie runde Kuchen, deren einzelne Scheiben die Verteilung auf Anleihen und Rentenpapiere einerseits und Aktien andererseits darstellten.

Ich verstand kein Wort, lehnte misstrauisch ab und blieb bei den Aktien. Niemand nahm sich die Mühe, mir ein nachvollziehbares Modell vorzustellen, anhand dessen ich mögliche Zinseinkünfte hätte erkennen können.

Aktienkäufe wurden vorgeschlagen, denen ich unsicher zustimmte und die sich dann fast alle als Reinfall erwiesen.

Ich lernte das für solche Fälle gängige Erklärungsvokabular, »wir hatten uns mehr erhofft«, »das konnte man nicht voraussehen«, »wir sind auch überrascht«, »leider hat das Papier unsere Erwartungen nicht erfüllt«, »die performance hat uns enttäuscht«, in und auswendig.

Die angepriesene Betreuung erschöpfte sich in kurzen Anrufen des sehr höflichen Aktienexperten, der sich im Abstand von vier bis sechs Wochen meldete, um mir zu verkünden, das Beste sei es, abzuwarten.

Alle drei Monate setzten der Leiter des private banking teams, der Aktienexperte und ich uns zusammen, und dann wurden in kleinerem Umfang jene »Umschichtungen« vorgenommen, die zu nichts, das heißt genau genommen zu Minus führten.

Eineinhalb Jahre später, das Depot hatte sich dank regelmäßiger Durchhalteparolen und Umschichtungen mittlerweile um etwa vierzig Prozent reduziert, wurde der Leiter des private banking teams plötzlich aktiv und riet dringend dazu, alle Aktien zu verkaufen, für einen kleinen Teil mündelsichere Anleihen zu beschaffen und ansonsten den Erlös als Festgeld anzulegen.

So geschah es. Kurz darauf löste ich den Vertrag mit dem private banking.

Das Festgeld lag, wie das Wort sagte, fest, brachte kaum höhere Zinsen als die laufende Inflationsrate. Aber immerhin schwand es nicht um viele Tausende jeden Monat. Von meinem Ziel, Bernhards Erbe zu bewahren, war ich weiter entfernt denn je.

Eines schönen Nachmittags erhielt ich einen überraschenden Anruf: Herr Würfel. Wie es mir denn so gehe, was die Aktien machten, er denke oft an mich. Er habe den Job gewechselt, sei jetzt in leitender Position bei einer kleinen, wie er betonte, »unabhängigen« Privatbank.

Freimütig klagte ich ihm mein Leid, die ganze Misere der falschen Käufe, des viel zu späten Verkaufs der Aktien und überhaupt.

Herr Würfel hörte aufmerksam zu, dann fragte er: »Hat man Ihnen auch den XYZ-Fonds angedreht?«

»Ja. Leider ein Reinfall.«

Herr Würfel lachte auf, »den haben sie allen, die keine Ahnung haben, aufs Auge gedrückt«.

»Was heißt das?«

»Dass die Private-banking-Teams auch Vorgaben haben, was sie verkaufen sollen und müssen.«

»Aber man hat mir geschworen, dass das nicht der Fall sei.«

Auch Sie, dachte ich, auch Sie haben getönt damals, wie frei das private banking in seinen Entscheidungen sei.

Herrn Würfels Stimme klang fröhlich: »Ach, wissen Sie, so ist das Geschäftsleben. Man sagt nicht immer die Wahrheit, wenn es um Gewinne geht. Sollten Sie je die Bank wechseln wollen – bei uns werden Sie wirklich uneigennützig beraten. Wir haben nur Privatkunden und hängen nicht mit großen Konzernen zusammen, deren Aktienkurse auch für uns wichtig wären, weil wir sonst auf unseren Krediten sitzen bleiben würden.«

»Können Sie sich noch an unser erstes Gespräch erinnern, als ich die Banken Banditen und Wegelagerer nannte?«

Am anderen Ende der Leitung wurde gekichert: »Na ja«, sagte Herr Würfel. Dann nach einer kleinen Pause: »Kommen Sie doch einmal bei mir vorbei, wir können Ihnen interessante Angebote machen.«

Familienbesuch

November – der vierte dunkle Monat nach Bernhards Tod näherte sich seinem Ende. Nichts war geklärt außer der amtlich besiegelten Feststellung, dass ich die Alleinerbin meines Mannes war. Das Guthaben auf dem Konto schmolz unaufhaltsam, ich aß zu wenig, rauchte zu viel und fror ununterbrochen.

»Bleib auf Distanz«, hatte Bernhard oft gemahnt, wenn die Rede auf seine Schwester kam, »ich weiß, wovon ich rede.«

Und in den Tagen vor und nach seinem Tod hatte ich eine Ahnung davon bekommen, was er damit gemeint haben könnte.

Dennoch hatte ich der Versuchung nicht widerstehen können, ihre Nähe zu suchen, sie in schwachen Minuten anzurufen. Sie war immer noch seine Schwester, in ihren Adern floss das gleiche Blut.

Und nun wollte Alice mich für mehrere Tage besuchen.

Anfang Oktober hatte sie einen ersten Vorstoß gemacht. Doch Steuerberater, Bank, Behörden und Anwalt hielten mich in Atem. Meine Tage waren überfüllt mit Terminen. Zu Hause warteten Stapel von eiliger, unerfreulicher Post, die sofort beantwortet werden musste. Für anstrengenden Logierbesuch blieb kein Raum.

Zweimal hatte ich Alice vertröstet. Für ein drittes Mal reichte die Kraft nicht. Zu groß war auch der brennende Wunsch, Bernhards Schwester über seine Kindheit auszufragen, die er so gut wie nie erwähnt hatte, so als hätte es sie eigentlich nicht gegeben.

Alice klang aufgeräumt am Telefon: »Weißt du, insgeheim habe ich schon lange den Plan, ein Buch über die Familiengeschichte zu schreiben. Ganz alleine werde ich es nicht schaffen. Willst du mir nicht helfen? Wir könnten es zusammen machen und gleich mit der Planung beginnen.«

Reflexartig antwortete ich: »Natürlich helfe ich dir«, denn ich sagte zu allem ja in jenen Monaten.

Aber da war noch etwas anderes. Dass ich eigentlich noch viele Monate keine Zeit haben würde für ein solches Projekt, spielte keine Rolle. Über Bernhards Familie zu forschen, in die Vergangenheit, seine Vergangenheit zu tauchen, erschien mir als die einzige Aufgabe, die Trost spenden konnte.

Meine eigene Familie war fast ausgestorben. Zu zwei Vettern, die irgendwo in Deutschland lebten, hatte ich seit Kindertagen keinen Kontakt gehabt. Weitere Verwandte existierten nicht mehr. Alice, ihr Mann Ernst und vor allem die Söhne Albrecht und Magnus waren, bis auf Fabian, einen Neffe zweiten Grades, alles, was ich, wenn auch angeheiratet, an enger Familie hatte.

Es goss in Strömen, als ich gegen Mittag in den Innenhof an der Nordseite des Bahnhofs einbog, wo sich einige Parkplätze befanden, die selten besetzt waren.

Der Besuch lag mir schwer im Magen. Hoffentlich würde alles gut gehen und wir einander behutsam begegnen. Sicher war ich mir dessen nicht, denn mein Nervenkostüm war dünn und zerlumpt. Dann dachte ich an Alice' Mann Ernst, der in den vergangenen Wochen immer wieder angereist war, um mir in der Auseinandersetzung mit den schrecklichen Mietern in R. mit Rat und Tat beizustehen.

Nein, ich hatte echte Familie, die half, wenn Not war. Das musste genügen, um meine Vorbehalte Alice gegenüber zum Schweigen zu bringen.

Gottlob ist sie guter Laune, dachte ich erleichtert, als sie mir in ihrem pelzgefütterten Trenchcoat auf dem Bahnsteig entgegenkam und mich von weitem anlächelte. Ich stellte ihren Koffer auf das Gepäckwägelchen, das ich einem Rucksacktouristen vor der Nase weggeschnappt hatte, und brachte sie zum Auto. Sie war in der Tat bester Stimmung. Sie hatte das Wochenende in Freiburg bei ihrer Tochter Christiane und ihrem Schwiegersohn Rüdiger verbracht und sich augenscheinlich wohl gefühlt.

Zu Hause tranken wir zur Begrüßung einen Sherry, dann wechselten wir ins Esszimmer. Ich hatte Salat und Kartoffelsuppe vorbereitet.

Alice setzte sich, sah sich um und heftete ihren Blick auf die Wand links von ihr: »Ach ja, die Ahnenbilder, sie hingen bei uns zu Hause unten im Salon über dem Sekretär meiner Mutter.«

»Ach«, sagte ich und fragte mich, warum sie die Ahnenbilder jetzt erwähnte.

Dann drehte sie den Kopf und betrachtete einen Augenblick lang den Barockeckschrank, in dem die Gläser aufbewahrt wurden: »Der stand bei uns im Arbeitszimmer meines Vaters.«

»Ah«, sagte ich, griff nach der Gabel und fing an Salat zu essen.

»Unser Besteck«, sagte Alice und blickte neben ihren Teller, »das sind die Löffel meiner Eltern.«

»Und die Gabeln meiner Großeltern«, sagte ich schärfer als vielleicht nötig. Ich war verärgert. Was sollte diese Aufzählung von Gegenständen? Was wollte sie mir damit sagen?

Alice ließ sich nicht beeindrucken. Wieder schweifte ihr Blick durch den Raum.

»Wo ist eigentlich die kleine silberne Dose, die ich Bernhard vor Jahren geschenkt habe?«

»Ich weiß es nicht, das hast du mich schon am Tag nach Bernhards Tod gefragt. Ich habe eine solche Dose in zweiundzwanzig Jahren nicht gesehen«, sagte ich und wünschte, ich würde die Dose finden, um sie ihr an den Kopf zu werfen.

»Wahrscheinlich verkauft«, sagte Alice hart, »er brauchte ja immer Geld. Nun ja, sehr schade, es war eine sehr schöne kleine Dose.«

Sie holte tief Luft: »Ein Jammer, dass er zum Schreiben zu faul war, er war sehr begabt. Stattdessen diese Geschäfte, die er machte.« Es klang, als spuckte sie das Wort Geschäfte angewidert aus.

Obwohl ich an Alkohol am Mittag nicht gewohnt war und schon zu viel getrunken hatte, schenkte ich mir nochmals Wein nach.

»Bernhard hat sich ja das meiste von unserem Erbe unter den Nagel gerissen. Ich habe lange nicht so viel bekommen. Den Eckschrank hätte ich auch gerne gehabt.«

Mühsam versuchte ich, meinen stockenden Atem wieder in Gang zu bringen, und dachte an die Villa von Alice und Arnold, in der viele Möbel und Gegenstände aus Alice' und Bernhards Elternhaus standen.

»Um auf unser Buchprojekt zu kommen, wo sind eigentlich die ganz alten Briefe unserer Großeltern? Wir können sie gut gebrauchen für das Buch.«

Alice wusste genau, was aus den Briefen geworden war. Sie kannte meine Antwort. Aber sie wollte sie nochmals hören.

»Ich glaube, ich sagte dir schon mehrmals, sie wurden zerstört bei unserem Wohnungsbrand vor drei Jahren.«

»Tja«, sagte Alice ungerührt, »ich hatte sie mir ja ausgeliehen für diese Arbeit, die ich über unseren Vater verfasste, und sie Bernhard dann zurückgeschickt – zum Verfeuern sozusagen.«

Warum hatte das Schicksal mir diese Prüfung gesendet? Warum hatte ich sie mir selbst ins Haus geladen? Mein Magen krampfte sich schmerzhaft zusammen.

»Alice, bitte«, sagte ich und versuchte ruhig zu klingen, »dieser Brand ist durch eine defekte Steckdose entstanden. Kein Mensch konnte etwas dafür. Bernhard am allerwenigsten. Du weißt genau, wie sehr er unter dem Verlust der Briefe gelitten hat.«

»Ach so, nun ja«, sagte Alice, »es war nur ein Scherz.«

»Ein Scherz?«, fragte ich und fluchte innerlich, weil meine Stimme wackelte.

Alice, der das Vergnügen ins Gesicht geschrieben stand, einen Stich gut platziert zu haben, riss ihre riesigen blauen Augen auf.

»Ach Gott, das hast du mir jetzt doch nicht übel genommen?«, sagte sie und ging nahtlos über zur Schilderung der grauenvollen Lebensgeschichte einer mir unbekannten Freundin, die, von

Mann und Kindern gleichermaßen schlecht behandelt und betrogen, schließlich elend an Krebs gestorben war.

Irgendwann, der Mittag war längst in den Nachmittag und den frühen Abend übergegangen, zogen wir vom Esszimmer in den Salon um.

»Erzähle mir von Bernhards Kindheit«, bat ich und hoffte, ich würde sie aufweichen, liebevolle, sanfte Erinnerungen wachrufen.

»Bernhard hatte eine schreckliche Jugend«, sagte Alice hart und abschließend, »unser Vater hasste ihn.«

Ich hatte es gewusst, dieser Besuch fand zu früh statt, viel zu früh. Der Schmerz über Bernhards Tod brannte, mein Inneres war aufgerissen, ich sah in Alice' Gesicht wieder die Ähnlichkeit mit Bernhard, die gleichen herzzerreißend blauen Augen, die schönen, früh weiß gewordenen Haare. Doch Bernhard war ein Mensch gewesen, der gern lachte und viel lächelte. Seine Schwester dagegen zog alle Augenblicke die Mundwinkel verächtlich beinahe bis zum Kinn herunter, sie vibrierte vor Aggression und unterdrücktem Hass.

Zu wund, um nachzufragen, warum Bernhards Vater ihn gehasst hatte, ließ ich Alice weitere vier bis fünf Geschichten erzählen von Menschen, denen ich nie begegnet war, es waren Tragödien von Krankheit, Tod, Verrat, Betrug, ich litt mit, es gelang mir nicht, sie an mir abrinnen zu lassen.

Doch Alice war dabei aufzublühen. Je schauerlicher die Geschichte, desto fröhlicher wurden ihre harten Züge. Dann endlich war es nach zehn, und ich konnte, ohne unhöflich zu sein, die Couch im Gästezimmer für sie ausziehen.

Sie werde noch eine Weile aufbleiben, um zu lesen, sagte Alice in scharf zurechtweisendem Ton, der mir zu verstehen gab, dass ich meinen Gastgeberpflichten nicht in vollem Umfang nachkam.

»Du siehst müde aus«, sagte sie zufrieden.

Ich schlief schlecht und hatte diffuse Alpträume. Wie sollte ich noch volle dreieinhalb Tage mit dieser Frau durchstehen? Dass es schwierig werden würde, hatte ich befürchtet. Doch was mir tatsächlich bevorstand, ahnte ich nicht.

Kerzengerade, mit im Schoß gefalteten Händen saß sie am nächsten Mittag auf dem Sofa mir gegenüber.

»Ich erzähle dir jetzt von unserer Kindheit, das wolltest du doch wissen.«

»Ja«, sagte ich, »bitte! Von Bernhard als Kind zu hören ist kostbar für mich.«

Alice redete und redete. Schlampig wie seine Mutter sei Bernhard gewesen. Hinter dem Geld her wie sein Vater. Als Junge habe er gestohlen und gelogen. Sei später abgerutscht, in falsche Kreise geraten, habe nichts getaugt.

»Bernhard war zehn, als unsere Mutter starb; er war ihr Liebling gewesen«, sagte sie mit Verachtung in der Stimme, »unmittelbar nach ihrem Tod wurde er sehr krank. Eine Lungengeschichte. Zur Rekonvaleszenz schickte mein Vater ihn zu seiner Schwägerin nach Mittenwald. Da blieb er dann vier Jahre. Als er zurückkam, war er infiziert und indoktriniert von den linken Ansichten seines Onkels. Furchtbar.«

Einmal, so erfuhr ich, war er aus Mittenwald ausgerissen und zu seiner geliebten Großmutter in den Norden getrampt. Die Großmutter verständigte sofort den Vater. Bernhard wurde zurückgeschickt. Ein anderes Mal schrieb er der Großmutter von seiner Qual mit der verhassten Tante. Wiederum gelangte der Brief postwendend in die Hände des Vaters, der den Jungen zu sich beorderte und schwer verprügelte.

»Ich wusste von allem nichts. Wir hatten nicht viel Geld, mein Vater musste sehen, wie er als Schriftsteller durchkam. Und Bernhard hatte es ja eigentlich gut bei den wohlhabenden Verwandten in Mittenwald. Ich hatte es viel schwerer als er.«

Ich starrte Alice an. Und schwieg.

»Bernhard und unser Vater vertrugen sich nicht. Bernhard wurde viel geschlagen. Aber was hätte ich tun können? Ich war ja selbst noch ein junges Mädchen und hilflos. Natürlich musste ich unserem Vater sagen, wenn Bernhard etwas gestohlen hatte oder wieder gelogen hatte. Das war ja meine Pflicht.«

Alice machte eine Pause und beobachtete mich. Was sie sah, schien ihr zu gefallen.

»Später«, fuhr sie fort und konnte das Behagen der Erinnerung nicht unterdrücken, »Bernhard war schon weg von zu Hause, er verließ sein Vaterhaus mit siebzehn, da schrieb er mir überraschend einen Brief, ich sei der einzige Mensch auf der Welt, den er noch habe, der einzige Mensch, dem er vertrauen könne. Und so weiter. Ich kann dir sagen, ich wusste nicht, was ich mit so einem Brief anfangen sollte, und habe auch nicht geantwortet.«

Alles Blut schien aus meinem Körper ausgelaufen zu sein. Alice sprach nicht von Bernhards Wesen, nicht von Kinderanekdoten, an denen ich mich, wenn auch schmerzlich, hätte erfreuen können. Sie zeichnete das Bild einer zerstörten Kindheit mit einem hasserfüllten Vater und einer Schwester, die ihren Bruder vielleicht ebenso gehasst, sich zumindest so verhalten hatte.

Bernhards oft zitierter Satz fiel mir ein: »Die Menschen sind gestreift.« Mein heiterer, geistreicher Mann – seine einzige Chance hatte in einem radikalen Bruch mit Vater und Schwester bestanden, einem Bruch, den ihm die Schwester, die er trotz allem liebte, ganz offensichtlich selbst nach seinem Tod nicht verzeihen konnte.

War es anders zu erklären, dass sie drei Monate nach seinem Tod in seiner und meiner Wohnung saß und über Stunden hinweg nur schlecht von ihm redete? Was ging in ihr vor?

»Wir müssen uns umziehen, es ist spät«, sagte ich, als sie eine Pause machte, stand auf und floh ins Schlafzimmer.

Alice stand schon im Mantel an der Tür, als ich aus dem Schlafzimmer auftauchte. Schweigend fuhren wir durch die Stadt zur Theatergarage. Ich war geladen wie eine in Anschlag gebrachte Flinte. Noch ein Wort über Bernhard, und ich wäre explodiert. Doch sie beherrschte sich. Womöglich gab es auch nichts mehr zu sagen. Mit einem Seitenblick streifte ich sie. Mager und eingesunken saß sie neben mir. Plötzlich tat sie mir Leid. So angefüllt mit Hass.

Die Aufführung, eine Theateradaption von »Figaros Hochzeit«, war angestrengt modernistisch, und wir verstanden sie beide nicht. Ein Reinfall, der sich ohne die Unterbrechung einer Pause in endlose Länge zog.

Ich schlug vor, noch eine Suppe in einem großen Gasthaus schräg gegenüber zu essen. Trotz der Theaterpleite genoss sie den Abend sichtlich. Wieder tat sie mir Leid. Sie sah so elegant und hübsch aus in ihrem schwarzen Samtkleid mit der guten Perlenkette. Für Augenblicke war der Hass aus ihren Zügen verschwunden, eine ältere Dame strahlte rosig angehaucht wie ein junges Mädchen. Meine Schwägerin, meine hasserfüllte, hämische, traurige, unglückliche Schwägerin.

Als wir gegen halb zwölf wieder zu Hause waren, bedankte Alice sich überschwänglich. Ich könne nicht ahnen, wie wohl sie sich gefühlt, wie sehr der Abend sie belebt habe. Sie gehe durch eine schwere Zeit, immerhin sei ihr einziger Bruder gestorben. Die Ablenkung habe ihr gut getan.

»Gute Nacht, schlaf wohl«, sagte ich und umarmte sie.

Lange noch lag ich in dieser Nacht wach. Es wurde immer schwerer für mich zu begreifen, dass Bernhard und Alice dieselben Eltern gehabt hatten. Ich hatte Angst, was der nächste Tag mit Alice bringen würde.

Raus muss ich mit ihr, dachte ich morgens, als ich aufwachte, raus, einen Spaziergang machen. Nur nicht in der Wohnung sitzen und ihren entsetzlichen Geschichten ausgeliefert sein.

Alice hatte anscheinend schlecht geschlafen, ihre Mundwinkel befanden sich wieder in der Nähe des Kinns. Zusammenhanglos fing sie an von einer Frau zu erzählen, die zu ihrem weiteren Freundeskreis gehörte. Der erste Mann, an dem sie sehr hing, sei gestorben, der zweite, ein Unternehmer, stehe völlig unter dem Pantoffel seiner Kinder aus erster Ehe. »Mir gegenüber hat sich dieser Mann auch unmöglich benommen. Ich habe der Frau gesagt, ich würde kein Wort mehr mit ihm reden. Sie hat mir sehr Leid getan, sie war auch krank. Eigentlich mochte ich sie nicht. Aber als sie nach London zum Arzt musste, habe ich sie gefragt, ob ich sie begleiten soll. Sie war natürlich überglücklich. Stell dir vor, und dann fragt mich diese Person im Flugzeug, ob wir uns nicht duzen wollten. Na, ich habe ihr sofort klipp und klar gesagt, dass wir das doch lieber sein lassen. Mich zu duzen. Das kam nicht in Frage. Und dann in London bleibt sie plötzlich mitten auf der Straße stehen und sagt mit jämmerlicher Stimme, oh, ich kann nicht mehr. Und was soll ich dir sagen, es lief ihr die Beine runter. Inkontinenz. Du kannst dir vorstellen, wie peinlich das für mich war. Nun ja, sie starb auch zwei Jahre später an Blasenkrebs.«

Eine dichte Wolkendecke hing über der Stadt, die Luft war feucht und kalt. Wir spazierten durch den menschenleeren Park. Alice redete und redete. Von Menschen, die alles im Leben falsch machten, von anderen, die sich in menschlicher oder moralischer Sicht etwas hatten zu Schulden kommen lassen, von Kranken, Sterbenden, schon Gestorbenen und solchen, die seit Jahren bettlägerig waren und einfach nicht starben. Ich kannte keine einzige dieser unglücklichen Gestalten.

Alice kümmerte es nicht. Sie verteilte Tadel, rügte, klagte an, beschuldigte, wertete, die Toten erfuhren ebenso wenig Gnade wie die Lebenden.

Nach Bernhard fragte ich nicht. Ich wusste, was ich zu hören bekommen würde. Der Plan eines Buches schien kein Thema mehr. Er war wohl nur der Vorwand für ihren Besuch gewesen.

Es fing an zu regnen.

»Lass uns zurückgehen«, sagte ich und hoffte, sie würde nicht merken, dass ich weinte. Mein Fassungsvermögen an menschlichem Elend, Unglück und Katastrophen war restlos erschöpft. »Ich kann nicht mehr.«

»Mein Gott, du weinst ja«, sagte Alice, »was ist denn?«

»Bernhard ist seit knapp vier Monaten tot. Ich bin eine einzige große Wunde. Diese schrecklichen Geschichten halte ich nicht aus. Sie sind zu viel für mich.«

Alice schwieg einen Augenblick lang.

»So ist das Leben aber«, sagte sie munter, »es hat keinen Sinn, die Augen davor zu verschließen.«

Meine Tränen flossen nun in Strömen. »Nein«, sagte ich und

versuchte, meine Stimme fest klingen zu lassen, »das Leben ist nicht nur so. Es kann auch anders sein, schön und voll von Hoffnung.«

Wieder schwieg Alice. Sie musterte mich von der Seite. Plötzlich sagte sie leise: »Ich beneide dich. Du kannst noch weinen. Ich kann es nicht. Ich weine nie. Ich habe keine Tränen.« Dann drehte sie den Kopf und starrte geradeaus in den nassen, entlaubten Park.

Zwei Tage, dachte ich, zwei Tage musst du noch aushalten. Dann fährt sie ab, und du wirst sie nie mehr in deinem Leben einladen. Es sei denn, du bist lebensmüde.

Alice war noch nicht fertig mit Bernhard. Geschickt flocht sie in ihre Berichte von Kranken und Gescheiterten, auf die sie offensichtlich unter keinen Umständen verzichten konnte, kleine Gemeinheiten und Spitzen gegen ihren Bruder ein. Ich reagierte erst am letzten Tag. Wir saßen in der Cafeteria des Museums, in das ich sie geschleppt hatte, um nicht reden zu müssen. Sie erzählte von sich selbst, kein schlechtes Wort, kein Selbstzweifel kam ihr dabei über die Lippen, ihr Verhalten war demnach stets untadelig gewesen, an Mitgefühl und Verständnis für sich selbst hatte es ihr offensichtlich nie gemangelt.

Irrte ich mich, oder hörte ich soeben eine große, umfangreiche Rechtfertigung für ihr Verhalten Bernhard gegenüber? Doch der nächste Giftpfeil, den sie auf ihren toten Bruder abschoss, surrte bereits in der Luft.

»Er hat ja auch Ideen von anderen, wenn du so willst, gestohlen und sie für eigene ausgegeben.« Ich kochte. Halte durch, dachte ich, noch zwei Stunden, dann bist du sie los.

»Nicht, dass ich Kritik üben will, aber es fällt mir auf, dass du außerordentlich schlecht und lieblos von deinem Bruder sprichst«, sagte ich.

Alice sah mich überrascht an: »Lieblos? Nein. Er war mein Bruder. Ich versuche, so objektiv wie möglich zu erzählen. Wir wollen doch ein Buch machen.«

Gewiss nicht. Weder wollte sie ein Buch schreiben, noch würde ich ihr je dabei helfen. Und sie wusste es.

Zu Hause packte sie ihren Koffer. Es blieb noch eine halbe Stunde, ehe ich sie endlich zum Bahnhof bringen konnte. Wieder saßen wir uns gegenüber. Schweigend und angespannt.

Ich dachte an Bernhard, seinen Widerwillen, die Schwester häufiger als alle zwei Jahre zu sehen, und seine Weigerung, Erklärungen abzugeben. »Ich will nicht.«

Ich hätte Alice nicht so nah an mich heranlassen dürfen. Bernhard, du hättest gewusst, dass es schief gehen würde. Du hättest diesen Besuch verhindert und mir Kummer und Zorn erspart.

»Wem gibst du eigentlich die Bilder?« Alice' Stimme schreckte mich aus meinen Gedanken auf.

»Welche Bilder?«, fragte ich verwirrt.

»Die kleinen ovalen Ahnenbilder im Esszimmer und diese da.« Alice deutete mit einer Kopfbewegung auf die großen Ahnenbilder, die hinter mir über der Couch hingen.

Noch verwirrter fragte ich: »Du meinst, wenn ich sterbe?«

»Nein. Jetzt«, sagte sie scharf. »Gibst du die Bilder an die Frankfurter Linie? Ich meine, in Schleswig-Holstein sitzt noch ein Vetter, der Söhne hat. Dem könntest du sie auch geben.«

Ich starrte Alice an. Es wäre schon eigenartig genug gewesen, mich so kurz nach Bernhards Tod zu fragen, was nach meinem eigenen Tod mit den Ahnen geschehen sollte. Doch nein, darum ging es gar nicht. Zorn stieg in mir hoch, den ich nicht mehr beherrschen konnte.

»Diese Bilder sind jetzt meine Familienbilder. Sie gehören mir. Was ich mit ihnen tue oder nicht tue, werde ich nicht ausgerechnet jetzt entscheiden. Wenn ich sterbe, werden sie entweder ans Museum gehen oder an ein Familienmitglied weitergereicht, wahrscheinlich an mein Patenkind Melissa.«

Viel zu viel hatte ich schon gesagt und erklärt. Alice hatte einen Haken, an dem sie sich festmachen konnte: »Also, ob Melissa die Richtige für diese Bilder ist – man muss erst abwarten, wie sie sich entwickelt. Bei der Mutter sehe ich nichts Gutes voraus.«

Wann und wo sähe Alice je etwas Gutes voraus, schoss mir durch den Kopf.

Entspannt und gelöst lehnte Alice sich jetzt zurück. Sie hatte es geschafft, mir ganz zum Schluss noch eine speziell für mich gemischte Giftinjektion zu verpassen. Freudig erwartungsvoll, so schien mir, beobachtete sie die Wirkung des Giftes.

Und tatsächlich: Sie hatte mich geschafft. Ohne Bernhard ertrug ich es nicht. Immer hatte ich mir Familie gewünscht, eine große glückliche Familie, in der einer den anderen achtete und liebte. Vielleicht gab es solche Familien gar nicht. Ich hatte ja keine große Erfahrung. Meine Familie war Bernhard gewesen. Nun gab es keine Familie mehr.

Machten Witwen immer alles falsch? Gehörte das zum Beginn der nie gelernten Witwenschaft wie der Sonnenuntergang zum Abend? Oder war ich herausragend in meiner Ungeschicklichkeit, meiner bedauerlichen Naivität, in meinem Misstrauen und meiner Empfindlichkeit? Hätte ich Alice' Schmähtiraden gegen Bernhard anders werten müssen, nicht als verletzende Bösartigkeit, sondern als eine mir unbekannte, verdrehte Art der Trauer? War ich ungerecht gewesen?

Mein erster Impuls nach der Abreise meiner Schwägerin war ein Brief. Ich würde Alice einen Brief schreiben, ihr alles, was ich unterdrückt hatte um des lieben Friedens willen, vor die Füße werfen und ihr mitteilen, dass dies der traurigste und schlimmste Besuch gewesen war, den ich je hatte ertragen müssen.

Zwei Wochen lang schlief ich noch schlechter, hatte noch schlimmere Alpträume und quälte mich in Gedanken mit dem Brief. Dann meldete sich die andere in mir. Lass es, tue nichts, was du später bereust. Mache es wie Bernhard. Rühre dich nicht, sei still, biete keine Angriffsfläche.

Langsam wich das Entsetzen von mir. Dann telefonierte ich mit Albrecht. Unbefangen erzählte ich von meinen finanziellen Schwierigkeiten, von der Bank, den Aktien, die irgendwie verwaltet werden mussten, und meiner Angst, etwas verkehrt zu machen.

Albrecht lachte laut auf: »Dir wird es ergehen wie im Märchen.

Du wirst nicht ruhen, ehe du nicht den Klumpen Gold wieder zu Dreck gemacht hast.«

War »der Klumpen Gold« womöglich der Schlüssel zu meinen Schwierigkeiten mit Alice und nun auch Albrecht, der mir seit Bernhards Tod von Woche zu Woche fremder wurde? Ich hatte geerbt – ein mehr als schwieriges Erbe. Aber immerhin, ich hatte geerbt. Alles. Hatte ich übersehen, dass die Familie sich womöglich Hoffnungen auf das eine oder andere Stück, den einen oder anderen Betrag gemacht hatte?

Wer war ich, jetzt da ich allein war? Was erwartete diese Familie von mir? Welche Gefühle brachten sie mir entgegen?

Alice hatte mir vier Gläser ihrer selbst gemachten Aprikosenmarmelade mitgebracht. Ich hatte mich für das Geschenk bedankt und die Gläser beiseite gestellt, ohne mir weiter Gedanken darüber zu machen. Aber Alice hatte mir eine Freude machen wollen. Sie wusste, dass ich ihre Marmelade für mein Leben gern aß.

Nein, ich war verrückt und sentimental, hängte mich an Marmelade auf, weil ich nicht wahrhaben wollte, dass eine harte, innerlich vergiftete Frau mich vier Tage lang bis aufs Blut gequält hatte.

Aber nichts war wahrscheinlich so schwarz, wie ich es in diesen Monaten sah, und tatsächlich auch nichts so weiß, wie ich mir wünschte, es möge sein. Bernhard hätte es mir gleich gesagt. Aber er war nicht mehr da.

Ich war seine Witwe und fand meinen Platz nicht. Nirgendwo. Schon gar nicht in der schwierigen Familie.

Was wollte ich bloß von dieser Familie? Geliebt werden natürlich, zärtlich behandelt, mit meinen Sorgen ernst genommen, uneigennützig behandelt und getröstet werden.

Witwen haben es mit der Familie des Mannes nicht leicht. Im Grund dürfen sie nicht Witwen sein. Sie sind ab sofort alleinstehende Frauen und haben sich allein zurechtzufinden. Unbedingt. Wenn allerdings etwas Geld vorhanden ist, sollten sie teure Geschenke machen, nicht weiter stören und als Familienmitglieder zuverlässig und freundlich dann auftreten, wenn es passt und gut aussieht. Ansonsten bitte niemanden behelligen.

Scheidungswitwen sind in dieser Hinsicht möglicherweise freier. Eine Scheidung, vor allem wenn keine Kinder da sind, trennt ein für alle Mal. Deine Familie, meine Familie, adieu. War der Kontakt zu seiner Familie besonders innig, mag er lose fortdauern. Doch die Verhältnisse sind für alle Beteiligten unmissverständlich geklärt.

Die Witwe hat diesen Vorteil nicht. Natürlich könnte sie theoretisch einen offenen Bruch herbeiführen, beschließen, fortan auf seine Familie zu verzichten. Doch es handelt sich ja um »seine« Familie, eine lebendige Erinnerung an »ihn«. In ihrem angeschlagenen Zustand wäre ein Affront zudem das Letzte, was sie aushalten würde.

Weitere Wochen vergingen. Alice rief an und lud mich ein, Weihnachten mit ihr und Ernst zu verbringen. Ich sagte höflich ab und erwähnte mit keinem Wort die beiden Briefe, die bald nach ihrem Besuch in kurzem Abstand hintereinander eingetroffen waren. Sie lagen ungeöffnet auf dem Schreibtisch. Wie auch immer der Inhalt sein mochte, ich fühlte mich ihm nicht gewachsen.

Dann kam der Abend, an dem ich ein Abendessen für Dr. Traugott, meinen Freund Alexander und Iris gab, die für zwei Wochen Strohwitwe war und ihre junge Nichte aus Brüssel mitbringen wollte, die für einige Tage bei ihr zu Gast war. Ich bat auch Albrecht dazu.

Vormittags rief er an, es gebe ein kleines Problem. Sein Vater habe sich überraschend angesagt. Er erwarte ihn am frühen Abend.

»Bring ihn mit, ich freue mich, ihn zu sehen.«

Ich hatte mir Mühe gegeben, den Tisch sorgfältig mit Blumen und Kerzen geschmückt, es war die zweite Einladung, die ich nach Bernhards Tod gab.

Im Oktober hatte ich, um mich zu bedanken, das gesamte Pflegepersonal und alle Ärzte eingeladen, die sich die letzten Wochen seines Lebens um Bernhard gekümmert hatten. Wir waren sechzehn am Tisch, eng gedrängt, die Vorbereitungen hatten fast eine ganze Woche in Anspruch genommen, es gab fünf üppige Gänge, viele Flaschen von Bernhards gutem Bordeaux. Alle waren gerührt, ich hielt eine kleine Ansprache, in der ich nochmals dankte für den nimmermüden Einsatz. Wir tranken auf Bernhard, und das Essen war ein großer Erfolg.

Auch an diesem Abend im Dezember hatte ich mich angestrengt, schon Alexanders wegen, der ein anspruchsvoller Gourmet war, obwohl die Einladung hauptsächlich Dr. Traugott zu Ehren stattfand. Auf seinem Schreibtisch landeten mittlerweile alle Vorgänge, die ich nicht begriff und die mir bedrohlich erschienen. Und das waren viele.

Sie kamen alle pünktlich, das Essen war gelungen, es gab Feldsalat mit kandierten Walnüssen, Bouillon mit Markklößchen und Rehgulasch mit böhmischem Serviettenknödel. Zum Nachtisch hatte ich schwarze und weiße Mousse au chocolat gemacht.

Die Zutaten für einen angeregten Abend stimmten, und doch zogen sich die Stunden zäh wie Kaugummi. Die Unterhaltung wollte nicht in Gang kommen, Albrecht, den ich neben die Nichte von Iris gesetzt hatte, konnte mit der jungen Frau nichts anfangen, die ihrerseits bald verstummte.

Alexander versuchte Iris vergeblich in Stimmung zu bringen, sie hatte wahrscheinlich einen schweren Tag im Krankenhaus gehabt und war müde. Ernst und Dr. Traugott fanden sich spät über der Diskussion, wer der derzeit weltbeste Dirigent sei. Doch da sie jeweils am Kopfende des Tisches saßen, erstarb jedes andere Gespräch im Keim und war auch nicht mehr zu beleben.

Als Dr. Traugott kurz nach elf aufbrach, weil er zur S-Bahn musste, atmete ich erleichtert auf.

Auch Alexander und Iris mit ihrer Nichte verabschiedeten sich. Zurück blieben Ernst und Albrecht.

»Wie geht es deinen Finanzen? Ist alles geregelt?«, fragte Albrecht.

»Nein, nichts. Es ist eine Katastrophe. Wenn ich daran denke, bekomme ich sofort Magenschmerzen«, sagte ich.

Ernst, der zugehört hatte, stand im Türrahmen, stützte sich mit dem Ellbogen am Rahmen ab, hob das Kinn, sah mich unter halb geschlossenen Lidern an und grinste: »Ich habe keine Sorgen, ich habe kein Geld«, sagte er mit deutlicher Betonung auf dem Ich.

Irrte ich, oder hatte ich soeben einen hämischen und schadenfrohen Unterton in Ernsts Stimme gehört? Ich sah ihn an und wusste nicht, was ich darauf erwidern sollte.

Es gibt Scherze, die keine sind und weher tun, als es ihrer plumpen Schlichtheit zukommen dürfte. Ernsts so genannter Scherz tat weh. Von ihm hatte ich keine Häme erwartet, vielmehr Zuwendung und Verständnis für mein Irren und Wirren im Dickicht der ungeklärten Finanzen.

Gewiss hatte er keine absichtliche Bosheit im Sinn gehabt. Vielleicht wäre er sogar erschrocken, hätte er mitbekommen, wie verletzt ich war. Doch aus welcher Quelle speiste sich der unbedachte Scherz?

Ein kluger Kopf sagte einmal, es gebe keine Witze, nur witzig verpackte Wahrheiten.

Je länger ich darüber nachdachte, desto deutlicher stieg vor meinem inneren Auge eine Szene auf: Ernst sitzt auf seinem großen Biedermeiersofa vor dem Kamin, stopft seine Pfeife und zündet sie an. Alice schenkt Tee ein. Sie sprechen über mich. Ernst zieht Rauch ein und sagt aus dem Mundwinkel: »Sie ist vollkommen unfähig, ihre Angelegenheiten zu regeln. Das wird schlimm enden. Bald wird sie mittellos dastehen. Tut mir nur Leid für Bernhard. Er hat wohl alles getan, was er konnte, um sie zu versorgen.« Alice nickt und sagt: »Wirklich ein Jammer. Ich finde nur, sie müsste uns etwas überlassen, ehe alles weg ist. So oft bist du im Oktober für sie nach R. gefahren. Und was hat sie dir gegeben? Tausend Mark für die Benzinkosten. Ich nenne so etwas unmöglich. Schamlos einfach. Schließlich ist das Auto auch abgenutzt worden. Abgesehen von der Zeit, die du geopfert hast. Außerdem stammen die Ahnenbilder aus meinem Elternhaus.

Von Rechts wegen müssten sie jetzt an mich fallen. Zumindest an meine Kinder.« »Tja«, sagt Ernst und stopft die Pfeife nach, »Anstand kennen die wenigsten mehr.«

Die Szene blieb in meinem Kopf haften. Sie mochte nie stattgefunden haben. Doch verscheuchen ließ sie sich nicht.

Hektisch fuhr ich in die Stadt und kaufte schwarze Sachen. Noch mehr schwarze Sachen. Ich trug Schwarz seit Bernhards Todestag, es war genug da, um mit Anstand das ganze Trauerjahr in Schwarz zu verbringen. Doch die vorhandene Garderobe reichte plötzlich nicht aus. Einwickeln, verpacken wollte ich mich in Schwarz, dahinter verstecken, dass ich seit dem Verlust von Bernhard kein Ganzes mehr war. War ich denn je ein Ganzes gewesen? Fanden meine Probleme mit Bernhards Familie am Ende nur in meinem Kopf statt, weil ich kein rundes Ganzes war und nur aus empfindlichster Angriffsfläche bestand?

»Wie lange willst du Schwarz tragen?«, hatte Alice mich spitz gefragt, und wie auf Knopfdruck hatte ich konfuse Rechtfertigungs- und Erklärungsarien abgespult.

Tiefer in den Abgrund von Trauer, Unsicherheit und Selbstzweifel konnte ich nicht mehr fallen. Der Bodensatz war erreicht. Mit dem Besuch von Alice war ein Prozess beschleunigt worden, der längst begonnen hatte und mich zwang, mich mit mir selbst zu beschäftigen.

Wer würde ich in Zukunft sein? Immer wieder die gleiche Frage: Wer war ich, wer würde ich sein? Die Frau, die nicht auseinander halten konnte, ob die Menschen sie nicht verstanden oder ob sie selbst es war, die niemanden mehr verstand? Die Frau, die zweifelte, ob das allgemeine Nichtverstehen an der Art lag, wie sie sich ausdrückte, oder an dem, was sie sagte, und die daran verzweifelte, dass sie nicht erfahren würde, was denn nun wirklich los war, denn so weit reichte die Kommunikation mit den anderen nicht – diese Frau wollte ich nicht mehr sein. Nicht diese. Eine andere, kraftvolle, eine, die würdig sein würde, als Bernhards Witwe aufzutreten, musste aus der Asche der alten steigen. Doch als Soforthilfe brauchte ich Stützstrümpfe für meine Seele, ja, das war es, was ich brauchte. Der Rest würde sich ergeben.

Ich kaufte einen engen Rock aus elastischem Jersey, eine schmal anliegende Cashmere-Strickjacke und ein elegantes Kleid. Vor dem Schuhladen, in dem ich mir schwarze Wildleder-Stiefeletten zur Ansicht hatte einpacken lassen, traf ich eine entfernte Bekannte aus Karrieretagen.

»Tut mir so Leid, das mit deinem Mann. Sag mal, trägst du jetzt nur Schwarz? Ist gar nicht mehr so üblich, nicht? Na ja, jeder muss machen, wie er denkt.«

Schwarz – ersaufen in Schwarz, im Schwarz Bernhard begegnen, niemanden sonst sehen, nur ihn, immer nur ihn im Schwarz.

Zu Hause packte ich meine Einkäufe aus, zog sie nacheinander an und betrachtete mich im Spiegel. Das Kleid stand mir gut. Der Rock saß wie angegossen, die Jacke passte. Eine Weile drehte und wendete ich mich. Dann fasste ich den Entschluss, alles wieder zurückzubringen. Zu teuer.

Das Telefon klingelte. Es war Carla.

»Findest du es auch komisch, wenn ich während des Trauerjahres nur Schwarz trage?«

»Wenn du dich in Schwarz am wohlsten fühlst, dann ist das so. Was andere meinen, spielt keine Rolle. Lass sie reden, was sie wollen.«

»Ich habe heute viel Geld ausgegeben, das ich eigentlich nicht habe – für schwarze Sachen, die ich nicht dringend brauche. Ich muss sie zurücktragen.«

»Sind die Sachen schön?«

»Ja, sehr.«

»Dann behältst du sie. Du wirst schon nicht im Armenhaus landen. Hauptsache, du kommst wieder auf die Füße. Ein paar hübsche Kleider tun dir gut.«

Familie. Carla war meine Familie. Liebevoll, fürsorglich und nie versagend optimistisch.

Ich sagte es ihr. »Ich hoffe, es ist dir nicht unangenehm. Mir wird gerade klar, dass du meine Familie bist.«

Carla lachte fröhlich: »Und du die meine. Wir sind quitt.«

Abends traf ich Alexander beim Italiener. »Nicht, dass es unkleidsam wäre. Du siehst sehr gut aus.« Er machte eine kleine Pause. »Aber wirst du jetzt immer Schwarz tragen?«, fragte er vorsichtig. Alexander hatte sich immer gesonnt in meinen extravaganten Farbzusammenstellungen.

Keine Rechtfertigung mehr, keine entschuldigende Erklärung, Schluss damit.

»Vielleicht«, antwortete ich. Und fühlte mich plötzlich besser.

Feine Schuldner

Sieh dir das an, und sag mir, was du davon hältst.«

Die Abende des Frühherbstes 2000 waren ungewöhnlich warm. Alexander hatte auf der Terrasse gedeckt, neben meinem Teller lag wie immer eine Blüte seiner kostbaren champagnerfarbenen Rosen. Aus der Küche zog feiner Knoblauchduft, die Spaghettisoße war fertig. Doch bis nach dem Essen zu warten kam nicht in Frage. Ich war tief beunruhigt und brauchte seinen Rat. Sofort.

Ich schob ihm den mitgebrachten Beileidsbrief mit dem schwarzen Rand über den Tisch.

»Sollten wir nicht erst …«, fragte er und erhob sich halb.

»Nein, bitte! Lies erst.«

Gehorsam setzte Alexander sich wieder, griff nach dem Brief, entfaltete ihn und rückte seine Brille zurecht.

Ängstlich beobachtete ich ihn. Er las langsam und aufmerksam.

Schließlich ließ er den Brief sinken: »Sehr schön, sehr herzlich, ein guter Brief.«

»Das kann nicht dein Ernst sein. Mich hat er verstört. So erschreckend kühl und distanziert hat niemand kondoliert. Ausgerechnet Bernhards ältester Geschäftspartner. Sie arbeiteten fast dreißig Jahre zusammen. Dieser Volkert ist nicht zur Trauerfeier angereist, wie es sich gehört hätte. Er hat nicht einmal Blumen geschickt. Wochen später kommt dieser Brief. Da stimmt etwas nicht.«

»Was sollte nicht stimmen?«, sagte Alexander, »gib mir den Brief noch einmal.«

Wieder las er und schüttelte den Kopf: »Da ist nichts Distanziertes drin. Was hattest du erwartet?«

»Ich weiß es nicht. Wärme, echtes Gefühl, nicht vorgestanzte Floskeln. Er schuldet Bernhard sehr viel Geld. Die Rückzahlungsraten für August und September sind nicht überwiesen worden. Dieses Geld brauche ich dringend zum Leben.«

»Du regst dich unnötig auf. In der Situation wartet jeder Geschäftsmann ab, bis ihm der Erbschein vorliegt. Das ist ganz normal.«

»Stillschweigend, ohne ein Wort der Benachrichtigung? Nein. Das kann nicht normal sein. Was soll ich nur tun? Irgendetwas muss ich tun.«

»Warte ab. Du könntest dich natürlich auch mit diesem Volkert treffen und mit ihm reden. Ich denke, das würde dich beruhigen.«

Alexander sagte es nicht laut, doch er fand, dass ich Gespenster sah.

Abends um elf war die Luft mild, die Häuserwände reflektierten die Sonnenwärme des Tages. Zu Fuß ging ich durch die immer noch belebten Straßen nach Hause. Die unbekümmerte Arglosigkeit meines Freundes hatte mir gut getan. War er nicht auch Geschäftsmann und kannte sich aus? Es gab keinen Grund, mir Sorgen zu machen. Alles würde sich von alleine regeln.

Dennoch wollte eine innere Stimme nicht verstummen. Die Sache ist faul, sagte sie, sei auf der Hut.

Blödsinn, dachte ich. Gespenster. Nur Gespenster. Keine Wirklichkeit. Ich hatte es, fand ich, nicht leicht mit mir.

Drei Wochen verstrichen. Dann wurde eines Mittwochs aus den Bankauszügen ersichtlich, dass auch die nächste Rate nicht eingegangen war.

Der ewige, erbarmungslose Sonnenschein dieses Herbstes wollte nicht enden. Er machte mich krank. Stolz posierten die Alleebäume meiner Straße in ihrer vollen, bunt gefärbten Pracht. Nur vereinzelt segelten Blätter zu Boden, es war warm und hell und windstill.

Dr. Traugott holte mich ab. »Wohin führen Sie mich?«, fragte er voller Vorfreude. Ich hatte ihn zwei Stunden zuvor angerufen und mit einer Einladung zum Mittagessen gelockt, in Sorge, er werde für eine gewöhnliche Besprechung so kurzfristig nicht verfügbar sein.

Plötzlich unsicher, ob der kleine Italiener um die Ecke die Erwartung des Anwalts womöglich nicht erfüllen würde, sagte ich: »Wir nehmen das Auto.«

Zehn Minuten später saßen wir in Alexanders sündhaft teurem Stammlokal und tranken einen Aperitif. Dr. Traugott war aufgeräumter Stimmung.

»Volkert hat wieder nicht gezahlt«, sagte ich.

»Dann werde ich ihm jetzt über die Kanzlei eine Mahnung schicken«, sagte Dr. Traugott.

»Und wenn ich erst persönlich mit Volkert spräche? Ich könnte ihn in Hannover besuchen.«

»Schaden kann es nicht.« Dr. Traugott schien erstaunt. »Machen Sie nur, vielleicht ist so ein Besuch gar nicht falsch.«

Er griff nach der Speiskarte und schlug sie auf: »Und nun lassen Sie uns von etwas anderem reden. Ich kann es nicht leiden, wenn beim Essen Berufliches auf den Tisch kommt.«

Die Zugfahrt nach Hannover dauerte dreieinhalb Stunden. Wieder und wieder gingen mir die Telefonate mit Helmut Volkerts Sekretariat in einer Endlosschleife durch den Kopf. Einerseits hatte es zwei Tage gedauert, ehe ich überhaupt zurückgerufen wurde. Was ein schlechtes Zeichen war. Doch andererseits hatte die Chefsekretärin, die ich schließlich in der Leitung hatte, vorgeschlagen, Herr Volkert und ich könnten im Anschluss an das Gespräch doch gemeinsam zu Mittag essen. Klang das nicht nach Frieden und Einvernehmen?

Mein Herz klopfte wie rasend, als ich vor dem Bahnhof Hannover das Taxi bestieg, das mich zu Volkerts Büro bringen sollte. Mein erstes Geschäftsgespräch, das ich stellvertretend für Bernhard führen würde. Kaninchen gegen Panther. So sah die Kräfteverteilung aus, ich durfte mir keine Illusionen machen. Aber er sollte es nicht merken.

Er wusste es bereits. Eine Viertelstunde ließ Helmut Volkert mich in einem großen, hellen Besprechungsraum warten, in das ein mürrisches Fräulein mich geführt hatte. Dann erschien Volkert, grüßte kühl, ein paar gemurmelte Worte zu Bernhards Tod, keine Entschuldigung, dass ich hatte warten müssen.

Der Konferenztisch war groß und weiß und leer. Helmut Volkert wies mir einen Stuhl zu und setzte sich schräg gegenüber. Die so geschaffene Entfernung war zu groß, um nicht wohl überlegte Absicht zu sein.

Entspannt, den einen Arm auf die Lehne des Nebenstuhles gestützt, wartete Helmut Volkert, ein kleiner, stämmiger Mann mit einem fast kahlen Rundschädel und schläfrigen, wässrig blauen Augen hinter dicken Brillengläsern. Er blickte an mir vorbei auf die Wand und schwieg.

Meine Zunge fühlte sich geschwollen und pelzig an, als ich zu reden begann, ich sei Alleinerbin meines Mannes. Bei diesen Worten zuckte der Schmerz durch alle Glieder. Alleinerbin, ich hatte das Wort zuvor noch nie ausgesprochen. Verdammt, warum stand hier nicht wenigstens Wasser auf dem Tisch? Ich legte eine Kopie von Bernhards Testament auf den Tisch. Helmut Volkert streifte es mit einem Blick und ließ es liegen.

»Warum haben Sie die Zahlungen eingestellt?«, fragte ich unbeholfen, denn alle Sätze, die ich vorbereitet hatte, die eleganten, geschmeidigen, die mit dem zart drohenden Unterton waren weg, vergessen, ich fand sie nicht mehr.

Lässig hob Volkert die Schultern. Er habe ja nicht gewusst, wer erben würde.

»Jetzt wissen Sie es«, sagte ich. Wie um Himmels willen sollte ich fortfahren?

»Der Betrag, den Sie meinem Mann schulden, ist sehr hoch. Wie wollen Sie mit der Rückzahlung fortfahren? In monatlichen Raten wie bisher?«

Helmut Volkert vermied, mich anzusehen, er hielt den Blick weiter auf die Wand hinter mir gerichtet. Sein Gesicht zeigte keine Regung. Und doch fühlte ich, dass alles, was ich bis dahin gesagt hatte, zu seiner Entspannung beitrug.

»Mir liegen andere Zahlen vor«, sagte er lässig und nannte ein Viertel des Betrages.

Innerlich zitternd, ich hatte es doch geahnt, sagte ich so ruhig wie möglich: »Herr Volkert, mir ist daran gelegen, dass wir uns verständigen. Aber diese Zahlen stimmen nicht.«

Zum ersten Mal vermeinte ich leichte Unsicherheit in seinen Zügen zu lesen. Doch vielleicht irrte ich mich auch.

»Ich bin ganz Ihrer Meinung«, sagte er, »wir sollten uns einigen.«

Einigen? Wieso einigen?

»Es geht hier um eine vertraglich abgesicherte Schuld.«

»Nein, so klar ist das nicht«, sagte Volkert langsam, »aber wir werden sicher zu einer Einigung kommen.«

An diesem Punkt hätte ich aufstehen sollen und gehen. Bernhards ältester und vertrautester Geschäftspartner wollte mich betrügen. Es war offensichtlich.

Doch der Vorsatz, gute Stimmung zu verbreiten, ihn mit Geschick zur Zahlung zu verführen, mich als würdige Vertreterin von Bernhard zu erweisen, hatte sich in meinem Kopf festgesogen wie eine Zecke. Ich musste diesem Helmut Volkert, der ein reicher Mann war, klar machen, dass es seine Pflicht war, seine Schuld, wie es mit Bernhard vereinbart war, zurückzuzahlen.

»Wollten Sie mich nicht zum Mittagessen einladen?«, sagte ich gezwungen munter, weil ich nicht mehr weiter wusste. Im selben Augenblick wurde mir klar, dass schon die Frage ein Eingeständnis meiner Unterlegenheit war. Er hätte fragen müssen.

»Ja, das kann man meinethalben machen«, sagte Helmut Volkert langsam, widerstrebend, als gebe er einem leicht aufdringlichen Ansinnen nach.

Immer noch könntest du jetzt gehen, dachte ich. Geh! Das wird nichts mehr. Auf diesem Terrain verlierst du nur. Stattdessen verdoppelte ich meine Liebenswürdigkeit und erinnerte ihn an seine langjährige Zusammenarbeit mit Bernhard. Der Karren rollte in die falsche Richtung, und ich gab noch Gas.

Helmut Volkert fuhr mich in ein elegantes Gartenlokal, erzählte vom Kauf eines denkmalgeschützten Hauses in der Innenstadt, in das er sich verliebt hatte, von seiner Bildersammlung, deren Wert sich in zwanzig Jahren fast verhundertfacht hatte, von seinen Kurzflügen zu Auktionen in Japan und den USA. Es war, als wollte er mich verhöhnen, mir zu verstehen geben, ich könnte zahlen, aber ich tue es nicht, weil ich dich nicht zu fürchten brauche.

Das Ungleichgewicht zwischen seiner behaglichen Gelassenheit und meinem angestrengten Bemühen um Verständigung war verheerend.

Gegen drei setzte er mich am Bahnhof ab. Als ich ausgestiegen war, reichte ich Volkert die Hand und suchte seinen Blick. Ich war verzweifelt und kämpfte mit den Tränen: »Ich hoffe sehr, dass wir die Angelegenheit gütlich regeln.«

Trocken sagte Helmut Volkert: »Davon gehe ich doch aus.« Er drehte sich um, stieg in seinen Mercedes und fuhr davon.

Es würde Krieg geben. Das war jetzt sicher.

Seine Unterlagen müsse er zusammensuchen, hatte Volkert beim Essen gesagt. Dann werde er in etwa zwei Wochen zu mir fahren und alles mit mir regeln. Gütlich.

Unterlagen zusammensuchen? Dieser ausgefuchste Geschäftsmann hatte doch jeden Vertrag, jedes Stück Papier seiner Verhandlungen mit Bernhard griffbereit auf dem Schreibtisch liegen.

Weit vor dem Betrug steht der Selbstbetrug. Er ist juristisch nicht strafbar. Doch geahndet wird er, unausweichlich. Das Prinzip Hoffnung, dieses Leugnen des Offensichtlichen, das Klammern an einer schon verschwundenen Perspektive ist ein tragender Pfeiler des Selbstbetruges.

Er würde sich melden, redete ich mir ein, er würde kommen, und wir würden die Rückzahlung seiner Schuld gemeinsam besprechen.

Als er sich nach drei Wochen noch nicht gerührt hatte, schrieb ich einen freundlichen Brief und erinnerte ihn an sein Versprechen.

Die Antwort kam eine gute Woche später: Volkert benötige

noch einige Tage. Ich saß am Esstisch, versuchte einen Teller aufgewärmten Eintopf hinunterzuwürgen und starrte auf den kurzen Brief. Teures, dickes Papier, dachte ich. Immerhin, er hatte geantwortet. Er würde kommen. Ich schob den noch halb gefüllten Teller beiseite und zündete eine Zigarette an. Wenn er nicht die Absicht hätte zu kommen, würde er nicht schreiben. Oder gerade doch?

Im Badezimmer kippte ich den Rest des Essens in die Toilette, zog die Spülung und blickte in den Spiegel. Ein fremdes, ausgemergeltes Gesicht mit schwarzen Ringen unter den Augen und tiefen Furchen um die Nase starrte mir entgegen. Wer war die Person? Angewidert ging ich ins Arbeitszimmer, setzte mich an Bernhards Schreibtisch, der jetzt der meine war, und starrte auf den Berg unbezahlter Rechnungen.

Viele Tage vergingen. Keine Nachricht von Volkert. Ich schrieb einen zweiten Mahnbrief, zu lang, zu persönlich, zu bitter. Aber es tat gut, Zorn und Enttäuschung wenigstens schriftlich zu artikulieren.

Mein erster Schritt ins Geschäftsleben hatte sich als unglückliches Stolpern erwiesen. Es war rutschiges Parkett. Die Regeln und Rituale, die eingehalten werden mussten, um Erfolg zu haben, kannte ich nicht. Die blutige Anfängerin war sofort auszumachen. Aus jeder Pore dünstete ich Unerfahrenheit aus, ein kurzes Schnüffeln, und jeder durfte jubeln: ein Opfer, ein Opfer! Nichts wie hin.

Mit meinem Besuch hatte ich Helmut Volkert deutlich vor Augen geführt, dass es einfach sein würde, sich von der Bürde seiner Schulden zu befreien.

Das strahlende Herbstwetter schlug unvermittelt um. Früher Schnee fiel und mit ihm das kunstvoll gebaute Stützkorsett, das die unsinnige Illusion aufrechterhalten hatte, Bernhards alter Geschäftspartner werde mich nicht betrügen.

Ich hatte nicht hören wollen auf meinen Instinkt, mir einreden lassen, eine persönliche Begegnung werde alles in Ordnung bringen. Eitelkeit und Selbstüberschätzung mochten eine Rolle gespielt haben. Gestern noch unbedarft, heute schon clever und geschäftstüchtig – hatte ich mich nicht schon heimlich gesehen als die große Macherin, die knallhart ihre Rechte durchboxte?

Hör auf mit den Selbstanklagen, sie bringen dich nicht weiter, sagte die andere in mir.

Überlege dir lieber, was jetzt zu tun ist.

Sie kam immer zu spät, diese andere in mir. Kluge Reden waren wohlfeil, wenn sie hinterher geführt wurden. Wo war sie denn gewesen die ganze Zeit? Verdrängt hatte ich sie, ganz nach unten, von wo sie sich nicht mehr bemerkbar machen konnte. Gut. Ich würde ihr wieder mehr Gehör verschaffen.

Fünf Tage nachdem ich meinen zweiten Mahnbrief abgeschickt hatte, lag ein dicker Brief im Postkasten. Absender war eine Anwaltskanzlei in Hannover. Die schriftliche Kriegserklärung, dessen war ich sicher.

Allein war ich nicht in der Lage, den Umschlag zu öffnen. Als wäre er eine Briefbombe, legte ich ihn auf den Schreibtisch und rief zitternd Dr. Traugott an.

Der Anwalt kam am Spätnachmittag, las und lachte trocken auf.

»Was steht drin?«

Ohne auf meine angstvolle Frage einzugehen, las er weiter, blätterte vor und zurück und gab Geräusche von sich, die ebenso gut Stöhnen wie krächzendes Lachen sein konnten.

Schließlich nahm er die Brille ab, legte das vierseitige Schreiben beiseite und sagte: »Der Mann hat Nerven.«

»Nehmen Sie noch eine Tasse Tee?«, fragte ich, um den Augenblick der schrecklichen Wahrheit hinauszuzögern. Die kleinen, mit Zuckerguss überzogenen Kuchen, die Dr. Traugott so gerne aß – ich hatte sie eigens noch schnell besorgt und in der Küche stehen lassen.

»Warten Sie, Ihre Kuchen.« Ich rannte hinaus, wie konnte ich mich überhaupt bewegen, war doch alles Blut aus meinem Körper gewichen?

»Hier«, sagte ich atemlos und stellte den Teller mit den Kuchen auf den Couchtisch.

Dr. Traugott lächelte, dann sah er mich ernst an.

»Was ich Ihnen jetzt sage, darf Sie nicht aufregen. Ihr Herr Volkert ist ganz schön dreist. Er verlangt von Ihnen genau die Summe, die er Ihnen schuldet. Sein Anwalt behauptet, er habe längst alles bezahlt und erst jetzt entdeckt, dass er viel zu viel überwiesen hat.«

»Das ist doch nicht möglich.«

»Es kommt noch besser. Der Anwalt will klagen. Wegen sittenwidriger Einbehaltung von irrtümlich gezahltem Geld.«

»Aber …«

Aus seiner Jackentasche zog Dr. Traugott ein Taschentuch und reichte es mir. »Kein Grund zu weinen. Das ist völlig absurd. Meiner Meinung nach will er auf diesem Weg nur herausfinden, wie gut unsere Position ist. Nicht die feine Art, aber er versucht es eben.«

»Mein Mann hat mit ihm fast dreißig Jahre lang gearbeitet. Diese Beziehung ging weit über das Geschäftliche hinaus. Wie kann er Bernhard das antun?«

»Ich sagte doch, regen Sie sich nicht auf«, murmelte Dr. Traugott und klopfte mir unbeholfen auf den Arm, »weinen hilft jetzt nicht weiter.«

»Aber ich muss weinen«, rief ich, »er beleidigt und verletzt meinen toten Mann, der sich nicht mehr wehren kann, verstehen Sie? Das macht mich fast wahnsinnig.«

»Doch«, sagte der Anwalt leise, »ich verstehe Sie ja. Aber wir behalten besser einen kühlen Kopf.«

Ich weinte bis spät in den Abend aus Verzweiflung über die Abgefeimtheit von Bernhards ältestem Geschäftspartner. Es war nicht in erster Linie das Geld, das mich aus der Fassung brachte, es war der Verrat an Bernhard, der stinkende Versuch eines Verrates.

An Schlaf war nicht zu denken. Gegen Mitternacht fuhr ich mit dem Aufzug in den Keller und holte eine Flasche von Bernhards Bordeaux.

Mit der Flasche und einem Glas ging ich ins Arbeitszimmer, entkorkte die Flasche, goss mir ein halbes Glas ein und sagte laut: »Liebling, ich werde kämpfen.«

Dann trank ich und fühlte, wie erste Lebensgeister zurückkehrten. Nie mehr würde ich verdrängen. Bravo, sagte die andere in mir, weiter so. Bald brauche ich dich nicht mehr, antwortete ich.

Am nächsten Vormittag stand ich mit dem Volkert-Ordner und einer Klarsichthülle, in der einige lose Volkert-Unterlagen steckten, die ich unter einem Stapel Zeitungen gefunden hatte, in Dr. Traugotts Kanzlei. Die Schlacht konnte beginnen.

Traugott schrieb, bestand auf unserer Forderung. Der Gegenanwalt schrieb zurück, man werde keinen Pfennig zahlen. Traugott drohte mit Klage. Worauf ein Brief kam, in dem der Gegenanwalt die Großzügigkeit seines Mandanten rühmte, der aufgrund jahrelanger Geschäftsbeziehung zu Bernhard auf Rückerstattung des zu viel gezahlten Geldes verzichten wolle, wenn ich die Sache fallen ließe.

»Na sehen Sie«, sagte Dr. Traugott, »wir kommen einen Schritt weiter.«

»Das verstehe ich nicht«, sagte ich. »Er schuldet Bernhard, das heißt mir, unglaublich viel Geld. Das muss er doch bezahlen.«

»Warten Sie ab«, sagte Dr. Traugott. Er wirkte zuversichtlich.

Was war aus mir geworden? Ich dachte nur noch an Geld, Schuldner, fallende Aktien, undurchsichtige Bankberater, laufende Belastungen. Ich war misstrauisch geworden. Täglich nahm mein Misstrauen zu. Selbst Dr. Traugotts Optimismus klang bisweilen schrill in meinen Ohren. Wem konnte ich trauen? Mir selbst? Nicht einmal das. Denn meine Spezialität war es offensichtlich, in jeder schwierigen Situation einzuknicken. Wie sollte ich je aus dieser Lage herauskommen?

Weihnachten verbrachte ich bei Carla in Düsseldorf. Das erste Weihnachten ohne Bernhard seit dreiundzwanzig Jahren. Carla hatte Leckereien eingekauft, Heiligabend gab es Champagner und Hummersalat. Ich dachte an die Kartoffelsuppe, die Bernhard sich immer für Heiligabend gewünscht hatte, und trank so viel Champagner, dass mir schlecht wurde und ich mich übergeben musste.

Arme Carla, sie ließ nichts unversucht, mich abzulenken und aufzumuntern. Im Gästezimmer stand neben meinem Bett eine Schale mit feinen Pralinés, die sie täglich auffüllte. »Du musst was auf die Rippen bekommen, du bist ja nur noch Haut und Knochen.«

Carla kochte, schleppte mich in Ausstellungen, ins Kino, in die Innenstadt, wo in den teuren Geschäften die zweite Phase des Ausverkaufs begonnen hatte. Ich machte alles gottergeben mit und wäre doch am liebsten im Bett geblieben und nie mehr aufgestanden.

Nichts ist umsonst in diesem Leben. Keine Anstrengung und kein Leichtsinn. Irgendwann präsentiert das Leben die Rechnung. Die Anstrengung mag sich, je nach Börsenlage des Schicksals, ausgezahlt haben. Ein kleiner, vielleicht sogar ein großer Gewinn ist die Belohnung.

Der Leichtsinn dagegen hat Schulden gemacht und nicht bedacht, dass das Leben irgendwann die Außenstände eintreibt. Mit Zinseszins. Wer nicht zahlen kann, bleibt auf der Strecke.

Ich war leichtsinnig gewesen. Nie hatte ich mich um Geld gekümmert, ich hatte es und gab es aus. Oder hatte es nicht und gab es dennoch aus. Es würde schon wieder reinkommen. Doch die einfältige Formel funktionierte nicht mehr. Ratlos saß ich vor meinem schwierigen Erbe und wusste nur eines: Die Rechnung, die das Schicksal mir damit vorgelegt hatte, würde ich bezahlen, auf Heller und Pfennig. Die Achtung vor Bernhards sauer erworbenem Geld musste mich führen.

Am 2. Januar kehrte ich nach München zurück. Die Hausmeisterin hatte, während ich weg war, den Briefkasten geleert. Ein zehn Zentimeter hoher Stoß Post lag auf dem Schreibtisch. Dr. Traugott war auf dem Anrufbeantworter. Er bat um dringenden Rückruf.

»Halten Sie sich fest, Volkert bietet einen kleinen Betrag für Ihre Anwaltskosten, vorausgesetzt, Sie lassen die Forderung fallen. Er pokert. Ich denke, der Augenblick ist gekommen, eine Klage vorzubereiten.«

Das Angebot war Unverschämtheit und Demütigung zugleich. Ich fühlte mich, als träte Helmut Volkert mit Springerstiefeln auf mich ein.

Nachts wälzte ich mich schweißgebadet im Bett, bekam keine Luft und röchelte mich durch die endlosen Stunden.

Morgens hatte ich Hexenschuss und Bronchitis.

Als das Telefon gegen zehn klingelte, verfluchte ich mich, dass es mir noch nie gelungen war, nicht an den Apparat zu gehen.

Es war meine Freundin Anna. Was sie eigentlich wollte, blieb unklar. Unvermittelt begann sie, mir eingehend darzustellen, welche Phasen mich als Witwe noch erwarteten.

»Drei Jahre wird es dauern, ehe du über den Berg bist. Dann kommt die Zeit, in der du auf jede Einladung, jede Veranstaltung rennst, aber nicht weißt, warum. Schließlich wirst du verzweifelt einen neuen Partner suchen, aber nicht finden. Ein sehr trauriger Ablauf, es wäre gut, wenn du dich rechtzeitig darauf vorbereitest. Denn es wird alles so laufen, warte nur ab.«

»Ich will keinen neuen Mann«, sagte ich, zu geschockt, um zu fragen, warum Anna mir diese Zukunftsszenarien ausmalte. »Ich bin nicht einsam. Der einzige Mensch, der mir fehlt, ist Bernhard. Ich suche keinen neuen Partner.«

»Jetzt noch nicht«, beharrte Anna, »das kommt aber.«

Langsam wurde ich wütend. »Außerdem habe ich Hexenschuss und Husten.« Ich legte den Hörer auf und schlich ins Badezimmer, um zu duschen.

Mittags zwang ich mich, Rosenkohl und zwei Kartoffeln zu kochen, die ich im Kühlschrank fand. Das Gemüse stammte noch aus der Adventszeit, bevor ich nach Düsseldorf gefahren war. Erste Fäulnis hatte die Oberfläche aufgeweicht. Ungerührt schnitt ich die faulen Stellen weg und warf den Rest ins siedende Wasser.

Die ganze Kocherei war überflüssig. Am besten wäre es, das Essen ganz einzustellen. Andererseits: Wie sollte ich Bernhards Fahne hochhalten, wenn ich nichts zu mir nahm außer einem Stück Schwarzbrot zum Frühstück und einem halben Joghurt nachmittags? Dazu vierzig Zigaretten. Ich musste essen.

Zwei Stunden später fror und schwitzte ich gleichzeitig, hustete trocken und schrie vor Schmerz, sobald ich versuchte, mich aufzurichten. Gebeugt schleppte ich mich zu Dr. Kahn, der den Hexenschuss mit einer einzigen Spritze beseitigte und mich dann abhörte: »Das sieht nicht gut aus«, sagte er und verschrieb Antibiotika. »Sie gehören ins Bett.«

Eine Katastrophe. Das Wochenende hatte ich auf Bitten von Dr. Traugott damit verbringen sollen, nochmals das Büro auf den Kopf zu stellen. Wichtige Schriftstücke für einen eventuellen Prozess fehlten in der Volkert-Akte. Dienstag würde ich Dr. Traugott treffen, um alle Unterlagen durchzugehen.

Doch ich fühlte mich so krank, dass ich nicht einmal schlafen konnte. Zum ersten Mal seit zweiundzwanzig Jahren war ich mit einer schweren Bronchitis alleine gelassen, unfähig, auch nur einen Finger zu rühren.

Die ersten Male seit zweiundzwanzig Jahren häuften sich. Keine schönen ersten Male, dachte ich und weinte. Dann schwitzte ich, weil das Weinen so anstrengte, weinte wieder, trank Ströme von Salbeitee und hätte begrüßt, wenn ich am Husten gestorben wäre.

Bernhard, bleib bei mir, zeige mir, dass du da bist. Es war niemand da, der sich hätte wundern können, dass ich laut mit einem Toten sprach. Es wurde ein langes Gespräch, unterbrochen von Schluchzen und Husten. Mein Mann – ich hatte ihn um so vieles mehr geliebt, als er wohl je wahrgenommen oder geahnt hatte. Und das war vielleicht gut gewesen.

Irgendwann hörte ich auf zu weinen und mit Bernhard zu sprechen. Bis halb vier Uhr morgens las ich einen schwachsinnigen Kriminalroman, dann dämmerte ich unruhig vor mich hin.

Am nächsten Tag war das Fieber gestiegen. Die verschiedenen

Schlachtfelder, auf denen noch schlimme Kämpfe bevorstanden, die Immobilien, der Vermieter, die Bank, der andere Schuldner, der nicht zu seinem Wort stand, sprangen in meinem Kopf umher wie wildgewordene Dämonen. Es war nicht daran zu denken, nach Unterlagen zu suchen. Morgen, dachte ich, morgen mache ich alles.

Es ging nicht. Ich war zu schwach. Der Husten löste sich allmählich, riss nicht mehr wie ein Reibeisen an den Wänden der Lunge, doch ich schwitzte bei jeder Bewegung.

Montagvormittag endlich duschte ich, zog mich an und begann nach den Papieren zu suchen. Der Schweiß lief mir in Strömen über das Gesicht. Aber immerhin – ich war auf und konnte wieder etwas tun. Zähes Luder, dachte ich und war für einen Augenblick zufrieden mit mir.

Ich arbeitete das ganze Büro durch, ließ keinen Winkel aus und sah die vielen Ablagekörbe durch, die seit Bernhards Tod unbeachtet im Regal standen. Bis zehn Uhr abends sortierte ich, dann hatte ich einen neuen Ordner mit möglicherweise interessanten Schriftstücken für die Besprechung am nächsten Vormittag gefüllt.

Dr. Traugott kam um elf Uhr. Den dicken Volkert-Ordner hatte er mitgebracht, an vielen Seiten steckten Reiter. Um drei waren wir den Ordner durchgegangen, ich konnte, wie vorauszusehen war, keine der offenen Fragen beantworten. Dr. Traugott seufzte und machte sich an meine neuen Unterlagen.

Gegen fünf lehnte er sich zurück: »Ganz umsonst war das Suchen nicht. Doch im Grunde ist jetzt alles noch wirrer als vorher.«

Ich sah die Sorge in seinem Gesicht: »Haben wir denn überhaupt eine Chance?«

Dr. Traugott schwieg lange. Dann sagte er langsam: »Ich weiß es nicht; ich weiß es wirklich nicht.«

Erschöpfung und Verzweiflung trieben mir die Tränen in die Augen. Würde je wieder eine Zeit kommen, in der ich nicht mindestens dreimal täglich in Tränen schwamm?

»Was schlagen Sie vor? Die Klage sein lassen? Keinen Prozess führen?«

»Nein«, sagte er, »das würde ich nicht. Aber wir müssen uns im Klaren darüber sein, dass unsere Chancen nicht höher stehen als fünfzig zu fünfzig. Wir haben ein Grundproblem: Ihr Mann hat sich zu stark von seinem Vertrauen in die Redlichkeit seines Geschäftspartners leiten lassen.«

»Und nun?«

»Ihr Mann würde sagen, volle Kavallerie voraus.«

»Gut«, sagte ich und bemühte mich, meine Stimme fest klingen zu lassen, »ich sage das Gleiche. Volle Kavallerie voraus. Wir prozessieren, koste es, was es wolle. Was kostet der Prozess denn?«

»Einschließlich Berufung kann der Prozess uns, wenn wir verlieren, viel Geld kosten.«

»Und wenn wir gewinnen?«

»Solche Prozesse enden meistens mit einem Vergleich.«

»Das heißt, jeder zahlt die Hälfte der Kosten?«

»Ja, so ist es. Ich muss jetzt aufbrechen. Ich habe um sechs noch einen Termin«, sagte Dr. Traugott mit einem Blick auf seine Uhr entschuldigend und räumte seine Sachen zusammen. Ich spürte, dass er erleichtert war, das Haus der Trauer und der Katastrophen verlassen zu können, und sich gleichzeitig dafür schämte.

Fliehen, dachte ich, als der Anwalt gegangen war, fliehen, sofort. Irgendjemanden treffen, ins Kino gehen, ins Restaurant, über belanglose Dinge sprechen, vergessen, was drohte meine gesamte Existenz in Grund und Boden zu ruinieren. Hektisch blätterte ich in meinem Adressbuch.

Du wolltest doch nicht mehr verdrängen, sagte die andere in mir. Richtig, dachte ich, ich laufe nicht weg. Ich setze mich hin und gehe die Ablagekörbe in Ruhe nochmals durch. Vielleicht war etwas übersehen worden, das hilfreich sein konnte.

Ich hatte das Haus seit Freitag nicht mehr verlassen. Ich vermisse keine frische Luft, was ich brauchte, war Klarheit.

Es war fast elf Uhr abends, als ich wieder zu schwitzen und zu husten begann wie eine Tuberkulosekranke. Alle Körbe hatte ich nochmals durchgesehen, sechs Abfallsäcke mit Unbrauchbarem gefüllt und die möglicherweise wichtigen Dokumente und Briefe in Häufchen auf und neben dem Schreibtisch gestapelt. Ich spürte, dass das Fieber zurückgekehrt war. Was Volkert anbelangte, hatte die Aktion auch keine neuen Erkenntnisse gebracht. Doch ich hatte mich der schmerzvollen Arbeit nicht entzogen. Halb tot fiel ich ins Bett.

Zwei Wochen vergingen. Eines Morgens klingelte das Telefon. Es war kurz nach zehn. Ich stand im Nachthemd im Badezimmer, betrachtete aus verquollenen Augen mein bleiches Gesicht im Spiegel und überlegte, ob ich nur vorübergehend so aussah oder ob das jetzt so bleiben würde.

Miriam hatte am Nachmittag zuvor angerufen und mich in ein Lokal eingeladen. Freundlich hatte ich abgelehnt. Doch Miriam blieb hartnäckig. »Ich akzeptiere keine Entschuldigung, du musst kommen. Es sind sehr interessante Leute da.«

Ich mochte Miriam. Sie war eine warmherzige, vitale Frau, Lebensgefährtin eines ehemaligen Philosophen an der Uni, der ins Wirtschaftsleben umgestiegen war und jetzt eine internationale Consulting-Firma besaß.

»In Gottes Namen, ich komme.«

Fluchend fuhr ich zu dem angegebenen Lokal. Warum konnte ich nicht konsequent nein sagen, wenn mir nach nein zumute war? Ich war sozial nicht vermittelbar in diesen Monaten, ich roch nach Unglück und Schmerz. Warum ließ man mich nicht in Frieden?

Es wurde ein köstlicher Abend. Und ich brauchte nichts dazu zu tun. Denn ich wurde neben einen beleibten Mann gesetzt, der mit seinem Schnauzer, der Clubkrawatte und dem alten Tweedjackett die perfekte Karikatur eines englischen Landadeligen war. Er stellte sich als Koch vor, räsonierte mit Sachverstand über die Zubereitung von Marillenknödel, entpuppte sich im weiteren Verlauf als Physiker und eröffnete mir schließlich, dass er seit längerer Zeit als »asset tracer« arbeite.

»Als was?«, fragte ich.

»Vor Jahren bin von einem betrügerischen Vermögensverwalter um mein Erbe gebracht worden. Als ich es herausfand, war ich so wütend, dass ich mir schwor, zurückzuholen, was er mir gestohlen hatte. Schließlich habe ich ihm zumindest einen Teil wieder abgejagt. Meine Bank bekam davon Wind und war so beeindruckt, dass man anfragte, ob ich für sie einen ähnlichen Auftrag abwickeln könnte. Diskret, versteht sich. Ein Vorstandsmitglied hatte über Jahre Immobilien aus dem Besitz der Bank über eine Kette von Strohmännern in seinen Besitz gebracht. Die Sache sollte nicht an die Öffentlichkeit dringen, auch keine Polizei eingeschaltet werden. Ich habe den Auftrag in drei Monaten erledigt. Seitdem bin ich in dem Geschäft.«

»Also eine Art von Privatdetektiv?«

»Ja und nein. Es geht nicht nur um das Jagen eines Täters. Meine Hauptaufgabe besteht darin, ohne Aufsehen das gestohlene Gut dem Eigentümer zurückzuerstatten.«

Welch eine Fügung, dachte ich.

»Ich hätte vielleicht einen Fall für Sie. Mein …«

»Verzeihen Sie, wenn ich Sie unterbreche, aber ich nehme nur Fälle ab einem Gesamtvolumen von 30 Millionen Mark an. Darunter lohnt es sich nicht. Der Aufwand ist zu groß.«

Betreten schwieg ich. Es wäre zu schön gewesen, hätte das Schicksal mir eine Art von Robin Hood zugespielt, der die Affäre Volkert ohne Anwälte und Prozess leise und elegant für mich lösen konnte.

Ein tiefer Seufzer entfuhr mir. Mein Tischnachbar bemerkte es nicht. Er war aufgetaut. »Was mich an diesem Job fasziniert, sind meine Gegner. Sie sind keine gewöhnlichen Kriminellen, sondern hochintelligente, natürlich auch gefährliche Menschen, die nicht ohne Grund in bedeutenden Positionen sitzen. Sie zu überlisten, ihre Gedanken so weit nachzuvollziehen, dass ich ihnen ab einem gewissen Punkt voraus bin und weiß, welchen Schritt sie als nächsten tun werden, ist ein intellektuelles Vergnügen, das mich reizt. Eine Art von Schachspiel.«

Die Theaterdramaturgin, die uns gegenübersaß und zugehört hatte, beugte sich weit nach vorne: »Erzählen Sie uns Ihren aufregendsten Fall.«

Zu der Geschichte des mehrstelligen Millionenbetrages, den

der Topmanager eines Großkonzerns unterschlagen und über ein Dutzend Länder in die Karibik verschoben hatte, wo ihn unser »asset tracer« schließlich auf einer privaten Kreuzfahrt vor die Alternative stellte, durchs von Haien verseuchte Wasser nach Hause zu schwimmen oder mit ihm zur dortigen Bank zu gehen und das Geld zurückzuüberweisen, kam der Fall der Erbengemeinschaft, deren Mitglieder sich gegenseitig verdächtigten, das Filetstück der Erbmasse, einen kostbaren Van Gogh, gestohlen zu haben, den der »asset tracer« schließlich in Amsterdam sicherstellte.

Die Dramaturgin und ich hingen an den Lippen des Erzählers, der, behaglich zurückgelehnt, uns eine Räuberpistole nach der anderen servierte.

Nur drei »asset tracer« gebe es weltweit, eine kleine Firma in New York, einen Mann in London und eben ihn. Der Beruf setze viel voraus, umfassende Bildung, exzellente Kenntnis von mindestens fünf Sprachen, gewandtes Auftreten, hervorragende Kontakte weltweit und – Risikobereitschaft. Außer ihm selbst kenne er niemanden im deutschsprachigen Raum, der alle diese Voraussetzungen mitbringe, meinte unser Freund bescheiden und bestellte ein neues Weißbier.

Dass der Tisch sich längst geleert hatte, im ganzen Lokal außer der Dramaturgin, unserem Geschichtenerzähler und mir kein Mensch mehr war, bemerkten wir erst, als ein Kellner mit rot geränderten Augen uns leise mitteilte, man werde jetzt schließen. Es war vier Uhr morgens, als das Taxi vor meinem Haus hielt. Wann war ich das letzte Mal so spät nach Hause gekommen?

Das Telefon klingelte und klingelte. Dem Himmel sei Dank, dachte ich, dass ich den ganzen Abend nur Apfelschorle und Wasser getrunken hatte. Der Nikotinkater war unerfreulich genug. Eine volle Schachtel Zigaretten war über den Märchen aus einem Asset-tracer-Leben in Rauch aufgegangen. Mein ganzer Körper schien aus verbrannter Watte zu bestehen.

Welcher Idiot ließ das Telefon so lange klingeln?

»Hallo?«, krächzte ich heiser in den Hörer.

»Hier spricht Volkert, Helmut Volkert.«

»Wer?«

»Helmut Volkert, habe ich doch gerade gesagt.«

Ich schwieg.

»Sind Sie noch da?«

»Ja.«

»Ich rufe Sie an ohne Wissen meines Anwalts. Hallo, sind Sie noch da?«

Ich war noch da. Übermüdet, verkatert, sprachlos. Dr. Traugotts Klageschrift war so gut wie fertig. Es fehlte nur noch das Gespräch mit einem zweiten Anwalt, um sicherzugehen, dass kein Gesichtspunkt außer Acht gelassen worden war.

Volkert fuhr fort: »Ein Prozess, der durch alle Instanzen geschleift wird, bedeutet eine schwere psychische Belastung. Man muss das vermeiden.«

Wie sollte ich reagieren, was sollte ich erwidern?

»Allerdings«, sagte ich, weil mir nichts Besseres einfiel.

Nervös, wie mir schien, setzte Volkert nach: »Eben. Deshalb mein Vorschlag: Ich zahle Ihnen drei Jahre lang monatlich einen bestimmten Betrag. Und die Sache ist erledigt.«

Verdammter Nikotinkater, ich fing schon wieder an zu weinen.

»Bitte überlegen Sie sich mein Angebot.«

»Das werde ich tun.«

Volkerts Nervosität hatte sich merklich gelegt. Sanft sagte er: »Sie brauchen sich nicht sofort zu entscheiden. Besprechen Sie die Angelegenheit in Ruhe mit Ihrem Anwalt.«

Fassungslos starrte ich auf den Hörer in meiner Hand. Volkert hatte längst aufgelegt. Was ging vor sich? Ich versuchte nachzurechnen. Drei Jahre lang monatlich die genannte Summe ergab etwas mehr als ein Fünftel dessen, was er schuldete. Seine Unverschämtheit war nicht zu überbieten. Dennoch hatte er sich gesteigert. Von unter Minus war er über Null auf die Anwaltskosten nun auf diese neue Summe geklettert. Er schien testen zu wollen, wie unsicher ich war. Würde ich dankbar auf den Zug aufspringen oder ihn vorbeifahren lassen. Was für ein dreckiges Spiel!

Niemals hätte Volkert gewagt, mit Bernhard dergleichen auch

nur zu versuchen. Aber ich war ja die dumme Witwe, die dankbar sein musste für jeden Brocken, der ihr vorgeworfen wurde. War ich wirklich so dumm? Man würde sehen.

Dr. Traugotts Ton war etwas pikiert, als ich ihn in der Kanzlei anrief und darauf drang, die Besprechung mit dem zweiten Anwalt am nächsten, spätestens übernächsten Tag stattfinden zu lassen. »Bitte«, meinte er spitz, »wenn Sie sich wohler dabei fühlen. Aber ich sehe nicht, was dabei Neues herauskommen sollte.«

Nein, dachte ich, einschüchtern lasse ich mich nicht. Ich war misstrauisch und würde in Zukunft zu meinem Misstrauen stehen, mich auch nicht unterwürfig dafür entschuldigen, nur um hinterher festzustellen, dass mein ungutes Gefühl berechtigt gewesen war.

Du machst dich, sagte die andere in mir, als ich schließlich unter der Dusche stand und das heiße Wasser auf meinen schmerzenden Kopf strömen ließ. Wenn du jetzt strategisch vorgehst, könnte es dir gelingen, die Schuld ohne Anwälte einzutreiben.

Strategisch vorgehen – in meinem ganzen Leben war ich noch nie strategisch vorgegangen. Ich hatte keine Ahnung, wie man das machte. Versuch es, sagte die andere, versuch es wenigstens. Du willst doch, dass Bernhard stolz auf dich ist.

Nachmittags rief Dr. Traugott an und teilte mir mit, dass nichts zu machen sei, seine und des anderen Anwalts Termine kollidierten, sodass das Treffen auf Mitte der folgenden Woche gelegt worden war.

»Ich will klug sein. Wann soll ich Volkert anrufen?«

Dr. Traugott dachte einen Augenblick nach. »Lassen Sie vier Tage vergehen. Zitieren Sie ihn zu sich. Verabreden Sie mit ihm einen Tag und eine Uhrzeit für seinen Besuch. Stellen Sie ihm ein Ultimatum: Entweder er kommt, oder die Klage wird abgeschickt.«

Wieder und wieder ging ich in Gedanken den möglichen Verlauf des Telefonats durch, überlegte mir Varianten, schrieb sie auf, versuchte sie auswendig zu lernen und bekam Magenschmerzen vor Angst. Nicht nach vier, erst nach fünf Tagen würde ich mich bei Volkert melden.

Wo sie geblieben waren, diese fünf Tage, wusste ich nicht mehr. Ich musste sie im Zustand der Bewusstlosigkeit verbracht haben. Denn plötzlich war der Morgen des gewissen, alles entscheidenden Telefonats angebrochen.

Um zehn Minuten nach zehn wählte ich Volkerts Nummer. Ein Fräulein meldete sich. Herr Volkert sei in einer Besprechung. Wie lange sie dauere? Sicher noch eine Stunde. Man werde sich melden.

Meine Hände waren eiskalt und feucht. Was um Himmels willen fing ich mit dieser Stunde an? Ich würde vor Anspannung die Hälfte von allem vergessen, was ich sagen wollte, wenn ich mich hinsetzte und nichts tat.

Lesen? Undenkbar. Post erledigen? Auf keinen Fall. Ich würde Formulare falsch ausfüllen, Briefe verkehrt ablegen. Überweisungen abheften, statt sie an die Bank zu schicken. Nein, keine Büroarbeit.

Schminken. Ich würde mich schminken. Das war die Lösung. Eine konzentrierte Tätigkeit, die ich im Schlaf beherrschte und bei der ich das bevorstehende Gespräch weiter memorieren konnte.

Mit penibler Sorgfalt pinselte und wischte ich eine Viertelstunde lang an meinem Gesicht herum. Es fehlte nur der Lippenstift, als das Telefon schrillte.

Jetzt, dachte ich, jetzt ist der Augenblick gekommen. Mein Herz klopfte hart gegen die Wand der Halsschlagader.

»Hier Traugott, der Kollege hatte doch früher Zeit. Wir haben gerade zwei Stunden lang intensiv die Volkert-Akte durchgearbeitet. Er würde gerne auf einen Sprung vorbeikommen, um Ihnen seine Überlegungen mitzuteilen.«

»Bitte«, hörte ich mich automatisch sagen, »wann?«

»Er ist in zehn Minuten bei Ihnen.« Dr. Traugott legte auf.

Ich hatte Dr. Hülsen vorgeschlagen, denn ich erinnerte mich, dass Bernhard ein oder zwei Verträge von Hülsen hatte ausarbeiten lassen und ihn für einen »wirklich ausgeschlafenen« Anwalt hielt.

Eine knappe Viertelstunde später war er da. Umständlich setzte er sich, umständlich öffnete er seinen Aktenkoffer, und umständlich zog er einen Notizblock heraus.

»Ich muss Ihnen sagen …« Dr. Hülsen blickte von seinem Block auf. Seine Miene drückte Besorgnis aus.

Den Rest hörte ich kaum. Wozu auch? Mein Fall war also seiner Meinung nach hoffnungslos. Bernhards Geschäfte liefen, so weit ich wusste, reibungslos, solange er lebte. Nun, da er nicht mehr da war, hörten sie mittendrin auf zu existieren. Kein Vertrag schien gültig, keine Vereinbarung bindend. Die großen Summen, die Außenstände, lösten sich vor meinen Augen in Nichts auf.

»Hören Sie mir zu?«

Ich sah auf.

»Sprechen Sie weiter«, sagte ich und hatte ein taubes Gefühl im Kopf.

»Sie tun gut daran, sich mit Volkert zu einigen. Ich kann Ihnen zu einem Prozess nicht raten. Sie würden verlieren. Nehmen Sie unbedingt die Summe an, die er Ihnen angeboten hat.«

Kalte Wut stieg in mir hoch. »Warum? Warum soll ich das tun? Er schuldet mir das Fünffache.«

»Ihr Mann hatte eine sehr selten gewordene Eigenschaft. Er glaubte noch an die Verbindlichkeit des Handschlags. Es gibt viele schriftliche Aufzeichnungen Ihres Mannes, die das belegen. Doch die Verträge würden wahrscheinlich nicht ausreichen für einen Prozesssieg.«

So war Bernhard gewesen. Ein Mann des Handschlags, ein Mann, der sich an sein gegebenes Wort hielt und Gleiches von seinen Geschäftspartnern erwartete. Er ließ das Prinzip der Freundschaft eine tragende Rolle spielen. Das war der größte Luxus, den er sich im Geschäftsleben leistete. Doch Bernhard hätte sich auch zu wehren gewusst. Sein Zorn, wenn jemand versuchte, ihn reinzulegen, war von biblischer Wucht. Die Leute bekamen

Angst vor ihm und hielten sich am Ende an die getroffenen Vereinbarungen.

Mich fürchtete niemand.

Das Telefon klingelte. Es war Volkert. Pech für ihn, denn kurz und kalt stellte ich ihm zwei Daten zur Auswahl für ein Treffen bei mir. Ohne Anwälte.

Volkert Stimme war anzumerken, dass mein Ton ihn verunsicherte.

»Mir wäre lieber, Sie kämen nach Hannover.«

»Nein. Sie kommen hierher.«

Einen winzigen Augenblick zögerte Volkert, dann sagte er: »Dienstag, gegen Mittag ginge.«

»In Ordnung,« sagte ich, »bis Dienstag also.«

Mein Gesicht brannte wie Feuer, als ich zu Dr. Hülsen zurückkehrte. »Das war Volkert.«

»So schmerzlich es für Sie ist – nehmen Sie sein Angebot an, und lassen Sie die Sache auf sich beruhen.«

In diesem Augenblick wurde ich so wütend, dass ich dachte, ich müsse explodieren.

»Nein. So geht man mit mir nicht um. Ich lasse mich nicht großzügig mit einem Fünftel dessen abspeisen, was mir zusteht. Helfen Sie mir.«

»Gerne. Ich wüsste nur nicht, wie.«

»Ich bin unerfahren, ungeübt im Taktieren. Spielen Sie mit mir ein Rollenspiel. Sie übernehmen die Rolle von Volkert. Ich muss geschickt verhandeln und brauche Argumente, Volkert darf mir keine Unsicherheit anmerken.«

Dr. Hülsen lächelte mich erstaunt an: »Es wird mir ein Vergnügen sein.«

Es war eine komplizierte Rolle, die ich in den folgenden Tagen auswendig lernte. Denn es gab mehrere Varianten, die sich, je nachdem, was mein Gegner vorbrachte, von Satz zu Satz verschieben konnten. Aber ich war entschlossen, das Schlachtfeld nicht kampflos zu verlassen.

Maren, eine alte Freundin von Bernhard, hatte sich überraschend angesagt. Der Zeitpunkt war denkbar ungünstig, aber ich hatte es wieder einmal nicht fertig gebracht, nein zu sagen.

Sie kam Montagmorgen um halb zehn vom Nachtzug aus Berlin, wo sie, wie sich herausstellte, vergeblich versucht hatte, während der Festspiele Geldgeber für das Filmprojekt über einen amerikanischen Pop-Art-Maler aufzutreiben.

Kaum hatte sie die Wohnung betreten, mit ihren schweren Wanderschuhen, den drei Windjacken übereinander, dem Rucksack, ihrem Brustbeutel fürs Geld und dem um die Hüfte geschnallten Überlebenstäschchen, warf sie ihre Haare, die wie ein dünner Vorhang von ihrem Kopf hingen, nach hinten und hub an zu schimpfen: über die Berlinale, »das ist alles eine solche Scheiße, diese ganzen Wichtigtuer,« über die stinkenden Züge der Bundesbahn, »ich sage dir, reinste DDR«. Über »dieses neue Berlin, einfach grau-en-haft. Das ist keine Stadt mehr, das ist nur schrecklich«.

Sie holte Luft, stockte kurz und fügte halblaut hinzu: »Vielleicht bin ich zu alt für die Stadt.«

Maren musste um die sechzig sein, hatte sich aber seit vielen Jahren nicht verändert. Sie schimpfte sich durchs Leben, und das schien sie jung zu erhalten.

Ihre Fernsehdokumentarfilme über Künstler und Schriftsteller, die nur Eingeweihten bekannt waren, hatten Kultstatus, aber keine hohen Einschaltquoten, was zur Folge hatte, dass die Filme, wenn überhaupt, im Nachtprogramm liefen. Zu Konzessionen war Maren nie bereit. Zu gut wusste sie selbst, dass sie eine begnadete Filmerin war. Eisern ging sie ihren Weg. Weshalb sie auch nie Geld hatte. Vielleicht schimpfte sie auch einfach zu viel.

»Ich habe es satt hier. Ich gehe für ein Jahr nach Israel.«

»Und was machst du da?«

»Weiß ich noch nicht, keine Ahnung. Mal sehen, was sich ergibt. Ich werde mir eine Wohnung in Jerusalem nehmen.«

»Und dann?«

»Frag nicht so blöde. Habe ich doch gerade gesagt, ich lasse es auf mich zukommen.
Vielleicht bin ich in sechs Wochen schon wieder hier.«
»Und dann?«
»Hör mal, du lebst hier gut situiert in deiner Wohnung, bist frisiert und geschminkt. Du hast ja keine Ahnung. Du weißt nicht, was vor sich geht.« Maren schnaufte empört.

Sie hatte Recht. Ich stellte dämliche Fragen. Aber mir fielen keine anderen ein. Mein Kopf war voll von Volkert.
»Ich meine, was machst du nach Israel?«
»Mein Gott, Fragen stellst du! Ich suche mir eine billige Wohnung, wahrscheinlich in Berlin.«
»Obwohl du Berlin so grässlich findest?«
»Sieh dich doch um. Diese Stadt hier ist tot. Mausetot. Hier kann man nicht mehr bleiben. Wer Biss hat, geht nach Berlin. Wenn überhaupt kommt nur Berlin in Frage.«

Maren schaltete ihr Handy ein und telefonierte. Sie komme gleich hinüber. Das Happening sei »grau-en-haft« gewesen, und »überhaupt alles schrecklich«.
»Ist mir egal, was du gerade tust«, sagte Maren energisch, »ich komme. Jetzt.«
Sie stopfte ihr Handy zurück in die umgeschnallte Hüfttasche. Wirklich zufrieden schien sie nicht mit dem Verlauf des Gespräches. Irgendetwas hatte sie gestört.
»Das war der Produzent. Auch so ein geldgieriger Sack.«
Zusammenhanglos fuhr sie fort, »mein Sohn kommt höchstens einmal im Jahr, und die Töchter lassen sich sowieso nie blicken. Für die bin ich Luft. Ist mir auch egal«.

Sie hält sich mit Schimpfen im Gleichgewicht, dachte ich. Schimpft sich die Enttäuschungen des Lebens von der Seele. Kein schlechtes Säuberungsritual. Nur führte es in die Einsamkeit. Maren bekam mit nahezu allen Menschen, mit denen sie zu tun hatte, irgendwann den finalen Krach. Sie ließ verbrannte Felder hinter sich, musste neue Menschen suchen, neue Freunde, neue Kontakte.

Ich schimpfte auch. Vorwiegend lautlos nach innen. Ehe ich dazu kam zu überlegen, ob ich vielleicht eine stillere Variante der ungenießbaren Maren war, klingelte es. Die Erlösung.

»Maren, ich muss weg. Mein Anwalt wartet unten auf mich.«
»Ich gehe auch«, sagte Maren verdrossen.

Es war meine Idee gewesen, den Steuerberater noch zu Rate zu ziehen. Dr. Traugott hatte zögernd eingewilligt, mich zu begleiten und Dr. Kahle den Sachverhalt darzustellen.

Ich spürte seine Verwunderung über meine Einmischung in Abläufe, die er für anwaltliche Domäne halten mochte. Doch er war zu höflich, um mir offen zu sagen, dass der Steuerberater ohne gründliche Einarbeitung in den Volkert-Fall nichts von Belang würde äußern können.

Auch Dr. Kahle war zu höflich gewesen, mich von vornherein abzuweisen. Geduldig hörte er sich Dr. Traugott an. Dann meinte er seufzend, ich solle das Angebot von Volkert um Himmels willen annehmen. Hier sei wenig zu machen. Auch aus steuerlicher Sicht scheine es mehr als fraglich, ob ein Prozess, selbst wenn ich ihn gewänne, vorteilhaft für mich sein würde.

Schweigend fuhren Dr. Traugott und ich zurück. Traugott hatte den steuerlichen Aspekt übersehen. Ich parkte das Auto, und wir gingen zum Italiener um die Ecke. Der Anwalt hatte kein Geld bei sich. Es war offensichtlich, dass er an der Volkert-Geschichte nicht mehr interessiert war. Sollte es zu keiner Klage kommen, und danach sah es nach der Auskunft des Steuerberaters mehr noch als zuvor aus, würden ihm Zigtausende an Honoraren entgehen.

Aber was für Gedanken wälzte ich in meinem Kopf? Unerfreuliche, misstrauische, argwöhnische Gedanken, die schlecht waren für die Haut und noch schlechter für die Seele.

Heiß vor Scham überreichte ich Dr. Traugott einen Karton mit Schleife, in dem sich eine teure Krawatte befand. Er schien sich über das Geschenk zu freuen. Allerdings, so weit kannte ich ihn mittlerweile, hätte er meinen guten Geschmack auch gelobt, wenn ich ihm eine Dose Wiener Würstchen überreicht hätte. Dr. Traugotts Höflichkeit war mediterran und deshalb schwer zu durchschauen.

Nachdem Dr. Traugott sich vor der Haustür verabschiedet hatte, er war in Eile, weil das Büro seinen Geburtstag, der auf den Samstag gefallen war, mit einer Kuchentafel nachfeiern wollte, fuhr ich beklommen im Aufzug nach oben.

Mir war schlecht von den Nudeln beim Italiener, die wieder nicht gar gewesen waren, und mir war schlecht von der Aussicht auf den nächsten Vormittag, der, wenn ich nicht klug taktierte, mein finanzielles Waterloo bedeuten konnte.

Du gehst in die Kirche und bittest Gott um Beistand, dachte ich, fuhr wieder hinunter und radelte zur Kirche. Doch die war geschlossen, alle Gitter heruntergelassen. Ruhetag für den lieben Gott.

Rastlos wanderte ich zu Hause durch die Wohnung. Wer konnte mir helfen? Niemand. Das war die bittere Wahrheit. Der einzige Mensch, der mir hätte beistehen können, lebte nicht mehr.

Anrufen. Ich musste Carla sprechen, ihr meine Zweifel, meine Ängste vor die Füße werfen, auf dass sie mich wenigstens tröstete und beruhigte. Doch Carla war nicht da, ihr Handy ausgeschaltet.

Den Abend verbrachte ich bei Katharina, einer alten Freundin aus Studientagen, die für uns Spaghetti kochte und von nichts etwas wusste.

Als ob kalte, nasse Hände nicht schon für sich allein das Indiz schlechthin für Angst und Schwäche wären – wie sollte ich sie warm und trocken bekommen? Es war fünf vor elf, und Volkert hatte soeben aus dem Auto angerufen, er werde in fünfzehn Minuten da sein. Hektisch rieb ich die Finger am trockenen Frottierhandtuch. Bernhard, steh mir bei, bitte lass mich nicht alleine.

Dann schellte die Türglocke. Es war so weit. Ich atmete tief ein und wieder aus, und mit einem Mal, wie von Zauberhand berührt, wurde ich ruhig. Das Blut kehrte in meine Hände zurück, ich stand in der geöffneten Wohnungstür und sah Helmut Volkert, der aus dem Aufzug trat, gefasst entgegen.

Wir begrüßten uns, ich führte ihn in den Salon, dirigierte ihn zum Sofa und setzte mich in den Sessel, der dem Sofa am nächsten stand.

Volkert war unrasiert, trug einen verknitterten Rollkragenpullover und ein altes Tweedjackett.

Zehn Minuten lang machten wir Konversation. Volkert plauderte, seine beiden Reihenhäuser, die er zu einem habe verbinden lassen, würden gerade renoviert, er lasse Lichtdecken einziehen.

Ach, dachte ich, dafür hast du also Geld.

Wie bei unserer ersten Begegnung lehnte Volkert sich betont entspannt zurück. Er war bereits ein kleines Stück abgerückt. Der Abstand zwischen uns hatte sich vergrößert.

Gut, dachte ich. Sehr gut. Du willst Entfernung zwischen uns legen. Mach nur, du hast noch fünfzehn Zentimeter, dann fällst du vom Sofa. Ich jedenfalls eröffne das Gefecht nicht.

»Kommen wir zum Eigentlichen«, sagte Volkert endlich, »ich habe Ihnen ein Angebot gemacht.«

Freundlich nickte ich. »Dafür bin ich Ihnen sehr dankbar. Natürlich ist das Angebot vollkommen inakzeptabel. Ich habe mich mit drei Anwälten beraten. Einen Prozess würde ich gewinnen. Die Aktenlage ist wasserdicht.«

Weich erwiderte Volkert. »Sehen Sie, ich bin ein Sammler. Ich hebe alles auf. Meine Unterlagen sind vollständig.«

Du Ratte, dachte ich, du widerliche Ratte. Laut sagte ich und lächelte ihn an: »Das haben Sie mit meinem Mann gemeinsam. Auch er hat alles aufgehoben. Sogar jeden Umschlag, den Sie ihm geschickt haben. Es sind einige hilfreiche Schriftstücke da, von denen Sie wahrscheinlich nicht einmal mehr wissen.«

Volkert war bis auf fünf Zentimeter an den Rand des Sofas gerutscht und verschränkte die Arme vor der Brust.

Er holte Luft, dann sagte er: »Ich biete Ihnen eine beträchtliche Summe, man könnte diesen Betrag auf einmal zahlen, natürlich mit einem Abschlag. Dann würden Sie zwar entsprechend weniger bekommen. Aber die Sache wäre erledigt.«

Ruhig lehnte ich in meinem Sessel und sagte gar nichts. Es wäre in diesem Augenblick auch nicht möglich gewesen. Wut und Schmerz über die Unverschämtheit dieses Mannes raubten mir den Atem.

Volkert beobachtete mich.

Schließlich sagte ich: »Hier geht es um das Andenken an meinen Mann. Meine unterste Schmerzgrenze ist wesentlich höher. Nichts darunter kann ich zulassen.«

Volkert stockte einen Augenblick, dann sagte er: »Für Sie ist die Angelegenheit sehr emotional besetzt, nicht wahr?«

»Ja. In höchstem Maße. Wenn Sie sich nicht auf diese Summe einlassen, werde ich umgehend die Klage einreichen.«

»Tja«, sagte Volkert langsam, »dann müssen wir sehen, wie wir das regeln. Es gäbe natürlich die Möglichkeit, dass Sie einen Teil in Bildern bekommen und …«

»Ich nehme keine Bilder.«

Volkert sah auf seine Uhr. Er war inzwischen am äußersten Rand des Sofas angelangt. »Dann wäre für heute alles gesagt. Ich werde nachdenken, wie wir das machen können. Sie sind tatsächlich emotional sehr verstrickt.«

»So ist es.«

»Wir wollen das sobald wie möglich regeln. Sehr bald! Ich rufe Sie in den nächsten Tagen an.«

Er stand auf und ging mit schnellen Schritten zur Tür. »Sie hören von mir.«

Ich kehrte ins Zimmer zurück, ließ mich in meinen Sessel fallen und starrte blind aus dem Fenster.

Mein Herz war schwer, Trauer schob sich durch den Körper wie schwere, glühende Lava. Ach Bernhard, du hättest dieses Gespräch anders geführt. Du hättest dich nicht mit einem Drittel zufrieden gegeben. Du hättest gekämpft bis zum Schluss und gewonnen.

Andererseits: Konnte ich nicht auch stolz auf mich sein? Zum ersten Mal in meinem ganzen Leben hatte ich mich in einen Nahkampf mit einem ausgekochten Geschäftsmann begeben und war nicht sofort bewusstlos zu Boden gegangen.

Zu erschöpft, um den Gedanken weiterzuverfolgen, lehnte ich mich zurück und schloss die Augen.

Das Schrillen des Telefons schreckte mich auf. Es war Dr. Traugott: »Wie ist es gelaufen?«

»Ich weiß es nicht«, sagte ich und unterdrückte ein Gähnen: »Er will es sich überlegen. Aber er wird zahlen, denke ich.«

»Wie viel?«

Ich nannte ihm die Summe. Dr. Traugott seufzte hörbar: »Na immerhin. Trotzdem ist es schade, ich hätte zu gerne prozessiert und diesem Gauner heimgeleuchtet. Meine schöne Klageschrift, ganz umsonst die viele Arbeit.«

Hatte er schon wieder vergessen, dass die Unterlagen nicht ausreichten für einen erfolgreichen Prozessausgang, dass Dr. Hülsen und er gemeinsamen zu diesem Schluss gekommen waren?

Zu müde, zu zerschlagen, um eine ohnehin fruchtlose Debatte zu beginnen, stimmte ich zu: »Ja, sehr schade.«

»Akzeptieren Sie auf keinen Fall Ratenzahlung. Das wäre ja noch schöner, dass der Gauner sich auch noch mit bequemen Raten davonschleicht.«

»Ja«, sagte ich. Meine Lider wurden schwer. Ich schloss sie erneut. »Sobald ich Neues weiß, rufe ich Sie an.«

Nachmittags gegen drei wachte ich auf. Das Telefon war mir aus der Hand gefallen und lag auf dem Teppich.

Steif stand ich auf und wankte ins Schlafzimmer. Schlafen, dachte ich, schlafen, am besten für immer. Mühsam zog ich mich aus und fiel ins Bett.

Erst sechzehn Stunden später weckte mich das Kreischen eines Bohrers im Stockwerk über mir.

Die Tage vergingen. Ich wartete auf Volkerts Anruf, repetierte in Gedanken die Argumente, mit denen ich meine Position verteidigen wollte – und musste. Wieder die panische Angst, die ganze vorbereitete Gesprächsstrategie könne womöglich auf Nimmerwiedersehen aus meinem Kopf verschwinden.

Ich wünschte, meine vielen Schlachten wären endlich geschlagen, der Krieg wäre beendet und ich in der Lage, mich dem täglichen Leben wieder zuzuwenden. Was ich derzeit führte, verdiente den Namen Leben nicht. Ich atmete, aß, schlief, telefonierte, redete. Doch ich lebte nicht.

Ein ferngesteuerter Roboter war aus mir geworden. Das Codewort Geld setzte ihn zuverlässig in Bewegung, gut geölt stampfte er durch die Akten, Bankauszüge, Anwaltsbriefe. Er fraß sich durch Börsenzeitschriften, Immobilienleitfäden, Vertragswerke, telefonierte, ordnete und regelte, was anfiel: eine zuverlässige Maschine, der nur eines abging: die Seele, ein Hauch von Leben.

Endlich rief Volkert an, die Verbindlichkeit in Person. Er biete mir an, eine höhere als die ursprünglich genannte Summe zu bezahlen – in mehreren Tranchen.

Es war ein Viertel weniger als das, was ich ihm als meine unterste Schmerzgrenze genannt hatte. Und ich war wohl vorbereitet. Der Text floss mir ohne Stocken über die Lippen.

»Letzte Woche hätte ich bei einem weit höheren Betrag beginnen können zu pokern. Aber ich wollte keinen Bazar eröffnen. Ich kann nicht heruntergehen. Ich dachte, Sie hätten mich verstanden.«

Volkert schwieg einen Moment. Dann sagt er: »Ich will diese Sache vom Tisch haben. Ich will sie beenden.«

Das glaube ich gerne, dachte ich, du Schwein. Du willst nicht einen ganzen langen Prozess fürchten müssen, dass herauskommt, wie du versucht hast, mich zu betrügen.

Laut sagte ich: »Das will ich auch.«

»Also gut. Dann die Summe, die Sie genannt haben. In 80 Monatsraten. Aber eines muss klar sein. Damit ist alles abgegolten.«

»Damit ist alles abgegolten«, wiederholte ich.

«Ich muss überlegen«, sagte Volkert. Am nächsten Vormittag werde er mich anrufen.

Kaum hatte ich den Hörer aufgelegt, fiel mir siedend heiß Dr.

Traugotts Mahnung ein, ich dürfe mich nicht auf Ratenzahlung einlassen. Ich hatte sie vergessen. Morgen, dachte ich, morgen werde ich Volkert sagen, dass Raten nicht in Frage kommen.

Gegen elf, halb zwölf, so hatte ich mir ausgerechnet, würde er anrufen.

Um halb sechs Uhr morgens wachte ich hellwach auf, unfähig, nochmals Schlaf zu finden. Drohend leer lagen die Stunden vor mir. Sollte ich nicht allmählich Übung darin haben, auf Telefonate und Besprechungen zu warten, die entscheidend waren für meine materielle Existenz, dachte ich, als ich den Wasserkocher für das Teewasser einschaltete.

Ich duschte, zog mich an, schminkte mich sorgfältig, machte das Bett, füllte die Waschmaschine und setzte mich an den Schreibtisch.

Es hatte geschneit. Magere Wintersonne schien. Von meinem Stuhl aus sah ich das Dach des Hauses auf der gegenüberliegenden Straßenseite. Der Schnee war von den obersten Ziegeln abgerutscht und staute sich über den Gauben der Dachfenster. Der Himmel hatte die Farbe eines zu oft gewaschenen T-Shirts. Das dürftige Licht warf blasse Schatten, die von den Kaminen bis zur Regenrinne reichten. Mir war es dennoch zu hell.

Irgendwann leerte ich die Waschmaschine und hängte die Wäsche umständlich im Badezimmer auf. Später fuhr ich mit dem portablen Telefon in der Hand ins Erdgeschoss, um die Post aus dem Briefkasten zu holen. Die Stunden schlichen. Doch schließlich wurde es elf Uhr, dann zwölf. Ich zwang mich, zwei Spiegeleier zu braten, nicht ohne immer wieder angstvoll auf das Blatt Papier zu starren, das ich neben den Herd auf den Kühlschrank gelegt hatte: Mein Merkzettel mit Formulierungen und den Punkten, die zu beachten waren.

Ein schwerer Spiegeleiklumpen drückte in meinem Magen, als ich die Waschmaschine mit der nächsten Ladung füllte und die Klappe wütend zuschlug.

Es war nach zwei. Volkert hatte womöglich gar nicht vor gehabt, mich verabredungsgemäß anzurufen, wollte mich zermürben, warten lassen, bis ich aus Furcht, er könne es sich anders überlegt haben, doch noch die für mich miserabelste Regelung akzeptierte.

Bleierne Müdigkeit überfiel mich. Die Anspannung des Wartens hatte an den Kräften gezerrt. Zehn Minuten würde ich mich aufs Bett legen, dann wäre ich wieder frisch.

Ich schlief sofort ein. Das Schrillen der Telefonklingel weckte mich. Wo war der Merkzettel mit den Formulierungen? Und räuspern, bevor ich mich meldete, unbedingt räuspern. Volkert sollte nicht merken, dass ich geschlafen hatte. Mich ruhig melden, ganz ruhig meinen Namen sagen. Keine Nervosität zeigen.

Es war ein alter Freund Bernhards, er wollte nur hallo sagen.

Ich vergewisserte mich, dass der Merkzettel greifbar war, legte das Telefon auf meinen Bauch und schlief wieder ein.

Dreimal noch klingelte das Telefon. Eine verhuschte Frauenstimme fragte an, ob die Firma meines Mannes eine Aushilfe gebrauchen könne. Ein forscher Telefonverkäufer verlangte Bernhard zu sprechen, es gehe um einmalige Anlagemöglichkeiten in Kanada. Und schließlich rief eine Freundin aus Kindertagen an, die auf der Durchreise war und mich treffen wollte.

Mittlerweile war es halb fünf geworden. Der Februarnachmittag neigte sich. Im Bett zu bleiben hatte keinen Sinn mehr. Ich stand auf, machte frischen Tee und lüftete das Arbeitszimmer. Unten auf der Straße kreischten Kinder, ein paar Knaller explodierten – Faschingsdienstag, das hatte ich vergessen. Womöglich musste Volkert in Hannover Karneval feiern.

Auf dem Schreibtisch hatten sich mehrere Haufen ungeöffneter Post angesammelt. Mein Blick fiel auf den Kalender, und ich erschrak. Am nächsten Vormittag war ich um zehn Uhr mit Dr. Traugott bei Alfred Münchinger verabredet. Auch das hatte ich beinahe vergessen.

Alfred Münchinger war der zweite langjährige Geschäftspartner von Bernhard. Ein großer schwerer Mann Anfang fünfzig, der seine angebliche Offenheit und Gradlinigkeit vor sich her trug wie ein Priester das Allerheiligste: Auch er schuldete Bernhard noch eine riesige Summe.

In den letzten Wochen vor seinem Tod war Bernhard schon fast zu schwach, das Telefon aufzunehmen, das immer auf dem Tisch neben seinem Bett lag. Dennoch hatte er mehrmals mit Münchinger telefoniert, weil der Termin für die Begleichung der Schuld um viele Wochen überschritten war. Von Mal zu Mal wuchs Bernhards Unruhe. Beim letzten Telefonat, Anfang Juli, bat er mich, im Zimmer zu bleiben, und schaltete die Lautsprechanlage ein.

Münchinger flehte Bernhard geradezu an, ihm zu glauben, er werde seine Schuld auf Heller und Pfennig und spätestens im August vollständig bezahlt haben. Er sei ein Ehrenmann und stehe zu seinem Wort. Er appellierte an ihre Freundschaft und redete von seiner moralischen Verpflichtung, Bernhard nicht zu belügen. Alles werde im August erledigt, so wahr er Alfred Münchinger heiße.

»Siehst du, Liebling, mach dir keine Sorgen, Münchinger ist anständig. Er schätzt und verehrt dich. Das wird sicher in Ordnung kommen«, sagte ich, als Münchinger seine bewegende Rede beendet und ich das Telefon wieder auf den Tisch gelegt hatte.

Bernhard, dessen kraftvolle Stimme dünn und schleppend geworden war, sah mich nicht an. »Ich habe Münchinger immer vertraut«, flüsterte er kaum hörbar. Und ich begriff, dass sein Vertrauen mit diesem Telefonat verschwunden war. »Nimm den Apparat weg, ich möchte schlafen.«

Am 2. August starb Bernhard. Münchinger kam zur Totenmesse, auch zur Trauerfeier in der Aussegnungshalle des Friedhofes. Auf dem Empfang drückte er mir mit feuchten Augen die Hände. »Ich werde Ihren Mann nie vergessen. Und Sie können sich auf mich verlassen. Ich lasse Sie nicht im Stich.«

Er legte die Hand beteuernd auf die Stelle, wo unter seiner massigen Brust das Herz sein musste.

Dass Münchinger im Monat August nur einen kleineren Teilbetrag zahlte, merkte ich erst Anfang September, als die erste Flut der Rechnungen über mir zusammenschlug. Nochmals kam eine kleinere Summe, dann herrschte Stille. Ich übergab die Unterlagen Dr. Traugott.

Die unendliche Geschichte, »ich will ja zahlen, aber ich kann im Augenblick nicht«, des Alfred Münchinger begann. Das Geschäft, das Bernhard mit ihm gemeinsam gemacht hatte, war längst abgeschlossen, Bernhards Anteil am Gewinn von Münchinger wohl längst anderweitig ausgegeben.

Und Dr. Traugott, mein lieber Dr. Traugott, sagte: »Ich habe mich lange und ausführlich mit Herrn Münchinger unterhalten. Er wird zahlen, sobald er wieder etwas hat, dessen bin ich ganz sicher.« Ich glaubte ihm, wollte ihm glauben, musste ihm glauben, denn ich hatte keine andere Wahl.

Dennoch wagte ich zu fragen: »Warum hat er die Schuld nicht aus dem großen Gewinn bezahlt, der bei dem Geschäft herausgekommen ist.« Es handelte sich um einige Millionen.

Leicht gereizt sagte Dr. Traugott: »Der Mann hat schließlich einen großen Betrieb am Hals, der muss ja auch unterhalten und finanziert werden.«

»Mit dem Geld, das er Bernhard schuldet?«

Dr. Traugott antwortete nicht mehr. Er war sichtlich genervt.

Im Laufe des Spätherbstes schickte Dr. Traugott auf mein Betreiben zwei Mahnschreiben, in denen Münchinger eine Frist gesetzt wurde. Viele Telefonate zwischen Dr. Traugott und Münchinger festigten die Überzeugung meines Anwalts, dass wir es mit einem ehrenwerten, aber im Augenblick etwas klammen Schuldner zu tun hatten,

Kurz vor Weihnachten überwies Münchinger eine größere Summe. Wir waren bei nicht einmal der Hälfte angelangt.

Ich schwitzte die Nächte durch vor Angst und Zorn, denn bei Volkert und Münchinger lagerte nahezu alles Geld, das Bernhard hatte.

Doch Dr. Traugott meinte: »Freuen Sie sich doch, dass etwas gekommen ist. Seien Sie nicht so negativ.«

Beschämt ging ich in mich. Meine laienhafte Vorstellung vom Wert geschäftlicher Verträge und Vereinbarungen war offensichtlich weltfremd und hatte mit der Realität nichts zu tun, denn dort galt das Recht des Stärkeren. In diesem Kräfteverhältnis glich die unbedarfte Witwe einem hinkenden Kaninchen, das sich erdreistet, Forderungen an hungrige Wölfe zu stellen. Bernhard lebte nicht mehr. Musste ich nicht dankbar sein, dass Münchinger überhaupt Zahlungen leistete?

An jenem Faschingsdienstag, als ich vor Anspannung vibrierend auf den Anruf von Helmut Volkert wartete, riss plötzlich und unerwartet die Angelschnur, an der Volkert und Münchinger mich bis dahin nach Belieben hatten zappeln lassen. Zwar saß der Haken noch fest im Herzen und schmerzte. Doch zum ersten Mal seit vielen Monaten blieb der Atem nicht irgendwo im Brustkasten stecken. Ich atmete tief durch, zog mir die Stiefel an und machte im einsetzenden Schneeregen der Dämmerung einen langen Spaziergang durch den menschenleeren Park. Wenn Volkert mich nicht persönlich erreichte – es gab schließlich einen Anrufbeantworter.

Meine Leidensfähigkeit war überschätzt worden, Wenn ich zugrunde ging, dann nicht eines Volkerts oder Münchingers halber.

Die andere in mir und ich begannen sich anzunähern.

Aschermittwoch, zehn vor zehn, fand ich einen Parkplatz direkt vor dem hohen Gebäude in der Innenstadt, in dem sich Münchingers Büro befand.

Von weitem schon sah ich Dr. Traugott die Straße entlangkommen. Sein sonst fröhlich schlendernder Gang war steif, er hielt den Kopf gesenkt. Über welchen Problemen er brüten mochte?

Ich sollte es schnell erfahren.

»Wie wollen wir vorgehen?«, fragte ich ihn, als wir uns begrüßt hatten. »Er hat jetzt seit drei Monaten nichts mehr gezahlt. Ich denke, er lügt, wenn er sagt, er hat nichts.«

Dr. Traugott, der schon halb im Eingang war, drehte sich halb um und fauchte: »Der Mann zahlt, wenn er kann. Im Augenblick kann er nicht. Merken Sie sich ein für alle Mal: Münchinger ist der einzige anständige Schuldner, den Sie haben.«

Wie kam es nur, dass mein Anwalt und ich den Begriff des Anstandes so unterschiedlich auffassten?

»Was sollen wir dann noch bei Münchinger?«, fragte ich, verwundert, dass mich Traugotts Zurechtweisung nicht berührt hatte.

»Herr Münchinger hat versprochen, uns Unterlagen über laufende Geschäfte vorzulegen. Daraus ergibt sich, wann er Ihnen wieder etwas überweisen kann«, sagte Dr. Traugott scharf und drückte auf den Aufzugknopf.

Schweigend fuhren wir in den sechsten Stock.

Eine gute halbe Stunde später standen wir wieder auf der Straße. Münchinger hatte uns in seinem Konferenzraum, Hand auf die linke Brusttasche des Blazers, versichert, er werde alles, alles bezahlen – nur im Augenblick sei es schwierig, wir könnten sehen, er befinde sich in Verhandlungen, die kurz vor dem Abschluss stünden. Er streckte den Arm aus und zog ein paar gedruckte Broschüren heran. »Sehen Sie, mit dieser Firma läuft das Geschäft.«

Dr. Traugott besah sich interessiert die Kataloge und murmelte: »Aha«, und, »das ist ja sehr schön.«

»Wollen Sie nicht auch hineinschauen?«, fragte Münchinger.

»Nein«, sagte ich, »ich möchte die Unterlagen über Ihre Verhandlungen sehen.«

»Ja, selbstverständlich«, sagte Münchinger. Er schien unangenehm berührt. »Ich hole sie eben.«

»Warum zeigt er uns diesen Mist?«, fragte ich Dr. Traugott, als Münchinger den Raum verlassen hatte.

»Wie meinen Sie das?«

»Aus einer Broschüre ersehen wir doch nicht, ob er mit der betreffenden Firma Geschäfte macht.«

Dr. Traugott zog die Luft scharf durch die Nase. Er antwortete nicht.

Ein paar Minuten später stand Münchinger in der offenen Tür und zog bedauernd die Schultern hoch. »Leider hat die Sekretärin den Vorgang verräumt. Sie ist heute nicht da. Ich weiß nicht, wo die Papiere sind.

Er setzte sich nicht mehr. »Wenn Sie entschuldigen, ich habe noch eine Besprechung.«

So standen wir unverrichteter Dinge wieder auf der Straße. Dr. Traugott hatte mit Münchinger, ehe wir sozusagen hinausgeschmissen wurden, einen Termin für die folgende Woche vereinbart, um die Papiere einzusehen.

»Ziemlich frech, dieses Verhalten«, sagte ich.

»Ich verstehe nicht.«

»Uns mit einem nichtssagenden Prospekt abspeisen zu wollen. Ebenso gut könnte ich mir einen Katalog von der Telekom besorgen und behaupten, ich stünde vor einem Geschäftsabschluss.«

Dr. Traugott sah mich feindselig an: »Auf der Ebene diskutiere ich nicht mit Ihnen. Es hat keinen Sinn. Herr Münchinger gibt sich alle Mühe, seinen Verpflichtungen nachzukommen.«

Ich lachte, obwohl mein Herz jetzt doch heftig schlug. »Ich hoffe für Sie und vor allem für mich, dass Sie sich nicht irren.«

An diesem Tag weinte ich das letzte Mal über Bernhards und nun meine Schuldner.

Dass Volkert sich erst eine Woche später meldete und mit einem gewissen Lauern in der Stimme nachfragte, ob ich mir schon Sorgen gemacht hätte, registrierte ich. Mehr nicht.

Einen vollen Monat lang dauerte das Zocken noch. Ich gab in der Summe nicht nach, ließ mich jedoch auf Ratenzahlung ein, doppelt so hohe Raten, wie Volkert sie zunächst angeboten hatte.

Dann bestand Volkert darauf, dass ich für ein abschließendes Gespräch nach Hannover kommen sollte. Als ich ablehnte, einigten wir uns auf Frankfurt, weil es für beide in etwa auf halber Strecke lag.

An einem trüben Märztag saßen wir uns in der Cafeteria eines Museums gegenüber. Wie lächerlich, dachte ich. Als handle es sich um ein konspiratives Agententreffen.

Wie bei unserer ersten Begegnung im Herbst trennte uns ein zwar kleiner, aber immerhin ein Tisch, über den er mich damals schon hatte ziehen wollen. Und es war ihm gelungen, wenn auch nicht so vollständig, wie er geplant hatte.

Das Treffen war überflüssig. Was zu sagen war, hätte auch am Telefon erledigt werden können.

Die Anwälte würden ein Vertragswerk ausarbeiten, das unser Übereinkommen ein für alle Mal regelte.

Volkert trank einen Schluck Kaffee und lächelte zufrieden. In diesem Augenblick wurde mir klar, dass ich hätte mehr verlangen und auch bekommen können. Und ich begriff auch, warum Volkert mich noch einmal hatte sehen wollen. Meine Gegenwart steigerte den Genuss an seinem Triumph, mit einem Drittel der geschuldeten Summe davonzukommen. Zu spät kam die Erkenntnis. Ich hatte gerettet, was ich zu retten in der Lage war. Damit musste ich mich begnügen.

Ein letztes Mal sah ich in das teigige Gesicht mit den wässrigen Augen hinter den dicken Brillengläsern, in das Gesicht des Mannes, der meinen Mann post mortem betrogen hatte, und fühlte Würgereiz in der Kehle aufsteigen.

Vergiss ihn, dachte ich. In zehn Minuten wird er für dich gestorben sein, du musst ihm nie wieder begegnen. Viel verloren, aber auch viel gelernt. Vielleicht würde ich eines Tages dankbar sein für die Erfahrungen, die ich mit Hermann Volkert gemacht hatte.

»So ist das Geschäftsleben. Wenn der Schuldner nicht zahlen kann, muss man warten, bis er flüssig ist. Es hat doch keinen Sinn, die Kuh, die man melken will, zu schlachten.«

Ach ja? Funktionierte das Geschäftsleben so? Wenn ein erfahrener Anwalt wie Dr. Traugott es sagte, musste es stimmen. Ich hatte ja keine Ahnung.

Wieder einmal befanden wir uns in einer Debatte über Münchinger. Ich hatte eine private Recherche angestellt und herausgefunden, dass Münchinger eine Luxuswohnung, aus deren Erlös er »dann alles auf einmal« zahlen wollte, längst verkauft hatte.

Doch in der Wohnung, die über Monate leer gestanden hatte, wohnte jetzt jemand. Ich erzählte es Dr. Traugott, der Münchinger darauf ansprach. Er habe sie vorübergehend vermietet, erklärte Münchinger.

Es stimmte nicht. Die neue Eigentümerin hatte die Wohnung vermietet.

»Er lügt«, sagte ich zu Dr. Traugott, »er führt uns an der Nase herum.«

Der Anwalt sah mich an mit einem Blick, der besagte, jetzt hackt sie schon wieder hysterisch auf dem armen Mann herum. »Sie sehen doch, er hat die Wahrheit gesagt, die Wohnung ist vermietet.«

Aber nicht von Münchinger. Dennoch war er ein aufrechter, ehrlicher Mann. Bei dieser Meinung blieb Dr. Traugott eisern. Allen offensichtlichen Gegenbeweisen zum Trotz.

Ich war ratlos. Wie konnte es angehen, dass Münchinger uns so belog und mein Anwalt ihm immer weiter die Stange hielt? Gegen wen kämpfte ich hier eigentlich?

Morgens wachte ich neuerdings auf, und noch ehe ich richtig bei mir war, bohrte schon der erste giftige Gedanke in meinem Kopf, in meinem Herzen, in meinen Gefühlen. Alles spie Gift. Der Schmerz, dass Bernhard nicht mehr da war, wütete nicht mehr ungehemmt in meinen Eingeweiden. Er hatte sich verwandelt in ein dunkles, schweres Grollen. Es war ein Teil von mir geworden und hörte niemals auf. Ich wollte auch nicht ohne es sein.

Das Problem lag im Gift. Sterben war schrecklich. Doch Überleben war auch nicht lustig.

Eine neue Art der Unsicherheit bemächtigte sich meiner, denn ich spie das Gift nach innen. Äußerlich schien ich mich zu erholen, ich lächelte, war freundlich, lachte, scherzte – und bestand doch nur aus giftigen Gedanken. Niemandem traute ich mehr, hinter jeder harmlosen Bemerkung vermutete ich Ränke, Verrat, Bosheit.

Mit dem Verstand gelang es mir gelegentlich, das Gift zurückzudrängen. Statt seiner wurde ich überschwemmt von Schuldgefühlen, weil selbst meine engeren Freunde nicht von meinen geheimen Giftanfällen verschont blieben.

Ich geriet so durcheinander, dass ich fast täglich ins Kaufhaus eilte und neue Geschirrbürsten kaufte. Teller und Töpfe mit einer neuen, unbenutzten Bürste abzuwaschen befriedete meine Seele für kurze Augenblicke. In Wahrheit reinigte ich mein Inneres, bürstete das Gift aus meinen Gedanken, aus den Gefühlen, so als könnte ich damit das Dunkel von Gegenwart und Zukunft in Helligkeit verwandeln, meine Sorgen von ihrem schweren Gewicht befreien. Magisch zog es mich in die Küche. Stundenlang schrubbte ich mit immer neuen Bürsten im heißen Wasser alles, was an Geschirr in den Regalen stand – nur um am nächsten Tag das Reinigungsritual zu wiederholen.

Nicht einmal Carla erzählte ich von meinen Geschirrbürsten-Orgien.

Ein Dreivierteljahr nach Bernhards Tod musste ich mir eingestehen, dass ich zwar nicht die Hände in den Schoß gelegt und gewartet hatte, bis die Unwetter sich über mir entluden. Ich hatte gekämpft, so gut ich konnte. Doch Boden gewonnen hatte ich kaum. Zu viel Verteidigung, wo Angriff gefordert war. Zu viele gegnerische Waffen, die ich nicht kannte. Zu viel Chaos und kein Überblick.

Die Akte Volkert war unbefriedigend geschlossen worden. Schwach hatte ich verhandelt, miserabel war das Ergebnis. Münchinger schlug Volte um Volte, zahlte hier einen Brocken, dort einen Brocken, hatte Dr. Traugott anscheinend vollständig um den Finger gewickelt und machte, was er wollte.

Den dritten Schuldner, der auch einen großen, aber nicht so lebenswichtig hohen Betrag schuldete, hatte ich Dr. Traugott ganz zur Bearbeitung überlassen. »Wir haben einen Titel gegen ihn«, sagte Dr. Traugott. Was war ein Titel? Ich wusste es nicht, genierte mich nachzufragen und hörte von der Sache nichts mehr.

Das Bernhard gegebene Versprechen, das Erbe zu bewahren,

hatte ich nicht nur nicht eingelöst. Alles, was ich erreicht hatte, waren Verluste auf allen Ebenen.

Eines Morgens, als ich auf dem Weg zum Schuster war, um die abgetretenen Winterstiefel besohlen zu lassen, bemerkte ich plötzlich, dass Frühling war. In den Vorgärten blühten die Forsythienbüsche, zwischen die Randeinfassungen der Hecken drängten sich Büschel von Veilchen, und auf dem Platz neben der Eisdiele hatte die Stadt große Tröge mit bunten Tulpen und Narzissen aufgestellt. An den Zweigen der Kastanienbäume lugten aus dicken, feucht glänzenden Knospen die ersten zartgrünen Blattspitzen. Ostern stand vor der Tür.

Und ich verwaltete mich selbst, war verstrickt in eine Selbstverwaltung, die mich so in Anspruch nahm, dass ich nichts mehr um mich herum sah und hörte.

Bernhard, es ist Frühling. Der erste Frühling ohne dich. Nie mehr werde ich durch diese Straßen radeln und so glücklich sein, dass ich fast vom Fahrrad falle.

Kurz vor dem Schuster blieb mein Blick an einem besonders prachtvollen Forsythienbusch hängen, der sich in einem großen Vorgarten sonnte.

Unter diesem Forsythienbusch hatten Bernhard und ich vor vielen Jahren nachts eine kleine Amsel begraben, die im Blumenkasten auf unserem Küchenbalkon ausgebrütet worden war und als letzte, kleinste des Geleges den Abflug nicht geschafft hatte. Sie plumpste auf den Boden und war am nächsten Morgen tot. Wir hatten sie in eine Blechdose auf Watte gelegt und dann mit einem Suppenlöffel ein kleines Grab unter der Forsythie ausgehoben.

Sofort, jetzt gleich musste ich hin, zu ihm. Auf dem Absatz drehte ich um und rannte nach Hause. Eine knappe Stunde später war ich auf der Autobahn.

Wenn ich aufs Gas drückte, konnte ich die knapp 600 Kilometer in gut vier Stunden schaffen. Ich hatte Übung darin. Im Herbst war ich alle zehn Tage zum Friedhof gefahren, der Grabstein war ersetzt worden, die Einfassung musste geändert werden, die Bepflanzung mit dem Gärtner besprochen. Und ich brauchte diese Stunden am Grab, bei meiner einzigen großen Liebe, bei Bernhard. Alles, was passiert war, erzählte ich ihm, ich wusste, er hörte mich.

Ständig sehnte ich mich nach dem stillen Friedhof mit den uralten Bäumen. Betrat ich ihn, wurde ich augenblicklich von einer Atmosphäre heiterer Gelassenheit umfangen, es schien mir, als genössen die Toten, die dort lagen, ihre friedliche Abgeschiedenheit und wollten mich daran teilhaben lassen.

Ich kannte es auch anders. Der große Friedhof, auf dem meine Mutter begraben lag, atmete großstädtisches Pathos, Einsamkeit und Vergessen. Jedes Mal atmete ich erleichtert auf, wenn ich wieder auf die Straße trat.

Schräg gegenüber von Bernhards Grab stand eine Bank neben einem Brunnen für Gießwasser. Wenn ich Verblühtes abgezupft, die mitgebrachten Rosen in die Steckvase gestellt und die Kerzen in den beiden Ampeln angezündet hatte, setzte ich mich auf die Bank, blickte zu Bernhard hinüber und fühlte mich für eine Weile geborgen. Die Einsamkeit war noch da, doch sanfter, weicher, fast ein zärtliches Gefühl.

Außer Carla erfuhr niemand mehr von meinen häufigen Kurzreisen zum Friedhof. Anfangs hatte ich allen, die sich nach Bernhards Grab erkundigten, arglos von meinen Fahrten erzählt. Doch das ausdrucksvolle Schweigen, dem zu oft ein indigniertes »wieee oft fährst du dahin?« folgte, lehrte mich, den Mund zu halten. Ich wollte mich nicht rechtfertigen müssen, versichern, dass ich nicht hysterisch sei und mich im Griff habe.

Die dicke Wirtin der billigen Privatpension, in der ich immer übernachtete, begrüßte mich mit einem halb mitleidigen, halb abfälligen »na, schon wieder da?« Auf ihrer klein geblümten Kittelschürze drängte sich vor dem Bauch eine Sammlung unterschiedlicher Essensflecke.

»Kostet eine schöne Stange Geld, die weite Fahrt«, sagte sie nachdenklich. »Und alles für einen, der nichts mehr davon hat.«

Im Herbst, es war vielleicht meine vierte oder fünfte Reise gewesen, hatte sie sich eines Morgens im Frühstücksraum vor meinem Tisch aufgebaut und energisch den Grund für meine häufigen Besuche aus mir herausgefragt. Seitdem wurde sie von Mal zu Mal vertraulicher. Ich kannte die Krankheitsgeschichte ihres bettlägerigen Schwiegervaters, das Alkoholproblem ihres Mannes und den Kummer mit ihrer siebzehnjährigen Tochter, die in Discos herumhing und nicht arbeiten wollte.

»Der Gärtner will die Sommerbepflanzung mit mir besprechen«, sagte ich und hasste mich im selben Augenblick für meine Taktlosigkeit.

Für so etwas reichte das Geld nicht in diesem Haus. Und ich hasste mich, weil ich mich schon wieder gerechtfertigt hatte. Noch dazu mit einer Notlüge. Warum konnte ich nicht wenigstens einer Pensionswirtin gegenüber sicher auftreten?

War dieses andauernde Schuldgefühl, das all meine unsinnigen Rechtfertigungen und Entschuldigungen gebar, erst nach Bernhards Tod entstanden? Ich wusste es nicht. Doch ich würde es ändern. So lange an mir arbeiten, bis ich aufgehört hatte, mich für jede Lebensäußerung und meine Existenz als solche zu rechtfertigen.

Auf der Rückfahrt dachte ich an die Menschen, die mein Denken der letzten Zeit beherrscht hatten, Dr. Traugott, Volkert, Münchinger, Herrn Würfel. Mir wurde klar, dass ich ein Gegengewicht schaffen musste zu den unerfreulichen Geschäftsvorgängen, die mich wahrscheinlich noch lange beschäftigen würden.

Hatte ich Herrn Würfel ganz am Anfang, bei jener denkwürdigen Zusammenkunft mit seinen »Spezialisten«, nicht gesagt, ich wolle eine soziale Aufgabe übernehmen? Genau das war es, was ich brauchte: Ich würde mir helfen, indem ich anderen half. Und so vielleicht meine Mitte finden oder wiederfinden.

Akte der Nächstenliebe

Es war der Morgen, an dem ich mich innerlich vorbereitete auf meinen ersten Besuch im Krankenhaus. Mein Bedürfnis, mich sozial zu engagieren, war so drängend geworden, dass der Verstand, der mich ermahnte, erst meine Angelegenheiten in Ordnung zu bringen, sich nicht durchzusetzen vermocht hatte.

»Wenn Sie mir mit der Miete nicht noch weiter entgegenkommen, dann ziehe ich in drei Wochen aus.«

Knapp drei Wochen nach Bernhards Tod hatte Herr Leupold aus Halberstadt in Sachsen-Anhalt schon einmal die Gunst der unglücklichen Stunde genutzt und mir eine beträchtliche Mietreduzierung abgepresst.

Nun war es wieder so weit. Viel niedrigere Vergleichsmieten? Aha! Gut, ich würde ihm entgegenkommen. Er war ja ein ordentlicher, ruhiger Mieter. Ab nächsten Monat schon? So schnell? Meinethalben.

Später, viel später, rechnete ich nach, dass Herr Leupold damit für die ganze einhundertvierzig Quadratmeter große Büroetage in bester Innenstadtlage pro Monat weniger bezahlte, als ein durchschnittliches Einzimmerapartment in einer westdeutschen Großstadt an Miete kostete.

An diesem Vormittag jedoch war ich nur erleichtert, Herrn Leupold rasch wieder loszuwerden.

Die Miete deckte die Darlehenszinsen ohnehin nicht mehr, da die Mietgarantie des Großkonzerns, der den Altbau in Halberstadt renoviert hatte, zeitgleich mit Bernhards Tod abgelaufen war. Nun war es auch egal.

Ich bebte vor Aufregung. Um halb zwei sollte ich auf der Krebsstation antreten. Würde ich der schweren Aufgabe gerecht werden können? Hätte es nicht etwas Einfacheres sein können?

Der Pfarrer meiner Gemeinde hatte abgewinkt. Er kannte niemanden, der einmal die Woche Hilfe brauchte, kannte keinen Alten, keinen Bedürftigen, dem ich zur Hand gehen konnte, einkaufen, vorlesen, irgendetwas.

Der Pflegedienst, der Bernhard die letzten Wochen über betreut hatte, lehnte mich als ehrenamtliche Hilfskraft höflich, aber strikt ab, ich verstand nicht warum.

In der nahen Caritas-Station hatte eine mürrische Mittfünfzigerin mich von oben bis unten gemustert und mit dem Hinweis »eine Geldspende wäre uns lieber« weitergeschickt. Niemand wollte mich.

Dann war mir der Professor eingefallen. Viele Wochen hatte Bernhard auf seiner Krebsstation gelegen.

Eines Tages hatte ich im Flur den Professor auf einen armen Schwerkranken angesprochen, den ich beobachtet hatte und für den offensichtlich niemand da war, der ihn besuchte, kleine Besorgungen erledigte, sich seine Kümmernisse anhörte. Er hatte herzerweichend gejammert, weil er nicht wusste, wie er bestimmte Behördenanträge ausfüllen musste.

Ja, hatte der Professor gemeint, es sei traurig, solche Fälle kämen immer wieder vor. Nur seien der Krankenhauspfarrer und die Psychologin überfordert, denn sie hätten das gesamte Klinikum zu betreuen.

Wollte ich mich nicht finden? Zu mir kommen? Nicht nur in schwierigsten Geldproblemen wühlen? Wieder eine Mitte haben, wenn ich denn je eine gehabt hatte. In meinem gedankenlos glücklichen Leben mit Bernhard hatte ich mich nie danach gefragt.

Nun begriff ich, dass ich nicht ohne auskommen würde. Ich brauchte Erdung, einen inneren Fluchtpunkt, musste meinem Leben einen neuen Sinn geben. Aber war mein Verlangen, anderen beizustehen, der richtige Weg? Und wenn ich nur meinen eigenen Schmerz mit dem Schmerz anderer heilen wollte?

Nach kurzem Zögern rief ich den Professor an, besuchte ihn in der Klinik und schlug ihm vor, einmal pro Woche einsame Menschen auf der Krebsstation zu besuchen. Ich kannte die Ärzte, kannte die Schwestern, die Station war mir vertraut.

Der Professor war überrascht und fragte, ob ich mir nicht zu viel zumutete. Immerhin würde ich dort tätig werden, wo mich die Erinnerung an Bernhards langsames Sterben auf Schritt und Tritt begleiteten.

Leidenschaftlich widersprach ich.

»Mein Mann hatte mich. Wer niemanden hat, dem möchte ich das Gefühl geben, nicht ganz alleine zu sein.«

Der Professor begann sich für die Idee zu erwärmen. Schließlich kam er zu dem Schluss, sie sei großartig. Im Grunde habe so etwas immer gefehlt auf seiner Station.

Er werde die Ärzte der Station verständigen und die Schwestern auf mein Kommen vorbereiten.

Einen Nachmittag in der Woche für Kranke da zu sein, die ganz allein waren, würde mich zurück ins Leben holen. Würde es das? Und in welches Leben? Ach was, ich würde meinen Weg finden.

Jener Mittwoch im Spätfrühling war sonnig und warm. Mit klopfendem Herzen durchquerte ich kurz nach ein Uhr Mittag die große Eingangshalle der Klinik, in der sich auch die Cafeteria befand. Wie oft hatten Bernhard und ich dort gesessen, gewartet, gehofft, gebangt.

Ein scharfer Schmerz durchzuckte mich. Seit Bernhards Tod hatte ich das Krankenhaus nicht mehr betreten. Die Räume des Professors befanden sich in einem Seitentrakt. Als ich ihn besucht hatte, war mir der Gang durch die Klinik erspart geblieben.

Die Station war, wie sich herausstellte, vorübergehend in einen anderen Flügel des Krankenhauses ausgelagert, das alte Stockwerk wurde renoviert. Ich atmete auf. An Zimmer 312 vorbeizugehen, wo Bernhard zum ersten Mal drei Wochen gelegen hatte, als wir noch voller Hoffnung waren, oder Zimmer 314 zu betreten, in dem er nur noch an schmerzlindernde Infusionen angeschlossen worden war, wäre vielleicht doch mehr gewesen, als ich ertragen konnte.

Langsam ging ich einen Gang entlang, auf dem Bernhard mir oft in seinem fast bodenlangen, kornblumenblauen Bademantel entgegengekommen war, den wir im Scherz den Krönungsmantel getauft hatten. In diesem Gang befanden sich viele der Untersuchungsräume, für Röntgenaufnahmen, Sonografie, Computertomografie, wir hatten ungezählte Stunden in den kleinen Warteräumen verbracht.

»Was machen Sie denn hier?«

In Gedanken versunken hatte ich nicht gesehen, dass einer der Oberärzte neben mir stehen geblieben war.

»Oh, ich, es ist so, ich arbeite ab heute hier einmal die Woche. Ehrenamtlich. Ich besuche Schwerkranke, die keine Angehörigen haben.«

»So?«, sagte der Oberarzt verwundert und sah mich forschend an. »Das ist sehr verdienstvoll. Ja, dann, alles Gute!«

Das Blut war mir in den Kopf geschossen, ich glühte. Der Oberarzt hält mich für verrückt, dachte ich und fühlte mich, als hätte er mich bei etwas Verbotenem ertappt. Mühsam kämpfte ich gegen den Wunsch an, sofort umzukehren und aus dem Krankenhaus zu flüchten.

»Sieh mal, wer da kommt! Nein, so eine Überraschung! Was führt Sie denn zu uns?«

Die Stationsschwester, die soeben mit einer Infusionsflasche aus dem Schwesternzimmer trat, blieb stehen. »Haben Sie Sehnsucht nach uns bekommen?«, fragte sie scherzhaft mit einem Hauch von Befremdung in der Stimme.

»Hat der Professor nicht mit Ihnen gesprochen?«

»Nein, mit mir hat niemand geredet.«

»Ach«, sagte die Schwester ohne Begeisterung, als ich ihr den Grund für mein Kommen erklärt hatte, »dann wird vielleicht Frau Doktor Bescheid wissen. Gehen Sie da rüber, das Ärztezimmer ist die vorletzte Tür.«

Schien es mir nur so, oder bohrte sich der Blick der Schwester in meinen Rücken, als ich auf das Ärztezimmer zuging? Fühlten sich die Schwestern durch mich und mein Vorhaben womöglich in ihrer Ehre angegriffen? So als wollte ich ihnen vorführen, dass sie nicht genug für die Kranken taten? Was gerade auf dieser Station absurd war, denn die Schwestern rieben sich auf für ihre schwer kranken Patienten. Oder spielte meine eigene Unsicherheit mir böse Streiche?

Ich klopfte. Niemand antwortete. Nach dem dritten Klopfen öffnete ich vorsichtig die Tür. Das Ärztezimmer war leer. Reizend, dachte ich, das passt zu allem anderen.

Endlose Minuten vergingen. Der Drang wegzulaufen wurde immer größer.

Nein, ich würde bleiben und das durchstehen. Ich war keine Hauptperson, nur ein winziges Rädchen, das zu warten hatte, bis man es einfügte in das Getriebe.

Endlich öffnete sich in einiger Entfernung die automatische Schwingtür zur Station, und die diensthabende Stationsärztin näherte sich sichtlich genervt. Ich kannte sie nur gestresst und abweisend.

Sie immerhin wusste Bescheid. »Da sind Sie also. Kommen Sie, ich habe jemanden für Sie. Ein schwieriger Mann. Er ist alleinstehend, seine alte Mutter wohnt weit weg auf dem Land und kann selten herkommen. Er lehnt alle Schwestern ab, schwierig eben. Versuchen Sie es. Wenn es nicht klappt, dann sehen wir weiter.« Der Ansatz eines Lächelns zeigte sich um ihre Mundwinkel.

»Was hat er?«, fragte ich.

»Einen seltenen Blutkrebs. Es geht ihm im Augenblick nicht gut.«

»Wird er überleben?«

»Kaum. Aber so weit ist es noch nicht.«

Herr Wiesold also. Zimmer 23. Der Gang war kurz, viel zu kurz. Ich holte tief Luft, dann klopfte ich leise und trat ein.

Das Zimmer war halb abgedunkelt. Im Bett lag ein schwer atmender Mann, vielleicht Ende dreißig, Schweißtropfen standen auf seiner Stirn. Drei Infusionsflaschen hingen an einem Ständer und gaben langsam ihre Tropfen in den Schlauch ab, der zu der Nadel auf seinem rechten Handrücken führte.

Der Mann drehte den Kopf ein wenig, sodass er mich aus den Augenwinkeln sehen konnte.

»Guten Tag«, sagte ich und lächelte ihn an, »ich bin hier, um Sie zu fragen, ob Sie etwas brauchen, das ich Ihnen besorgen könnte, und mich mit Ihnen zu unterhalten, wenn Sie möchten.«

Der Mann hatte meinen Gruß nicht erwidert.

»Warum?«, fragte er.

»Warum was?«

»Warum tun Sie das?«

»Darf ich mich einen Augenblick setzen?«, fragte ich, machte drei Schritte auf den Besucherstuhl zu und zog ihn ans Fußende des Bettes, damit der Kranke den Kopf nicht drehen musste.

Herr Wiesold nickte. Er war ein hübscher, blonder Mann mit weichen, verletzlichen Zügen.

Eine Dreiviertelstunde später verließ ich das Zimmer wieder. Herr Wiesold war müde geworden und wollte schlafen.

Ich hatte ihm versprochen, am nächsten Tag wiederzukommen, mit Novellen von Emil Zola und einer Boulevard-Zeitung.

Mit leiser stockender Stimme hatte er mir von seinem Vater erzählt, der früh an Krebs gestorben war, von seinem Bruder, der ein Jahr zuvor ebenfalls an Krebs gestorben war, und von seiner Mutter, die nicht Auto fahren konnte und schwer herzkrank war. Zum Abschied lächelte er erschöpft. »Bis morgen.«

»Bis morgen«, sagte ich.

Der Besuch bei dem fremden Krebskranken hatte mich mindestens so angestrengt wie ihn selbst. Unschlüssig stand ich vor der Tür.

»Das nenne ich toll! Dass er Sie nicht rausgeschmissen hat – Respekt!« Die Stationsschwester, die gerade die Tür des Nebenzimmers hinter sich zuzog, lächelte, »ein guter Anfang!«

Seltsam trauriges Hochgefühl bemächtigte sich meiner. Ich wurde akzeptiert, vielleicht sogar gebraucht. Das war es, was ich gewollt hatte.

»Ist noch jemand auf der Station, der niemanden hat?«, fragte ich, plötzlich kräftig und zuversichtlich, obwohl ich eben noch gemeint hatte, dass der eine Besuch genug war für das erste Mal.

»Freilich. Da, um die Ecke, das erste Zimmer, Frau Eck. Die ist auch immer alleine.«

Wieder klopfte ich und trat ein. Es war ein Dreibettzimmer. Zwei Augenpaare blickten mich neugierig an.

»Ich suche Frau Eck«, sagte ich so munter wie möglich.

Eine Frau, die nahe dem Fenster auf ihrem Bettrand saß, deutete mit dem Finger auf das Bett direkt neben der Tür.

Frau Eck lag flach ausgestreckt, die Hände vor der Brust gefaltet, eine bleiche, ältere Frau mit verklebten grauen Löckchen. Sie schien zu schlafen. Für einen Moment blieb ich unschlüssig neben ihrem Bett stehen. Ich wollte sie nicht wecken. Da öffnete sie die Augen und sah ängstlich zu mir auf: »Was ist denn?« Ihre dünne Stimme zitterte.

Mit einem kurzen Blick auf die Zimmergenossinnen, die im Hintergrund die Ohren spitzten, erklärte ich ihr meine Anwesenheit.

»Aber ich brauche doch gar nichts.« Tränen standen in ihren Augen.

In diesem Augenblick öffnete sich die Tür, und eine hagere Frau, die in den Vierzigern sein mochte, steuerte energisch auf uns zu.

»Was wollen Sie von meiner Mutter?«

Etwas lief schief, entsetzlich schief. Hielt sie mich für eine Zeitschriftenvertreterin?

»Man hat mir gesagt, Fr. Eck sei allein stehend und habe niemanden. Ich wollte sie besuchen. Ich mache das ehrenamtlich.«

»Meine Mutter braucht keinen fremden Besuch«, fuhr die Frau mich aufgebracht an.

»Entschuldigen Sie, man hat mich anscheinend falsch informiert. Ich wollte nicht stören.«

Die Zimmergenossinnen hatten die Szene mit sichtlichem Vergnügen verfolgt. Sie feixten, als ich, bemüht, das Zimmer so rasch wie möglich zu verlassen, stolperte und hart gegen die Fußwand des Bettes knallte. Die Kranke fuhr zusammen, in den Zügen der Tochter las ich nackte Wut.

Ein Zwischenfall wie dieser durfte nicht noch einmal passieren. Ich musste mit den Schwestern sprechen. Sofort. Entschlossen eilte ich den Gang entlang. Hinter mir rief eine Stimme: »Warten Sie.«

Ich drehte mich um. Die eben noch wütende Tochter stürzte auf mich zu. Ihre Wut war verflogen, sie machte einen aufgelösten Eindruck: »Sagen Sie, hatte Ihr Besuch zu bedeuten, dass es meiner Mutter schlechter geht? Sie müssen mir das sagen.

Ich meine, weil Sie so …« Ihre Stimme versagte. Sie konnte nicht weitersprechen.

Erst verstand ich nicht. Dann sah ich an mir herunter. Ich war von Kopf bis Fuß in Schwarz gekleidet.

»Aber nein, Sie können ganz ruhig sein. Ich trage Schwarz, weil ich seit kurzem verwitwet bin. Aus keinem anderen Grund. Wirklich. Mein Besuch war ganz harmlos, glauben Sie mir. Ich weiß ja nicht einmal, was Ihre Mutter hat.«

Die hagere Frau schluckte und wischte sich über die feuchten Augen. »Dann ist es gut. Ich dachte schon … und bin so entsetzlich erschrocken. Entschuldigen Sie, dass ich unhöflich war.«

»Ich mache diese Besuche heute zum ersten Mal. Da passieren Irrtümer. Leider.«

Ein kurzer prüfender Blick traf mich, dann wandte sich die Frau wortlos ab und ging zurück ins Zimmer ihrer Mutter.

Ich sah ihr nach. Auch ich hatte das Bedürfnis zu weinen. Menschen in Panik zu versetzen war nicht mein Anliegen.

»Die hat eine Tochter, die kommt? Na, umso besser.«

Die Stationsschwester war schon wieder mit Infusionsflaschen unterwegs und hatte offensichtlich wenig Neigung, sich auf eine Diskussion über Sinn oder Unsinn unerwünschter Besuche einzulassen.

»Ist sonst noch jemand da, dem Besuch vielleicht angenehm wäre?«, fragte ich unsicher.

»Nicht, dass ich wüsste.«

»Dann gehe ich jetzt. Ich komme morgen wieder.«

»Morgen schon?«

Sie klingt befremdet, dachte ich.

»Herr Wiesold freut sich, wenn ich komme. Ich bringe ihm Bücher und die Zeitung.«

»Wie Sie wollen.«

Ein forschender Blick der Schwester. Er traf mich ins Mark. Was war los, was machte ich falsch?

Warum musste ich mich fast entschuldigen dafür, dass ich einen todkranken Mann besuchte?

Zu Hause legte ich mich, so wie ich war, aufs Bett und schloss die Augen. Irgendetwas war nicht in Ordnung mit meinem sozialen Engagement. Vielleicht stand mir meine eigene Unsicherheit im Wege. Ganz sicher fehlte mir Gelassenheit. Momentaufnahmen aus Bernhards letzten Klinikaufenthalten, die keine Hoffnung mehr gebracht hatten auf Stillstand der Krankheit, schossen mir durch den Kopf. Traurige, kleine Begebenheiten, ein plötzlicher Fieberschub, ein verheerendes Röntgenergebnis, meine vielen Gebete in der Krankenhauskapelle – ich hatte sie alle in einer Schublade fest verschlossen. Jetzt sprang die Schublade auf und entlud ihren Inhalt. Ich drehte mich zur Seite und weinte und konnte nicht aufhören zu weinen.

Herrn Wiesold schien es am nächsten Tag besser zu gehen. Mit einem schüchternen Lächeln erwiderte er meinen Gruß. Er hatte sich rasieren lassen und trug einen frischen hellrosa Pyjama.

Er wollte reden. Von den zwei wunderbaren Jahren, die er als

Bauingenieur in Moskau verbracht hatte, als seine Firma dort die Niederlassung eines deutschen Unternehmens baute. Es war sein erster längerer Auslandsaufenthalt gewesen, und er hatte entdeckt, dass er sich in der Fremde besser fühlte als zu Hause. Er werde reisen, wenn er wieder auf den Beinen sei, viele große Reisen unternehmen. Das habe er sich gleich vorgenommen, als er aus Moskau zurückkam. Aber dann sei er krank geworden. Nun müssten die Reisen warten.

Herr Wiesold tastete nach dem Glas auf seinem Nachtkasten. Vorsichtig nahm er einen Schluck Mineralwasser.

»Was meinen Sie, werde ich wieder gesund?«, fragte er unvermittelt.

»Was sollte dem im Wege stehen?«, fragte ich zurück.

Der Professor hatte mir eingeschärft, mich unter keinen Umständen auf Gespräche über die Krankheit der Patienten einzulassen.

»Ich weiß nicht«, sagte Herr Wiesold und senkte den Blick. »Ich bin so matt, und mir ist so heiß.«

Eine Woche später wurde ich irrtümlich noch einmal zu einer Patientin geschickt, die niemanden zu haben schien. Auch sie lag in einem Mehrbettzimmer. Die Szene verlief ähnlich unangenehm wie die mit Mutter und Tochter. Nur dass sich in diesem Fall ein Ehemann bereits im Raum befand, der mich umgehend empört aus dem Zimmer jagte.

Es war der Tag, an dem ich das Zimmer von Herrn Wiesold leer vorfand. Das Bett war frisch bezogen, Herr Wiesold war nicht mehr da.

Mein Herz schlug bis zum Hals. Ich rannte zum Schwesternzimmer.

»Wo ist Herr Wiesold?«

Die freundliche koreanische Schwester, die ich von Bernhards Aufenthalten auf der Station her kannte, blickte von einer Tabelle auf.

»Der ist heute Nacht kollabiert. Sie mussten ihn auf die Intensivstation bringen. Es geht ihm schlecht. Er ist nicht bei Bewusstsein.«

Vier- oder fünfmal hatte ich ihn besucht. Er hatte mir auch von der einzigen Liebe seines Lebens erzählt, einem Mädchen, das ihn verließ, um einen Mann mit Vermögen zu heiraten, »ich war ihren Eltern nicht gut genug, und sie hat sich nicht durchsetzen können«. Herrn Wiesold waren die Tränen gekommen. Seine verlorene Liebe trieb ihn nach fünfzehn Jahren noch um.

Ich kannte seine Sorgen um die alte Mutter, die ganz alleine in seinem Elternhaus auf einer Anhöhe lebte und die vier Kilometer hinunter in den Ort zum Einkaufen mit ihrem kranken Herz kaum noch schaffte. Wenn er nur endlich gesund würde und ihr wieder helfen könnte!

Der schwer kranke Mann hatte Vertrauen zu mir gefasst. Es schien ihm gut zu tun, sein Herz zu erleichtern.

Herr Wiesold – er war mein Halt gewesen, meine Aufgabe, meine Freude. Nun kämpfte er mit dem Tod.

Ich setzte mich im Flur auf eine Bank und versuchte für ihn zu beten. Doch in mir war nur Leere, eisige Leere.

Noch knapp zwei Monate lang zwang ich mich, jeden Mittwochmittag ins Krankenhaus zu fahren. Ich fühlte mich überflüssig, aufdringlich, lächerlich. Die Assistenzärzte beäugten mich amüsiert, wenn ich in der Tür stand und nach allein stehenden Patienten fragte, wie eine Bettlerin um Almosen. Ein paar Wochen lang gaben sich die Oberärzte alle Mühe, Arbeit für mich zu finden. Doch ein ums andere Mal schlich ich unverrichteter Dinge davon.

Eine todkranke Frau, um die sich, wie mir der Arzt sagte, keine Menschenseele kümmerte, schmiss mich hysterisch aus dem Zimmer, weil die Bettnachbarin eine spöttische Bemerkung über den unbekannten Besuch machte.

Ein allein stehender Pfarrer dankte eisig für das Angebot, er habe keinen Besuchsbedarf, brauche auch nichts, wolle ungestört bleiben.

An einem strahlenden Aprilnachmittag, die Sonne warf breite Lichtbündel in die Krankenhausflure, wanderte ich wieder vor dem Stationszimmer auf und ab, ratlos, ob ich es wagen konnte, die Schwestern nochmals zu befragen oder ob ich sofort umdrehen und nach Hause fahren sollte. Plötzlich wurde mir klar:

Mein Projekt, das ich mir so sinnvoll und befriedigend vorgestellt hatte, war nicht gescheitert, es war von vorneherein ein Traumgebilde gewesen. Die Realität sah anders aus.

Natürlich gab es einsame Schwerkranke. Die meisten von ihnen lagen in Mehrbettzimmern. Doch durch fremden Besuch herausgehoben zu werden als jemand, der sonst niemand hatte, der zu ihm kam, mochte in einem Einzelzimmer eben noch akzeptiert, zumindest nicht als Beleidigung wahrgenommen werden. Vor neugierig lauschenden Zimmergenossen jedoch kam mein Erscheinen einer Stigmatisierung gleich, die allen vor Augen führte, was mit Mühe verschleiert worden war: die Schande der Einsamkeit.

Vielleicht hatten sie ihre Einsamkeit auch umdefiniert in Unabhängigkeit und beharrten nun darauf. Sie wollten durch meine Besuche nicht daran erinnert werden, dass sie aus Not im Selbstbetrug Platz genommen hatten.

Hätte ich nicht wissen müssen, dass Menschen bisweilen raffinierte Mauerkonstruktionen hochziehen, um ihre verwundeten Seelen vor neuen Verletzungen zu schützen? Dass die Scham, kein Netzwerk von wärmenden Kontakten zu besitzen, dazu führte, dass sie sich immer weiter in ihre Einsamkeit verbohrten? Hätte ich all das nicht wissen müssen?

War mein Bedürfnis, gerade dort zu helfen und gebraucht zu werden, wo jede Türklinke, jeder Infusionsständer, jeder weiße Arztkittel mich an Bernhards Kampf gegen das Sterben erinnerte, nicht der verzweifelte Versuch gewesen, die eigene Mauer einzureißen, die ich begonnen hatte, hochzuziehen? Es entsprach der

Wahrheit, was ich dem Professor versichert hatte: »Die Krankengeschichten der Leute kann ich ausblenden. Ich lasse sie nicht an mich heran.« Der einzige Mensch, dessen Leiden mich wirklich berührte, war ich selbst.

Hieß Witwe sein, so wirr, so unverantwortlich zu fühlen, zu denken, zu agieren, orientierungslos umherirrend wie eine, die ihren Verstand verloren hat? Ich wollte helfen, mich erwünscht und gebraucht fühlen, etwas menschlich Sinnvolles tun – für mich!

Aus dem Krankenhaus floh ich, ohne mich von den Ärzten und Schwestern zu verabschieden. Vielleicht würden sie mein Ausbleiben nicht einmal bemerken, Blieb der Professor. Ihm musste ich Bescheid geben.
 Er empfing mich drei Tage später in seinem kleinen schmucklosen Arbeitszimmer, hörte sich meinen Bericht aufmerksam an und sagte dann mit einem bedauernden Lächeln: »Ich hatte mir schon gedacht, dass Sie das nicht lange machen würden.«
 »Ich bin wirklich wochenlang umsonst ...«
 »Sie brauchen sich nicht zu entschuldigen«, unterbrach mich der Professor. »Sie haben es versucht. Wenn sich eine andere Aufgabe ergeben sollte, bei der Sie mitmachen können, werde ich Sie verständigen.« Wir gaben uns die Hand, und ich wusste, er würde niemals anrufen.

Obwohl ich die Mittwochnachmittage zu fürchten gelernt hatte, beschäftigte mich das Krankenhaus in den folgenden Wochen unausgesetzt. Und wenn ich nicht lange genug durchgehalten hatte, bis sich meine Tätigkeit herumgesprochen und Teil der Institution geworden war? Wenn ich zu früh aufgegeben hatte? Wenn der Professor mit seiner Andeutung Recht gehabt hatte, dass ich in Wahrheit nie vorgehabt hatte, dabeizubleiben?

Grübelnd und niedergeschlagen saß ich am Schreibtisch. Ich saß fast nur noch am Schreibtisch, alles andere erschien mir unzulässige Zeitvergeudung. Das Telefon klingelte.

Ich hob ab. Es war Frau Seifert. Innerlich stöhnte ich. Nicht schon wieder diese Frau.

Kurz nach der Trauerfeier hatte sie zum ersten Mal angerufen und sich weinerlich und weitschweifig dafür entschuldigt, dass sie und ihr Mann nicht gekommen waren, auch keine Karte geschickt hatten.

Ich kannte sie nicht, wusste aber, wer sie war. Ihr Mann und sie lebten in Thüringen. Bernhard hatte Seifert über einen Geschäftskontakt in Gera kennen gelernt und Freundschaft mit ihm geschlossen. Seifert war dann von einem Partner aus dem Westen, dem er vertraut hatte, um fast alles gebracht worden, was er hatte.

Bernhard half ihm, durch ein anderes Geschäft wieder zu Geld zu kommen. Oft telefonierten die beiden. Einmal kam Herr Seifert nachmittags zu Besuch, ich sah ihn kurz, er war ein großer schwerfälliger Mann, den ich sofort vergaß. Bernhard erzählte mir hinterher, dass er Herrn Seifert eindringlich ermahnt hatte, dieses Mal sein Geld sicher anzulegen.

»Ich erreiche Seifert nicht«, sagte Bernhard etwa drei Wochen vor seinem Tod. Das Schweigen des Freundes verletzte ihn. »Ich möchte so gerne mit ihm sprechen. Er ruft nie zurück.« Herr Seifert rief bis zum Schluss nicht zurück.

Im Oktober rief Frau Seifert an, ihr Sohn habe einen Job in meiner Stadt gefunden, sie helfe ihm gerade, sich einzurichten. Sie wolle mich unbedingt kennen lernen. Ich winkte ab, doch sie ließ sich nicht abweisen, »und wenn es nur zehn Minuten sind«.

Gut, dachte ich, Bernhard zuliebe, Herr Seifert war, wie auch immer, sein Freund gewesen. Ich würde also dieser Frau begegnen, die am Telefon endlos geklagt hatte, wie schwer das Leben sei und wie schlecht bezahlt die neue Anstellung ihres Sohnes. Und wie wenig Geld sie hätten, und außerdem müsse sie mir etwas zu ihrem Mann erklären.

Ich traf sie in einem Café in der Innenstadt: eine sorgfältig geschminkte Endvierzigern mit einem winzigen Hut auf schwarzen, hochgesteckten Locken. Neckisch streckte sie mir einen Blumenstrauß entgegen: »Sie sehen ja so gut aus, nein, das wusste ich gar nicht. Mein Mann hat damals, als er bei Ihnen war, hinterher nur gesagt, Sie seien mager.«

»Sie hätten die Blumen besser zur Trauerfeier meines Mannes geschickt«, sagte ich unfreundlich. Frau Seifert missfiel mir.

Zwei dicke Tränen liefen über ihre molligen Backen. »Ach, Sie wissen ja nicht. Mein Mann ist völlig zusammengebrochen, als er vom Tod Ihres Mannes hörte. Er spricht nicht mehr mit mir, hat sich völlig in sich zurückgezogen, ich erreiche ihn nicht mehr.«

»Warum hat er nicht zurückgerufen, als mein sterbender Mann so viele Male darum bat.«

Kalt beobachtete ich, wie Frau Seifert kunstvoll weitere Tränen fließen ließ, ohne ihr Make-up zu zerstören.

Es gibt Dinge, die man nicht vergessen kann. Die Erinnerung an Bernhard, wie er im Bett lag und verletzt murmelte, »ich verstehe das nicht, er lässt sich verleugnen«, schnürte mir immer noch die Kehle zu.

»Es geht uns finanziell so schlecht. Ich weiß nicht, was ich machen soll. Mein Mann schließt sich ein und macht auch keine Post mehr auf. Ach, es ist alles so schlimm. Ihr Mann war immer so gut zu uns. Ein wunderbarer Mann, entsetzlich, dass er nicht mehr lebt.«

Hör auf, dachte ich, hör auf mit dem Gerede, ich halte das nicht länger aus. Nicht einmal verabschiedet habt ihr euch von ihm.

Doch noch eine halbe Stunde verging mit Klagen und Jammern, über den Sohn, ach, der immer ausgebeutet wurde, und das arme Kind hatte kein Geld, um am Wochenende nach Hause zu fahren. Und sie selbst, sie hätte so viele künstlerische Ideen, aber ohne finanzielle Mittel …

»Wie alt ist Ihr Sohn?«

»Achtundzwanzig Jahre. Er war noch nie weg von zu Hause.«

»Es gibt doch sehr billige Mitfahrzentralen.«
»Er hat ja ein Auto. Aber die Fahrt kostet Benzin.«
In meinem Magen hatten sich Muskeln und Säure zu einem schmerzhaften Krampf zusammengezogen. Endlich gelang es mir, Frau Seifert zu unterbrechen.
»Ich habe noch eine Verabredung. Ich muss gehen.«
»Es war so schön, mit Ihnen reden zu können. Ich darf Sie doch wieder anrufen, nicht wahr? Das darf ich doch? Sagen Sie, dass ich darf.«
»Natürlich. Rufen Sie an, wann immer Sie wollen,« sagte ich zu schnell. Ich wollte nur weg, mich in Sicherheit bringen vor den zudringlichen Klagen der fremden Frau.
»Ihre Blumen, Sie dürfen Ihre Blumen nicht vergessen.«
Mit einem schmeichelnden Lächeln überreichte mir Frau Seifert die Blumen, die ich auf den Stuhl neben mir gelegt hatte.
»Die sind doch für Sie.«
Ich lächelte matt zurück.
Sie würde nicht anrufen, dachte ich, als ich durch die Schwingtür des Cafés auf die Straße trat. Ich war zu abweisend gewesen. Viel zu abweisend. Fünfzig Meter weiter hatte ich ein schlechtes Gewissen. Und hundert Meter weiter nahm ich mir für den unwahrscheinlichen Fall eines Telefonats mit ihr vor, freundlicher zu sein.

Sie rief an. Regelmäßig. In immer kürzeren Abständen. Ihre Klagen wurden von Mal zu Mal eindringlicher und länger. Sie klagte über die bösen reichen Nachbarn, die ihr ein Darlehen abgeschlagen hatten. Sie klagte über die Bank, die ihnen alles wegnehmen wollte. Sie klagte über Zahlungen, die sie nicht mehr leisten könnten.
Und schließlich erzählte sie, dass sie ihren widerstrebenden Mann zu einer Anlage überredet hatte, die sie reich machen würde. Sie hatten alles, was sie besaßen, angelegt und auch noch eine hohe Hypothek auf ihr Haus aufgenommen. Nach einem Dreivierteljahr satter monatlicher Zinserträge war der Anlageberater jedoch plötzlich spurlos verschwunden, mit ihm das Geld von

Hunderten von geprellten Anlegern. Nun konnte die Familie Seifert die Raten für die Hypothek nicht mehr aufbringen.

In klaren Augenblicken hatte ich mich gefragt, warum Frau Seifert sich ausgerechnet mich ausgesucht hatte für ihre endlosen telefonischen Klagen, und keine Antwort gefunden. Ich kannte sie nicht, sie kannte mich nicht. Uns verband nichts außer ihrem Jammer, der mich, ohne dass ich es wollte, doch berührte.

Eines Vormittags, als ich gerade über einer hohen Handwerkerrechnung für die schreckliche Ostimmobilie fast ohnmächtig wurde, rief sie wieder an.

Die fehlgeschlagene Hilfsaktion im Krankenhaus war ein Trauma geworden, das ich nicht loswurde. Das wenigste, das ich nun tun konnte, war, mich zu überwinden, und den Klagen der unsympathischen Frau Seifert geduldig und mitfühlend zuhören. Das war ich meinem Anspruch, helfen zu wollen, schuldig.

Doch an diesem Morgen ließ mich die Nächstenliebe im Stich. Meine Sorgen wuchsen täglich, woher sollte ich auf Dauer die Mittel nehmen für alle Kosten und Verpflichtungen? Ich rechnete hin und her und wieder zurück und kam zum immer gleichen Ergebnis: Das Geld wurde in atemberaubendem Tempo weniger.

»Ich störe doch nicht?«, fragte Frau Seifert

»Nein«, sagte ich und hoffte, sie werde an der knappen Antwort erkennen, dass ihr Anruf ungelegen kam.

Doch Frau Seifert hatte kein feines Gehör. Sie klagte und klagte. Ich hielt den Hörer etwas vom Ohr entfernt, murmelte in Abständen »oje« und »ich verstehe« und rechnete weiter.

Plötzlich hörte ich sie sagen: »Wenn wir nur jemanden hätten, der uns hilft.«

Nie war mir der Gedanke gekommen, sie könne von mir finanzielle Unterstützung erwarten.

Das Unbehagen über ihre nicht endende Jammertirade wurde ein fast körperlicher Schmerz.

Schärfer, als ich eigentlich beabsichtigte, sagte ich: »Selbst wenn ich Ihnen helfen wollte. Es geht nicht, Frau Seifert. Ich habe selbst schwer zu kämpfen.«

»Nein, nein, um Gottes willen, daran habe ich im Traum nicht gedacht.« Frau Seifert merkte, dass sie den Bogen überspannt hatte. Und ich schämte mich, dass ich ihr unterstellt hatte, sie wolle Geld von mir.

Kurz darauf war das unglückliche Telefonat beendet. Ich atmete auf. Diese Gespräche werden immer unangenehmer, dachte ich. Und vergaß Frau Seifert.

Sie jedoch vergaß nicht. Ihre Anrufe häuften sich. Innerlich verfluchte ich mich, dass ich nicht imstande war, den Kontakt abzubrechen. Doch dagegen stand meine panische Angst, nach dem Debakel im Krankenhaus, Hilfe, um die ich gebeten wurde, nicht zu leisten.

Wenn Frau Seifert sich denn mich ausgesucht hatte, als Gefäß, in das sie ihre Monologe gießen wollte – wer war ich, ihr den Gefallen abzuschlagen.

Die Balkontür stand offen, auf dem Teppich zeichnete die Sonne helle Muster, und die Alleebäume unten auf der Straße wiegten ihr helles Grün in der lauen Luft des Frühsommers.

Ich saß am Schreibtisch und wühlte verzweifelt in Stößen von Arzt- und Krankenhausrechnungen. Wieder hatte die Kasse nur einen kleinen Teilbetrag der schon dreimal angemahnten Erstattungen überwiesen. Wieder musste ich anhand der Rechnungen nachweisen, was noch fehlte. Der Krieg mit der Kasse dauerte nun schon über ein dreiviertel Jahr.

Der Beleg für einen Krankentransport fiel mir in die Hände. Ich starrte darauf und fing an zu weinen. Auf den Tag genau ein Jahr zuvor war Bernhard das vorletzte Mal zur Behandlung in die Klinik gebracht worden. Es war ein warmer Tag wie dieser gewesen, und ich hatte mich gefragt, ob das helle Sonnenlicht und der Duft, der in der Luft hing, Bernhard ebenso wehtaten wie mir. In solchen Stunden darf die Sonne nicht so scheinen, hatte ich gedacht, es war, als verhöhnte ihr Strahlen Bernhards und mein Leid.

Auf den Papieren bildeten sich kleine gewellte Pfützen dort, wo die Tränen hingetropft waren.

Irgendwo in dem Wust musste eine angebrochene Packung Papiertaschentücher liegen. Ich fand sie, schnäuzte mir die Nase und versuchte gerade, die Flecken abzutupfen, als das Telefon klingelte.

Frau Seifert. Wie gut, dass sie mich erreiche. Es sei alles so furchtbar. Ihr Mann – sie habe Angst, er werde sich etwas antun. Wahrscheinlich schon bald. Sie fühle es. Es gehe um diese Hypothekenraten. Wenn nicht bald etwas geschehe, werde ihr schönes großes Haus zwangsversteigert.

Ich räusperte mich, damit Frau Seifert nicht merkte, dass ich geweint hatte.

»Warum verkaufen Sie Ihr Haus nicht vorher?«

Fast schrie Frau Seifert ins Telefon. Verkaufen? Niemals. Sie hänge so an dem Haus, und ihr Sohn, der würde sofort einen Zusammenbruch erleiden. Es sei schließlich sein Zuhause. Nein, verkaufen komme nicht in Frage.

»Wie viele Raten sind Sie im Rückstand.«

»Sechs. Insgesamt 9000 Mark. Und dann noch die zukünftigen. Wir können im Augenblick ja nicht zahlen. Ich sage Ihnen, mein Mann bringt sich um.«

Sie machte eine Pause.

Aus weiter Ferne hörte ich meine Stimme sagen: »Ich zahle Ihnen diese 9000 Mark und überweise Ihnen monatlich die Hypothekenraten, bis Sie das wieder selbst übernehmen können. Das verspreche ich. Allerdings muss ich vorher feststellen, ob mein Geld dafür überhaupt reicht.«

Hatte ich gehofft, Frau Seifert würde das Angebot ablehnen? Hatte ich überhaupt irgendetwas gedacht, gehofft, gewünscht, außer Frau Seifert möge aufhören mit ihrem drohenden Jammern?

Kaum hatte ich die wahnsinnige Offerte ausgesprochen, erschrak ich zu Tode. Nie und nimmer konnte und durfte ich diese Zahlungen leisten. Ich musste mich sofort korrigieren, sagen, dass es nicht ging. Doch dazu kam ich nicht.

Es war, als ob ein Schalter umgelegt worden wäre. Frau Seifert jubelte so exaltiert, wie sie zuvor geklagt hatte. Nicht die winzigste Lücke blieb, um zu widersprechen. Und mit jedem Wort machte sie mir klarer, dass ein Rückzug nicht in Frage kam.

»Sie sind ein guter Mensch. Diese Freude! Das rettet meinem Mann das Leben. Ich rufe gleich meinen Sohn an. Er wird staunen. Kein Wunder, dass Ihr Mann Sie geheiratet hat. Er war doch auch so gut. Sie hören es an meiner Stimme, nicht wahr? Wie froh bin ich. Endlich kann ich wieder meinen Garten genießen. Ach, ich blühe auf.«

In ihrer neuen Blüte hatte Frau Seifert es plötzlich eilig, das Gespräch zu beenden.

Bewegungsunfähig saß ich in meinem Stuhl und starrte auf die Arztrechnungen auf dem Schreibtisch.

Mein Kopf schien in eine Schraubzwinge geraten zu sein. Ich hatte soeben ein Versprechen gegeben. Es gab kein Entrinnen. Ein Versprechen war ein Versprechen. Freigekauft hatte ich mich von den quälenden Klagen dieser Frau. Zu einem Preis, den ich nicht entrichten konnte. Nur, um in einem Augenblick der Verzweiflung in Frieden gelassen zu werden. Eine mir vollkommen gleichgültige Frau würde auch weiterhin im Garten liegen können.

Wenn meine Vorstellung von sozialem Engagement so aussah, dann war ich reif für die Psychiatrie.

Langsam dämmerte mir, dass Frau Seifert offensichtlich seit Monaten darauf hingearbeitet hatte, mich wie ein Stück Fleisch weich zu klopfen. Es hatte vielleicht länger gedauert als geplant. Dennoch – das Argument des drohenden Selbstmordes hatte mich im richtigen Augenblick mürbe gemacht.

Bernhard hätte seinen Freund nicht im Stich gelassen. Das war mir durch den Kopf geschossen, als ich das verhängnisvolle Angebot machte. Doch niemals, dessen war ich jetzt sicher, niemals hätte er einen so plumpen Vorschlag gemacht. Bernhard wäre eine Lösung eingefallen, die seinen Freund nicht zum passiven Almosenempfänger degradierte, sondern ihm die Möglichkeit gegeben hätte, sich selbst aus seinen Schwierigkeiten zu befreien. Es hätte Bernhard viel Zeit und Überlegungen gekostet, aber es wäre ihm gelungen, so wie es ihm in anderen Fällen gelungen war, Freunden aus der Klemme zu helfen.

»Doch nicht so«, hörte ich Bernhard in Gedanken sagen, »versuche nie, Wohltaten zu verteilen, ehe du nicht deine eigenen Angelegenheiten in Ordnung gebracht hast. Du schaffst nur böses Blut auf beiden Seiten.«

Wie wahr. Aber das Kind war schon in den Brunnen gefallen, das Versprechen gegeben.

Wie lange ich gesessen und gegrübelt und geraucht und mit mir gehadert hatte, wusste ich nicht. Der Aschenbecher quoll über, als das Telefon erneut klingelte.
Doch nicht schon wieder Frau Seifert.
Es war Bernhards entfernter Cousin Gernold aus Leipzig. Er wollte wissen, wie es mir ging. Gernold, klein und drahtig, strahlte auch mit Mitte fünfzig trotz seiner schlohweißen Mähne noch kindliche Arglosigkeit aus. Was täuschte. Gernold, ein bekannter Designer, war überaus vorsichtig im Umgang mit Menschen. Er hatte mich nach Bernhards Tod zum ersten Mal besucht. Seitdem telefonierten wir regelmäßig miteinander.
»Ich fürchte, ich habe gerade eine große Dummheit begangen. Vielleicht kannst du mir einen Rat geben.«
»Lass mich das machen«, sagte er, als ich ihm alles erzählt hatte.
»Aber ich muss zahlen, ich habe es versprochen.«
»Du musst gar nichts. Gib mir die Telefonnummer der Dame. Ich rede mit ihr. Sag ihr, dass ich sie morgen anrufen werde. Es gibt hier eine hervorragende Schuldenberaterin, die schon vielen Menschen geholfen hat. Sie ist eine Freundin von mir und soll sich der Sache annehmen. Ich kenne das Ehepaar übrigens aus Bernhards Erzählungen. Sie haben hier in Leipzig auch ein Haus.«
»Nein, nein, sie wohnen nicht in Leipzig, sie leben in Gera. Das Haus steht in Gera.«
»Du verstehst nicht«, sagte Gernold, »sie haben hier ein zweites Haus.«
»Das kann nicht sein. Davon hat Frau Seifert nie gesprochen.«
»Ja«, sagte Gernold, »so viel zu deinem Versprechen. Weißt

du, mir schräg gegenüber wohnt ein Mann. Er hatte nach der Wende mit einem westdeutschen Partner zusammen einen florierenden Autohandel. Dann legte der Partner ihn rein, der Mann musste Insolvenz anmelden, sein Haus wurde versteigert, die Frau ließ sich scheiden. Nur Trümmer. Jetzt haust er mit vier Kindern armselig in einer Art von Hütte und schlägt sich irgendwie durch. Ich habe ihn noch nie klagen gehört, nie hat er versucht, sich Geld zu leihen. So geht es auch. Also ruf die Frau an, und erklär ihr, dass wir das anders regeln.«

Leicht gesagt. Für diesen Anruf brauchte ich Mut. Mut? War ich mutig? War ich es je gewesen? Wieder musste ich mich mit der Frage auseinander setzen, wer ich eigentlich war. Die Person, die in sentimentalen Tagträumen als große Helferin und Wohltäterin auftrat und sich in der Realität vor den Konsequenzen eines Versprechens drücken wollte, war widerlich. Ich. Widerlich. Wie viele Entdeckungen dieser Art mochten mir noch bevorstehen?

Vielleicht sollte ich den Anruf auf den nächsten Morgen verschieben, mir erst gründlich überlegen, was ich sagen wollte. Aber nein, das ging nicht. Gernold wollte sich schon frühmorgens bei Frau Seifert melden.

Mit klopfendem Herzen wählte ich die Nummer.
Sechsmal hörte ich den Klingelton und wollte schon erleichtert wieder auflegen, da meldete sich Frau Seifert. Sie war außer Atem.
»Oh, Sie sind es. Ich war gerade im Garten. Das Wetter ist so schön, da kann man nicht im Haus bleiben, finden Sie nicht? Meinem Mann habe ich schon alles erzählt. Er ist so glücklich. Und mein Sohn …«
»Ich muss Ihnen etwas sagen«, unterbrach ich sie.
Stotternd setzte ich ihr auseinander, dass es eine geschickte Schuldenberaterin gebe, die sich sehr für ihre Klienten einsetze und schon viele verfahrene Geschichten wieder in Gang gebracht habe.

»Sie wollen nicht. Sie wollen uns nicht mehr helfen«, sagte Frau Seifert. Sie hatte offensichtlich kaum zugehört. »Aber Sie haben doch versprochen, uns zu helfen.«

Ich fing an zu schwitzen: »Ja, das habe ich. Und ich halte mein Versprechen auch, wenn es nicht anders geht. Aber vorher …«

»Sie haben mir etwas versprochen. Und jetzt wollen Sie nicht mehr. Wissen Sie, was Sie meinem Mann antun? Und meinem Sohn?«

»Frau Seifert, ich habe Ihnen sehr viel Geld versprochen, das ich eigentlich selbst nicht habe. Bitte sprechen Sie mit der Schuldenberaterin. Vielleicht findet sich ein anderer Weg, eine andere Lösung.«

»Und ich hatte gedacht, Sie wollten uns helfen. Aber Sie wollen gar nicht.«

»Hören Sie mir zu.«

Trotz der Scham über meinen Rückzieher, stieg plötzlicher Zorn in mir auf. Warum fragte Frau Seifert nicht ein einziges Mal nach, woher ich denn das viele Geld nehmen wollte. »Mein Vetter wird Sie morgen früh anrufen und einen Termin mit Ihnen vereinbaren. Ehe ich diese Verpflichtung eingehe, müssen alle anderen Möglichkeiten geprüft werden.«

Eine Weile ging es noch so hin und her. Dann hatte Frau Seifert mich dazu gebracht, mindestens vier weitere Male eindringlich zu versichern, ich würde mein Versprechen halten.

Der Frau bin ich nicht gewachsen, dachte ich, als ich endlich den Hörer auflegte, die macht mit mir, was sie will.

Obwohl ich sie nicht mochte, tat sie mir Leid. Es war meine Schuld, dass die Familie Seifert sich umsonst gefreut hatte. Ich war unverantwortlich mit den Gefühlen dieser Leute umgegangen.

Meine Feigheit, nicht klar gesagt zu haben, tut mir Leid, ich habe einen Fehler gemacht, ich kann Ihnen nicht helfen, ließ mir keine Ruhe, sie lag mir zentnerschwer auf der Seele. Wieder hatte ich den scheinbar einfacheren Weg gewählt und Zusagen gemacht, die für die Dauer des Gespräches Erleichterung verschaffen sollten. Was im Übrigen nicht einmal der Fall gewesen war.

Mit List und Ausdauer hatte Frau Seifert mir Zusagen abgepresst, die ich nicht halten konnte. Und ich war die ganze Zeit über zu begriffsstutzig gewesen, um zu merken, dass ein Kräftemessen im Gange war. Frau Seifert hatte gewonnen. Wüten durfte ich, wenn überhaupt, nur gegen mich, die Schwächere, Unterlegene.

Erst jetzt, da ich ohne Bernhard war, in dem ich mich wohlig gespiegelt hatte, an dem ich gerankt war wie ein Efeu am Eichenstamm, kristallisierte sich heraus, wer und was ich unter anderem auch war: ein harmoniesüchtiges, konfliktscheues Nichts.

Einzelheiten fielen mir ein, die mich vor langer Zeit schon hätten stutzig machen müssen.

Bernhard lachte, wenn ich stöhnte, weil ich wieder Leute zum Abendessen eingeladen hatte, die ich nicht sehen wollte. »Aber warum hast du sie denn eingeladen?«

Und ich antwortete dann: »Ich wusste nicht, wie ich sie sonst schnell loswerden sollte.«

Dieses Verhalten hatte System. Nur hatte ich es nie als das durchschaut, was es war: ein Charakterdefekt.

Ich konnte sie nicht länger ertragen, deshalb hatte ich in gewisser Weise auch Frau Seifert eingeladen.

Das eigentliche Problem der peinlichen Geschichte war nicht das Geld, das ich leichtsinnig versprochen hatte. Das Problem war ich selbst. Wenn ich meine Schwäche nicht schnellstens zu beherrschen lernte, konnte ich mir die Kugel geben, denn ich würde von einem Debakel ins nächste stolpern.

Frau Seifert war ganz in diesem Sinne tätig. Sie erteilte mir Lektionen, die mich fast um den Verstand brachten.

Gernold meldete, dass er mit Frau Seifert telefoniert und ihr einen Anruf der Schuldenberaterin angekündigt habe. Es sei ein wirres Gespräch gewesen, sie habe nur geklagt, sodass er nicht wisse, ob sie alles verstanden habe.

Dann rief Frau Seifert an: »Sie haben uns versprochen zu helfen, und jetzt ruft ein Fremder an. Mein Sohn ist gestern Abend zusammengebrochen. Er kann heute nicht zur Arbeit gehen.«

»Warten Sie doch die Schuldenberaterin ab.«

Frau Seifert schrie ins Telefon: »Wir brauchen keine Schuldenberaterin, wir brauchen Hilfe.«

»Beruhigen Sie sich. Die Frau soll sehr gut sein. Sie ist spezialisiert auf solche Fälle.«

»Wissen Sie, was Sie machen? Sie ruinieren uns.«

Durch die Mühle ihrer Vorwürfe gedreht, wagte ich kaum, das Gespräch, das sich endlos im Kreise drehte, zu beenden. Was hatte ich getan?

Die Schuldenberaterin, dachte ich, sie wird den Leuten beistehen, aus ihrer Lage, die ich nur aus den Klagen der Frau Seifert kannte, herauszufinden.

Doch es sollte anders kommen. Die Fachfrau, hoch motiviert durch Gernold, telefonierte dreimal mit Frau Seifert, bot ihr an, sie zu besuchen, die Unterlagen einzusehen und mit ihr und ihrem Mann zusammen einen Ausweg zu suchen. Frau Seifert lehnte alles strikt ab, wurde beim nächsten Mal aggressiv und beschimpfte schließlich die hilfsbereite Schuldenberaterin so wüst, dass Gernold mir ihre Schimpfworte nicht wiedergeben wollte.

Dieses alles erfuhr ich von Gernold. Frau Seifert hing zwar nun täglich am Telefon. Doch davon sagte sie kein Wort. Stattdessen teilte sie mir mit, dass ihr Sohn seinen Job habe aufgeben müssen, weil mein gebrochenes Versprechen ihn krank gemacht habe. Tags drauf sagte sie, ihr Mann werde sich mit Sicherheit umbringen, das spüre sie. Wieder einen Tag später sprach sie davon, sich selbst zu töten.

Eindringlich mahnte Gernold, »es gibt hier Leute im Osten, die auf dem Standpunkt stehen, der reiche Westen solle alles bezahlen. In gewisser Weise leben sie immer noch in der alten DDR. Eigenverantwortung kennen sie nicht. Wenn sie Fehler machen, dann jammern sie und halten die Hand auf. Deine Frau Seifert hat das Angebot erstklassiger professioneller Hilfe auf sehr unschöne

Weise abgelehnt. Die Angelegenheit ist undurchsichtig. Lass dich auf kein Gespräch mehr ein. Beende den Kontakt«.

»Und mein Versprechen? Die Vorstellung, mein Wort zu brechen, macht mich krank.«

»Du wirst noch viel kränker werden, wenn du diese Verpflichtung eingehst. Du hast das Geld dafür doch gar nicht. Außerdem würdest du meiner Meinung nach diese Frau dann nie mehr los.«

Gernold war vernünftig und hatte sicher Recht. Ich überwand mich. Beim nächsten Telefonat unterbrach ich den Redeschwall von Frau Seifert und bat sie, nicht mehr anzurufen. Es sei zwecklos. Sie habe die Schuldenberaterin davongejagt, ich sei mit meinem Latein am Ende.

Ehe sie etwas erwidern konnte, legte ich auf.

Über vier Monate lang, bis in den Herbst hinein, verfolgte Frau Seifert mich mit Anrufen. Anfangs ging ich noch ans Telefon, wenn es klingelte, und brachte es dann nicht fertig, die Verbindung sofort zu unterbrechen, sobald ich ihre Stimme hörte. Ich erfuhr, dass der Sohn nun endgültig arbeitsunfähig geworden war, der Mann dem Selbstmord näher denn je, sie selbst habe wahrscheinlich Krebs. Und an allem sei ich schuld.

Ich stürzte in eine tiefe Krise. Wenn doch alles wahr war, was sie sagte, was dann? Ich, die um jeden Preis ein soziales Engagement anstrebte, ich, die ich Bedürftigen helfen wollte, ich hatte ein Versprechen gebrochen. Das war unverzeihlich.

Mehrmals war ich kurz davor, alles, was ich hatte, vom Konto abzuheben und Frau Seifert zu schicken.

Carla, die schon zu schäumen begann, wenn sie nur den Namen hörte, redete auf mich ein, nichts Unüberlegtes zu tun. Gernold, der ahnte, was in mir vorging, rief regelmäßig an und versuchte, mir den Rücken zu stärken, indem er wie eine Gebetsmühle die Argumente wiederholte, die gegen Zahlungen an Frau Seifert sprachen.

Gemeinsam, ohne sich je begegnet zu sein, schafften sie es. Die Wochen vergingen, ich überwies kein Geld an Frau Seifert.

Ich schaltete den Anrufbeantworter ein und stellte die Lautstärke auf Null. Denn Frau Seifert hatte, nachdem ihr Jammern erfolglos geblieben war, eine Schmäh- und Schimpfkampagne begonnen. Der weinerlich weiche Ton ihrer Stimme hatte sich emporgeschraubt zu geiferndem Kreischen. Sie war außer sich vor Wut: »Ich weiß, dass Sie da sind; gehen Sie ans Telefon. Sie sind auch noch feige. Eine Schande, dass Ihr Mann so eine Frau hatte. Er war gut. Sie sind Dreck, ein schlechter Mensch.«

So ging es fort und fort. Das Band des Anrufbeantworters zu löschen, bevor ich es abgehört hatte, war nicht möglich. Der Anwalt konnte angerufen haben, der Steuerberater, irgendjemand, der wichtig war. Jedes Wort von Frau Seifert tropfte wie Salzsäure in meine Seele. Hatte sie nicht Recht? Ich war zu feige, sie mir weiter anzuhören. Ich war schlecht, denn ich hatte keinen finanziellen Beistand geleistet, obwohl ich es versprochen hatte.

Die Krise wurde schlimmer. Ich wusste nicht mehr aus noch ein. Ernsthaft überlegte ich mir, ob ich, die Dreck war und ausgerechnet dort die schrecklichste aller Niederlagen erlitten hatte, wo ich durch Hilfsaktionen mir selbst wieder auf die Füße hatte helfen wollen, mich nicht aus dem Weg räumen, meinem Leben ein Ende setzen sollte. Was für einen Sinn hatte dieses Dasein, wenn sich Scheitern an Scheitern reihte, ich mit nichts zurande kam?

Strahlende Sommertage lang verbrachte ich im Bett, wollte nicht mehr aufstehen, trank Wasser, weil selbst die Zubereitung von Tee zu anstrengend war, und hoffte zu verhungern. Auch ein aktiver Selbstmord war zu anstrengend. Außerdem war ich ja feige.

Doch die andere in mir wollte noch nicht sterben. Sie trieb mich aus dem Bett an den Schreibtisch, zwang mich, aufzuschreiben, was ich seit Bernhards Tod schon geregelt hatte und was noch zu regeln blieb. Die Liste der erledigten Angelegenheiten war erstaunlich lang.

Ich starrte auf das Blatt Papier. Ein winziger Keim von Energie schob sich aus verborgenen Tiefen nach oben. Jetzt zu sterben war Unsinn. Alles hatte ich ja noch nicht geregelt. Aber woher die Kraft zum Weitermachen nehmen?

Wie in Trance stand ich auf, holte das Telefonbuch, suchte die Nummer meiner Pfarrei heraus und bat um das Gespräch mit einem Pfarrer.

Vor vielen Jahren in der großen Ehekrise waren Bernhard und ich einige Male bei einem Therapeutenpaar gewesen, die Paartherapie hatte viel Schaden angerichtet, unsere Krise zugespitzt, statt sie zu beseitigen. Die Therapeuten gerieten sich über uns in die Haare, wir fanden wieder zueinander, aber das Therapeuten-Ehepaar trennte sich. Nie mehr Therapeuten!

Drei Tage später besuchte mich Pfarrer Heuser, ein freundlicher Bayer von Mitte vierzig, dessen sanfte Augen mich überraschten. Innerhalb eines Wimpernschlages schlug ihre Sanftheit in gespannteste Aufmerksamkeit um.

Pfarrer Heuser fragte nicht, warum ich ihn hatte treffen wollen. Er ließ uns Zeit. Wir plauderten, ich erkundigte mich beiläufig nach ehrenamtlicher Tätigkeit in der Gemeinde, und er meinte, er wolle darüber nachdenken. Immer noch fragte er nicht, immer noch rückte ich nicht heraus mit meinem Problem.

Endlich fiel die Barriere. Mein ganzes angestautes Elend krachte ihm entgegen, das fehlgeschlagene Krankenhaus-Engagement, das gebrochene Versprechen, die Verachtung, die ich für mich empfand, ich stammelte, schluchzte, fand kein Ende.

Der Pfarrer hörte mir schweigend und aufmerksam zu, reichte mir ein großes Taschentuch aus seiner Brusttasche und schwieg weiter.

»Ich würde am liebsten sterben.«

Lächelnd sah der Pfarrer mich an. »Ich sehe das Problem nicht. Wer sagt denn, dass Sie ein Versprechen nicht zurücknehmen können? Wo steht das geschrieben?«

»Ja, aber …«

»Ich sehe auch nicht, dass Sie gescheitert sind. Ich sehe nur, dass Sie sich zu viel zugemutet haben.«

Fast zwei Stunden lang redeten wir. Mir war, als hebe der Pfarrer mit leichter Hand von meinem Herzen ein Gewicht, das so schwer gewesen war, dass ich gemeint hatte, darunter ersticken zu müssen.

»Und Sie glauben, ich bin nicht schlecht? Kein Dreck?«

»So schlecht und so gut wie ich. Wissen Sie, mir fällt dazu ein Satz ein, über den ich Sie bitten möchte nachzudenken: ›Wie du glaubst, so geschehe dir!‹«

Die Verschmelzung

Überstandene Schmerzen verschwinden rasch aus dem Bewusstsein. Es bleibt eine vage Erinnerung, dass der Zahn teuflisch wehtat, ehe er behandelt wurde. Die Krämpfe der Darmgrippe, die eine Woche lang in den Eingeweiden gewütet hatte – nicht mehr nachvollziehbar.

Es heißt sogar, dass Frauen die Qualen der Geburt in dem Augenblick vergessen, in dem das Baby auf der Welt ist.

Die Schmerzen der Seele bleiben oft lange, nachdem die Schmerzursache beseitigt wurde, noch virulent. Doch auch sie verpuppen in der Regel irgendwann. Denn das Leben soll ja weitergehen und nicht beim ersten Schicksalsschlag weggeworfen werden.

Zweieinhalb Jahre waren seit Bernhards Tod vergangen, die Schmerzwellen, die mich erfassten, wurden merklich flacher.

Ich brach nicht mehr in Tränen aus, wenn ich auf der Autobahn an der Ausfahrt Bieberach daran dachte, dass hier, genau hier an dieser Stelle, Bernhard mir einen Witz erzählt hatte, über den ich so lachte, dass ich um ein Haar die Kontrolle über das Steuer verloren hätte.

Zum ersten Mal seit drei Jahren war ich in der Vorverkaufsstelle gewesen, um eine Konzertkarte zu kaufen. Der bloße Gedanke, die Philharmonie zu betreten, in der Bernhard und ich so viele Abende verbracht hatten, hätte mich wenige Monate zuvor noch in tiefe Verzweiflung gestürzt.

Das dritte Frühjahr ohne Bernhard war angebrochen, und ich sah die ersten silberglänzenden Palmkätzchen an den Büschen, die ersten Krokusse im Park, die ersten Sonnenanbeter auf den Bänken, ohne augenblicklich vor Schmerz fast wahnsinnig zu werden, weil er nicht mehr da war, ich ihn nicht mehr verführen konnte, mit mir aufs Land zu fahren, um die erwachende Natur zu feiern.

Es schien kein Zweifel zu bestehen: Ich war zurückgekehrt ins Leben des Alltags.

Ein Mensch rief an, ich verstand seinen Namen nicht. Er habe vor sich eine Empfehlungskarte, der Vorname sei abgekürzt. Handle es sich um einen Mann oder eine Frau?

Viel hatte ich gelernt, aber das immer noch nicht: Ich antwortete reflexartig, statt zu fragen, wer diese Auskunft haben wollte.

»Das war ein Mann«, sagte ich.

»Ich habe hier ein Angebot, ein kleines Weingut mit Schlösschen, das …«

»Mein Mann ist vor zweieinhalb Jahren gestorben, ich selbst bin nicht interessiert.«

»Macht nichts, macht nichts«, polterte der Mann am anderen Ende der Leitung aggressiv, »kann ich doch nichts dafür, dass Ihr Mann tot ist.« Er kappte die Verbindung.

Mit dem Hörer in der Hand stand ich im Flur. Es war als hätte mir der Unbekannte einen Schlag in die Magengrube versetzt. Ganz leicht zitterten meine Knie. Aus dem Hintergrund meiner Augen drängten Tränen nach vorne, ins Freie.

Nein, du weinst nicht, dachte ich. Es lohnt nicht. Ein frustrierter Immobilienmakler, der wahrscheinlich schon zwei Dutzend vergebliche Telefonate geführt hatte, würde mich nicht in eine Krise stürzen. Nicht mehr.

Die Zeiten waren hart geworden, die Menschen gereizt.

Geburt, Leben und Tod waren kein harmonischer Kreislauf mehr. Geburt war in Ordnung, zumindest in den meisten Fällen. Leben war auch in Ordnung, irgendwie. Doch Tod und alles, was damit zusammenhängt, war dunkel, bedrohlich und also negativ. Wir aber wollten doch happy sein und die Reste unseres in der Wirtschaftskrise verblichenen Lifestyles genießen.

Der Tod hatte aufgehört, Bestandteil des Lebens zu sein. Die trauernde Witwe gehörte folgerichtig nicht zum Leben – solange sie trauerte. Wirtschaftskrise hin, Arbeitslosigkeit her, wo nur noch positive Rituale, Geburt, Geburtstag, Hochzeit stattfinden, Tod und Trauer angstvoll versteckt und verdrängt werden, sind die Symbole ihres Inhalts beraubt und zu leeren Hülsen geworden. Das Ritual hat seine Würde verloren.

Die andere in mir und ich waren nach vielen bitteren und erbitterten Kämpfen zu einer Frau verschmolzen. Ich hatte noch Mühe mit mir, wie mit einem Paar neuer Schuhe, die drücken hier und da. Und bisweilen hätte ich sie gerne ausgezogen, diese neuen Schuhe. Aber das ging nicht. Ich war eine mir oft Fremde geworden, eine andere Frau. Wie ich es mir gewünscht hatte.

Oft dachte ich an einen Spruch, den ich einmal gehört hatte: Gott schütze mich vor meinen Wünschen – sie könnten in Erfüllung gehen. Ich würde noch viel Zeit brauchen, um mich an mich zu gewöhnen. Der Lack war ab. So viel stand fest. Was jedoch nicht notwendigerweise heißen musste, dass das Leben unlackiert nicht auch ein gewisses Niveau von Zufriedenheit erreichen konnte.

Erste Schritte in diese Richtung waren schon unternommen.
»Gut siehst du aus«, sagte Karin, die ich nach langer Zeit abends beim Italiener traf, »sehr gut sogar.«
Ich lächelte. Karin konnte nicht ahnen, was ich aus ihrer harmlosen Bemerkung heraushörte, sportliche Anerkennung, »bravo meine Liebe, du hast es geschafft; nun, da du wieder unter den Lebenden bist – willkommen! Ich trage dir deine viel zu lange, unerquickliche Trauer nicht nach«.
Man konnte also wieder mit mir umgehen, einigermaßen sicher sein, dass ich die Leichtigkeit eines unbeschwerten Abends nicht mit der falschen Ausstrahlung versäuern würde.
Das Wolkenkuckucksheim, in dem ich mein ganzes Leben verbracht hatte, war seit Bernhards Tod Kammer für Kammer, Raum für Raum vom Sturm der Ereignisse weggeblasen worden. Nun

war meine Seele auf dem Boden der so genannten Realität gelandet. Die Landung war nicht glatt verlaufen. Es hatte schwere Prellungen, Schürfwunden und Verstauchungen gegeben. Das einstige Urvertrauen in meine Unverwundbarkeit war unwiederbringlich dahin.

Kein Grund zu Selbstmitleid. Im Gegenteil. Die Welt, in der ich nun lebte, war eine andere. Mein früheres Ich wäre darin zugrunde gegangen, denn den Filter, der Fährnisse und Gefahren nicht bis zu mir hatte durchdringen lassen, gab es nicht mehr. Der Damm, hinter dem ich sorglos herumplanschen konnte, war an einem heißen Augustabend gebrochen. Bernhard lebte nicht mehr, ich hatte gelernt, mich mehr schlecht als recht, aber immerhin, auch alleine durchzuschlagen.

Meine Seele war muskulös und sehnig geworden. Nie mehr würden mich die Schweinereien und linken Winkelzüge skrupelloser Geschäftsleute bis an den Rand des Selbstmords treiben. Nie mehr würde ich zusammenbrechen, weil ich meine eigene Schwäche nicht ertragen konnte. Nie mehr würde ich mich kopflos in soziales Engagement stürzen, dem ich nicht gewachsen war.

Soweit es mir gegeben war, hatte ich Frieden mit mir gemacht. Ein Gefühl, das an Stolz grenzte, und eine Basis, die ein brandneues Fundament hatte. Es würde mich fortan tragen, dessen war ich mir sicher.

»Lesen Sie den Schriftsatz nicht! Er ist so unflätig, dass Sie sich das nicht antun müssen«, sagte mein neuer Anwalt Dr. Lehmann. »Dass ein Kollege einen solchen Schriftsatz verfasst, ist eigentlich unüblich. Doch ich bemerke, dass in letzter Zeit die Sitten in dieser Hinsicht merklich verrohen. Der Gerichtstermin ist übernächste Woche.«

Genau zwei Jahre nach dem Beginn der Verhandlungen über die Rückzahlung der hohen Summe, die der Unternehmer Alfred Münchinger Bernhard schuldete, hatte ich mir endlich ein Herz gefasst und zu Dr. Traugott einen zweiten Anwalt hinzugezogen. Er übernahm den Fall schließlich ganz und trieb ihn zielstrebig voran. Ob wir Erfolg haben würden, stand in den Sternen. Münchinger legte falsche Zahlen vor und log nach Strich und Faden. Recht zu haben bedeutet nicht unbedingt, auch Recht zu bekommen. Diese Binsenweisheit hatte ich mittlerweile begriffen. In Gedanken hatte ich mich schon von diesem Geld verabschiedet. Kam es, war es gut, kam es nicht, würde ich auch weiterleben. Was mich ein Jahr zuvor fast um den Verstand gebracht hatte, kratzte nur noch meine Oberfläche.

Dr. Traugott, dem ich am Telefon von dem Schriftsatz berichtete, meinte mitfühlend, »Münchinger steht an der Wand, es ist doch klar, dass er ums Überleben kämpft.«

Aber falsche Zahlen, Lügen, Anschuldigungen, ich hätte ihn bedroht?

»Er versucht eben, sich zu wehren.« Dr. Traugott vermochte nicht, einen gereizten Unterton zu unterdrücken.

Nicht einmal diese sonderbare Äußerung meines alten Anwalts, der immerhin noch eine weitere Schuld für mich eintreiben sollte, brachte mich nachhaltig aus der Ruhe.

Die Zeiten waren in der Tat rau und hart geworden. Wer wollte es einem seit Jahrzehnten praktizierenden Anwalt verdenken, wenn Rückgrat und Gedankengänge sich vielleicht ein wenig gebeugt hatten, seine Betrachtungsweise einer »déformation professionelle« zum Opfer gefallen war?

Mein eigenes Rückgrat hatte sich in jeder Beziehung wieder aufgerichtet. Gegen Ende des schrecklichen Jahres 2001, als alle Schlachtfelder brannten und ich nicht wusste, ob ich die Kämpfe lebend überstehen würde, hatte ich eines Nachmittags, als ich von einer meiner Besprechungen mit Dr. Traugott nach Hause kam, im Aufzug bemerkt, dass meine Schultern nach vorne gesunken waren. Ich straffte mich und dachte nicht mehr an Rücken und Schultern. Ich hatte anderes zu tun.

Monate später sah ich morgens im großen Spiegel des Badezimmers, dass mein Rücken begonnen hatte, sich zu runden. Ich war dabei, den berühmten Witwenbuckel zu entwickeln, den ich immer für ein Ammenmärchen gehalten hatte.

Arme Witwen! Zum Schaden kam der Spott. Ich erschrak und nahm mir vor, ab sofort auf meine Haltung zu achten.

Doch Seele und Körper schließen Geheimpakte, von denen das Bewusstsein nichts erfährt. Mein Rücken blieb rund, so oft und so viel ich mich auch straffte. Was zu allem Ärger auch noch anfing, wehzutun. Ich, eine Frau mit ehemals untadeliger Haltung, brachte es nicht zustande, meinen Rücken zu begradigen. Er wollte nicht. Und dabei blieb es bis Anfang 2003. Da entschied er, sich wieder aufzurichten. Das Schlimmste war anscheinend überstanden, es wurde Zeit, als neue Frau in ein neues Leben zu steigen – mit geradem Rücken.

Weitere Veränderungen vollzogen sich. Ich hatte mich daran gewöhnt, nachts schweißgebadet aufzuwachen, nie mehr als fünf, höchstens fünfeinhalb Stunden schlafen zu können. An dem Morgen, als ich zum ersten Mal aufwachte und der Wecker halb acht anzeigte, dachte ich, die Uhr sei kaputt. Doch tatsächlich hatte ich volle neun Stunden durchgeschlafen. Ich hörte die Amseln auf der riesigen Buche im Hof singen, die Luft, die durch das geöffnete Fenster strömte, war frisch und roch nach Zuversicht, es ging mir gut. Nicht so überbordend wie früher, aus dem hellen Dur war ein Moll geworden, doch immerhin gab es wieder eine Melodie statt der kreischenden Dissonanz der vergangenen zweieinhalb Jahre. Der Tag, der diesem Morgen folgte, war nicht nur sonnig, sondern auch schön.

Eine Werbeagentur rief an, der ich Unterlagen geschickt hatte. Man war an einer Zusammenarbeit interessiert, ein Besprechungstermin wurde vereinbart. Endlich würde ich wieder Geld verdienen. Fast hätte ich gesungen, so wie ich es früher gemacht hatte, wenn ich vor Wohlbehagen nicht aus noch ein wusste. Doch ob es dazu je wieder kommen würde, wusste ich nicht. Bernhard, mein Bernhard, es geht aufwärts. Und du immer mit dabei.

Häufig schlief ich nun durch. Eine Homöopathin, die der Himmel mir geschickt hatte, empfahl mir Tropfen gegen das nächtliche Schwitzen und Tropfen gegen den Husten, der mit schulmedizinischen Mitteln nicht mehr in den Griff zu bekommen war. Bronchitis, Lungenentzündung und Nikotinmissbrauch hatten ganze

Arbeit geleistet. Doch die Tropfen der freundlichen Frau wirkten Wunder. Ich konnte wieder durchatmen. Für dunkle Nächte, wenn die Dämonen zurückkehrten, bekam ich Bachblütentropfen, die, wie sich herausstellte, sanften Schlummer bescherten.

Die ewige Müdigkeit, die meine Tage gequält hatte, wich allmählich.

»Noch mehr abnehmen darfst du aber nicht, das macht harte Züge«, sagte mein Freund Alexander. Er mochte Recht haben. Eine gewisse unterschwellige Todessehnsucht hatte die ganze Zeit über im Hintergrund mitgeschwungen, wenn ich nichts aß, weil ich meinte, keine Zeit dafür zu haben. Doch nun achtete ich darauf, eine warme Mahlzeit am Tag zu mir zu nehmen. Das Gewicht blieb dennoch unten.

»Du weißt doch, man sagt, eine Frau wird im Alter entweder eine Kuh oder eine Ziege. Wahrscheinlich bin ich auf dem Weg zur Ziege.«

Alexander klang beleidigt: »Es sieht nicht gut aus, wenn du so dünn bist. Streng dich an, und iss mehr.«

Die Bemerkungen und Belehrungen meines Freundes vieler Jahre begannen mich zu ärgern.

Unsere Treffen beim Nobelitaliener wurden angestrengt und mühsam. Der Gesprächsstoff ging aus. Gehörten wir früher, als Bernhard noch lebte, zu den letzten Gästen, die das Lokal verließen, brachen wir jetzt kurz nach zehn auf. Wir hatten uns nicht mehr viel zu sagen. Die Vertrautheit, die ein wohliges Gefühl gewesen war, störte mit einem Mal.

Wir waren in der Krise. Sie gipfelte eines Abends in Alexanders Vorwurf: »Du bist nicht mehr die alte, du hast dich verändert, ich erkenne dich kaum noch. Nichts darf man sagen, sofort nimmst du alles übel. Außerdem behandelst du mich schlecht.«

Tat ich das? Vielleicht. Ich war mir dessen nicht bewusst. All meine Aufmerksamkeit war auf mich und meine soeben vollzogene Wiedergeburt gerichtet. Was von der alten Freundin übrig geblieben war, deren Verschwinden Alexander beklagte, konnte ich nicht beurteilen. Ich hatte mich früher nicht gekannt.

Lange bevor er krank wurde, hatte Bernhard, um mich aufzuziehen, manchmal halb im Scherz gesagt: »Man geht immer nur ein Stück des Weges gemeinsam«, so als wüsste er, dass wir nicht zusammen alt werden würden. Der Satz war mir verhasst. Ich fürchtete ihn, weil er die Endlichkeit allen menschlichen Miteinanders ansprach. Doch das Wesen des Glückes, selbst wenn es nur kurze Zeit währt, besteht in einem dem Verstand entzogenen Gefühl von Ewigkeit. Morgen ist ein anderer Tag, heute wird mein Glück ewig dauern.

Jetzt wurde ich an diesen Satz erinnert und musste mich fragen, ob Alexander und ich das Ende unseres gemeinsamen Weges nicht lange schon hinter uns gelassen hatten. Ich war in eine andere Straße eingebogen. Sie verlief zunächst parallel, wir sahen und hörten uns noch und merkten nicht, dass sich etwas verändert hatte. Meine Straße entfernte sich weiter von der seinen. Wir sahen uns nicht mehr, aber wir hörten uns noch. Als wir uns auch nicht mehr hörten, gaben wir vor, der andere sei noch da und erreichbar.

Lieb gewonnene Gewohnheiten aufgeben ist schon nicht einfach. Ein Stück alltägliche Sicherheit geht verloren. Doch Freundschaften loszulassen, sich einzugestehen, dass ihre verbindenden Elemente dünner und dünner geworden sind, bis sie endlich kaum mehr aufzufinden sind, tut weh.

Ein ganzes Stück des Weges lang war Alexander mein bester Freund gewesen. Und er war derselbe, der er immer gewesen war, heiter, ein bisschen oberflächlich, den Genüssen des Lebens zugetan und erfolgreich darin, dunkle Erfahrungen umgehend ins Vergessen zu entsorgen.

Ich war es, die in unbekannte Gebiete gewandert war, in bitteren Kämpfen einen Großteil ihrer Naivität eingebüßt hatte, neue Maßstäbe hatte setzen müssen und am Ende nicht mehr die war, mit der Alexander sich so gut verstanden hatte.

So verhielt es sich wohl. Der arme Alexander suchte vergeblich seine alte Freundin. Es gab sie nicht mehr.

Ich war Alexander dankbar. Denn plötzlich wurde mir bewusst, dass die leidvollen Erfahrungen der letzten Jahre, mein Zugewinn an Wissen und Erkenntnissen, das langwierige Verschmelzen der beiden Frauen in mir nur dann einen Sinn gehabt hatten, wenn ich auf Wertung verzichtete.

Innerlich Frieden schließen mit denen, die ich nicht mehr verstanden hatte, die tatsächlichen und vermeintlichen Kränkungen nicht länger wie einen mit scharf riechendem Müll gefüllten Sack hinter mir her schleppen, kurz, die Selbstgerechtigkeit, die in mir kräftiges Wachstum zu entwickeln sich anschickte, mit Stumpf und Wurzeln ausreißen – so und nur so konnte mein neues Lebenskonzept aussehen.

Edle Vorsätze! Nicht einfach in die Tat umzusetzen. Bis auf Carla, Iris, Vera und drei, vier andere Vertraute waren die Menschen mir unheimlich und, was schlimmer wog, auf unangenehme Weise gleichgültig geworden.

»Kann es sein, dass du eigenbrötlerisch geworden bist?«, fragte mich Karins Mann Olaf, den ich an der Garderobe einer Preisverleihung für Medienkünstler traf. Ich hatte mich vor der Zeit davonschleichen wollen, weil ich mich langweilte.

Sehe ich so aus, hätte ich zurückfragen können, denn ich wusste, dass ich an diesem Abend sehr gut aussah. Ich hätte auch fröhlich lachen und mir damit Zeit für eine originelle Erwiderung schaffen können. Aber immer wieder, immer noch machte ich den gleichen Fehler: Ich antwortete, als wäre ich an den Lügendetektor angeschlossen.

»Vielleicht«, sagte ich, »ich habe noch nicht darüber nachgedacht.«

Eigenbrötlerisch, ich? – wie kam Olaf auf diese Idee? Während ich draußen, auf dem dunklen Parkplatz ins Auto stieg, wiederholte ich vor mich hin, »eigenbrötlerisch«. Es war ein Wort, mit dem ich mich noch nie beschäftigt hatte. Was hatte ich mir unter einem Eigenbrötler vorzustellen? Einen verschrobenen Einzelgänger, der nur sein eigenes Brot aß? Einen, der auf seinem Brot saß und es nicht teilen wollte? Es gab meines Wissens nicht einmal eine weibliche Form, es gab keine »Eigenbrötlerin«.

Olafs Bemerkung entsetzte mich. Ich spürte, dass sie zumindest ein Korn von Wahrheit enthielt.

Dass ich wunderlich und eigen geworden sei, hatten mir fürsorgliche Zeitgenossen schon einen Monat nach Bernhards Tod zu verstehen gegeben, wenn sie mich mit vertraulichem Blick und gesenkter Stimme beiseite genommen und gefragt hatten, ob ich mir vorstellen könne, wieder zu heiraten. Wahrheitsgemäß hatte ich jeweils geantwortet – wie konnte ich auch anders? –, dass Bernhard mein Mann gewesen sei und es auch nach seinem Tod bleibe. Ich würde nie mehr heiraten. Die Reaktion auf diese Antwort waren weitere tiefe Blicke, die mir Unzurechnungsfähigkeit bescheinigten. Es hatte mich viel Kraft gekostet, nicht um mich zu schlagen.

Später lernte ich, dass weniger eindeutige Auskünfte auch weniger Angriffsfläche boten. »Das kann ich mir noch nicht vorstellen«, »darüber nachzudenken ist zu früh«, »im Augenblick habe ich andere Sorgen«.

Doch jedem, der mir die Frage zumutete, nahm ich sie persönlich übel.

Jetzt erinnerte ich mich an einen Ausspruch von Bernhard, als ich ihm einmal mein Leid über eine dumme Person klagte, die mir eine sehr taktlose Frage gestellt, auf die ich auch noch ausführlich geantwortet hatte, was ich der Person besonders nachtrug: »Du musst nicht dein Innerstes ausbreiten, wenn dich jemand nach dem Weg fragt.«

Das war es, die Menschen in meiner Umgebung fragten nach dem Weg, sie wollten mit mir ins Gespräch kommen, wussten nicht wie und griffen nach dem ersten Strohhalm, den sie erreichten. Sie stellten sich nicht vor, dass der Strohhalm mir womöglich ins Herz stechen könnte, sie waren nicht alle so bösartig, grausam und unerträglich, wie ich sie mehr als zwei Jahre lang empfunden hatte. Nur hilflos.

Bernhard lebte in mir, mit mir, wo immer ich auch ging. Das war mein privates Geheimnis, das ich nicht jedem erzählen musste, der mich nach dem Weg fragte. Der Schmerz, dass er nie mehr leibhaftig zur Tür hereinkommen würde, ich ihn nie mehr würde küssen, ärgern, lieben können, würde mich mein Leben lang begleiten, doch ich brach nicht mehr unter seinem Gewicht zusammen.

Einige Illusionen hatte ich verloren, was sicher kein Fehler war. Ein paar nebulöse Vorstellungen von Nächstenliebe, Hilfe und »gut« sein hatten korrigiert und geklärt werden müssen, mein Umgang mit Geld hatte sich grundlegend geändert, war gewissenhafter und aufmerksam geworden. Ich hatte im Schnellkurs Interessantes über Geschäftsbeziehungen, Verträge, Banken, Anwälte und Schuldner gelernt. Ein X für ein U würde mir so schnell niemand mehr vormachen können.

Bernhards Erbe war durch die Ungunst der Umstände und Gegebenheiten in dieser Zeit um mehr als die Hälfte geschrumpft. Mein Leben bestreiten konnte ich vom verbleibenden Rest nicht. Aber ich hatte keine Existenzangst mehr. Ich würde wieder arbeiten und versuchen, das Erbe zu bewahren.

Der Krieg war zu Ende, die Schlachtfelder, wenn nicht geschlossen, so doch übersichtlich. Die Frage aller Fragen, Wer bin ich?, konnte ich endlich beantworten: eine Witwe, die weiß, womit sie bei sich zu rechnen hat. – Das Leben lag vor mir.

»Das Leben kann kaum dramatischer sein als in einer Kindernotaufnahme, und Bonadio läßt uns in seinem ruhigen, geradlinigen Stil an den täglichen Kämpfen teilnehmen.«
Kirkus Review

William Bonadio
Julias Mutter
Ein Kinderarzt berichtet aus der Notaufnahme

224 Seiten / € 17,90 [D] / € 18,40 [A] / sFr 30,50
ISBN 3-203-75800-8

www.europaverlag.de

»Ganz ohne Häme und mit einem gesunden Sinn für ausgewogene Darstellungen beschreiben die beiden Autoren eindrücklich das Leben der tibetischen Nonne Ngawang Sangdrol, und es gelingt ihnen das unvergeßliche Porträt einer unbeugsamen Heldin.«
Tibet aktuell

Philippe Broussard, Danielle Laeng
Die singende Nonne von Lhasa

232 Seiten / € 17,90 [D] / € 18,40 [A] / sFr 30,50
ISBN 3-203-75850-4

www.europaverlag.de